로컬리티와 포스트모던 공간성

필자

박규택(朴奎澤, Kyu-taeg Park) 부산대학교 한국민족문화연구소 HK교수, 사회경제지리 전공
박경환(朴景煥, Kyong-hwan Park) 전남대학교 지리교육과 교수, 사회지리 전공
이명수(李明洙, Myung-su Rhee) 부산대학교 한국민족문화연구소 HK교수, 중국철학 전공
이상봉(李尙峰, Sang-bong Lee) 부산대학교 한국민족문화연구소 HK교수, 지역정치 전공
하용삼(河龍三, Yong-sam Ha) 부산대학교 한국민족문화연구소 HK연구교수, 사회철학 전공

부산대학교 한국민족문화연구소 로컬리티 연구총서 26

로컬리티와 포스트모던 공간성

초판인쇄 2017년 5월 25일　**초판발행** 2017년 5월 30일
지은이 박규택 박경환 이명수 이상봉 하용삼
펴낸이 박성모　**펴낸곳** 소명출판　**출판등록** 제13-522호
주소 서울시 서초구 서초중앙로6길 15, 1층
전화 02-585-7840　**팩스** 02-585-7848　**전자우편** somyungbooks@daum.net　**홈페이지** www.somyong.co.kr

값 15,000원 ⓒ 부산대학교 한국민족문화연구소, 2017
ISBN 979-11-5905-168-5　94300
ISBN 978-89-5626-802-6(세트)

이 저서는 2007년 정부(교육과학기술부)의 재원으로 한국연구재단의 지원을 받아 연구되었음(NRF-2007-361-AL0001).

부산대학교 한국민족문화연구소
로컬리티 연구총서 26

로컬리티와
포스트모던 공간성

Locality and Postmodern Spatiality

박규택 박경환 이명수 이상봉 하용삼 지음

    로컬리티와 포스트모던 공간성은 현상과 이론의 측면에서 논의될
필요가 있다. 모던 공간이 생성되어 공고화되는 시기의 환경과 포스트
모던 공간이 형성되고 있는 20세기 중·후반의 환경 간에는 많은 차이
가 있다. 전자의 대표적 공간이 국민국가인 반면 후자는 특정한 하나의
공간이 아닌 다양한 공간들, 자치와 분권의 로컬, 초국가, 전지구, 글로
컬이 중첩적이고 관계적으로 형성되고 있다. 다양한 공간들을 생성시
키는 중요한 힘들은 세계화, 신자유주의, 국민국가의 재구조화, 다문화
사회화, 정보통신기술의 발달이다. 국민국가를 중심으로 하는 모던 공
간에서 '지금, 여기'의 로컬리티는 단일한 규범과 질서를 추구하는 국
가 혹은 중앙의 힘에 의해 많은 영향을 받았다. 이에 비해 다원화와 중
층화의 특성을 보이는 포스트모던 공간에서 '지금, 여기'의 로컬리티는
'지금'이 아닌 '과거와 미래' 그리고 '여기'가 아닌 '저기'와의 지속적
인 관계 속에서 상이하고 역동적인 형태로 나타나고 있다.

    이론적 관점에서 서구의 이성과 과학에 기초한 본질론, 선험론, 절대
론, 이원론의 특성을 지닌 근대 공간론이 근본적으로 비판을 받게 되었
다. 즉, 이성과 감성, 몸과 마음, 관념과 물질의 존재와 인식이 본질적이고
선험적인가? 혹은 절대론, 이원론, 환원론으로 설명 혹은 이해되는 것이

타당한가?의 질문이다. 유클리드 기하학과 뉴턴 물리학이 토대를 제공한 근대 공간이 비유클리드 기하학, 위상학, 아인슈타인의 상대성 이론, 양자론의 현대 과학에 의해 도전 받게 되면서 대안의 새로운 공간은 상대적 공간, 관계적 공간, 사이(경계) 공간이다. 공간은 근대 이성과 과학의 이론에 따라 인간, 제도, 관습과 분리되어 독립적으로 존재하는 실체로 인식되었으며, 인간의 활동에 있어 수동적인 무대 혹은 용기로 이해되었다. 이러한 공간 존재와 인식은 정치·경제·사회 구성주의, 포스트구조주의, 해체주의, 포스트식민 이론에 의해 비판을 받게 되었다. 대안으로 정치·경제·사회 공간의 생산과 변화, 공간 재현과 담론, 담론과 서사의 공간이 논의되었다. 이들 논의의 핵심은 공간은 선험적으로 혹은 본질적으로 주어진 절대적 실체가 아닌 인간의 이념과 상상 그리고 제도, 관습에 의해 만들어지고 변화한다는 것이다. 또한 시간의 흐름 속에서 이미 생산된 공간(성)은 인간의 인식과 행동에 부정적·긍정적 영향을 미친다. 모던 공간을 비판하고 대안을 제시하려는 포스트모던 공간에 관한 논의는 상대적이고 관계적 공간(성)의 관점으로 다양하게 전개되고 있다. 이러한 논의는 '지금, 여기'의 로컬리티 존재와 인식 그리고 실천에 많은 영향을 미칠 것이다. 공간 총서는 로컬리티와 포스트모던 공간의 상호 구성적 특성에 관한 논의의 활성화에 기여하고자 기획되었다.

1부는 동서양의 관점에서 포스트모던 공간성을 논의하고 있다. 「동아시아 공간론, 존재와 생성의 근거를 논하다」의 글은 동양과 서양의 사상을 포괄하는 측면에서 현대사회의 공간을 고찰하고 있다. 현대사회에서 공간 논의는 주로 'space'에 관한 것이거니와, 그것도 주로 사회에서 발생하는 '관계'의 공간이 주를 이루지만, 동아시아 사유에서 공간은 존재론적이며 생명적이며 생성의 근원이다. 거기에서 만물을 수용하는 기능적 측면, 수용기受容器의 공간도 있다. 공간은 자기운동성을 지니며 자기주체성, 자율적 존재 시스템, 자기 표상의 체계를 갖춘다. 공간은 헤겔이나 마르크스에게 별로 대수롭지 않은 것이었다. 존재론적 왜곡이 있었다. 현대에 르페브르나 푸코에 이르러 공간의 문제는 크게 대두되었다. 르페브르와 푸코가 주목한 공간은 인간이 이루는 사회에서 생산되는 공간이다. 그런 사회 공간이란 관계적 활동의 공간이지 사물의 존재를 결정짓는 공간은 아니다. 그것은 일정 부분 근대성의 전개 과정에서 발생하는 공간이다. 사실, 우리가 존재론이라고 할 때 'ontology'는 사물이 '장소에onto' 있음에 대하여 논리체계를 구축하는 것이다. 이런 논리체계는 형이하학과 형이상학에 걸쳐 있다. 아리스토텔레스에게 공간은 사물이 점유하는 토포스이다. 사물이 점유를 끝내면 공간은 없어지고 많다. 인문지리학자 이-푸 투안이 플라톤이 공간에 대한 '존재론'을 언급하였으면 좋았을 것이라고 아쉬움을 표한, 그런 맥락에서 볼 때도 공간에 대한 논의는 존재론적으로 불가피하다. 그래야 사람과 사람이 만나는 사회나 관계의 공간space 이상의, 그야말로 '공간空間'에 대하여 본질적이며 근원적이며 형이상학적인 이념과 형이하학적 현상에 걸쳐 종합적으로 살펴볼 수 있을 것이며, 그런 과정을 거칠 때 비로소 사람의 삶을 위한 생활, 생태, 환경에도 기여할 수 있을 것이다. 이런 존재론적 차원의 공간에 관한 논의를 위하여 원초적으로는 동아시아 사유를 빌리는 것이 괜찮아 보인다.

「비물질적 노동에 의한 공간의 재전유」의 글은 근대의 공간에 대항해서 비물질적 생산물로서 공통적인 것the common의 공간에 관해서 논의

한다. 우리는 자본의 사적 소유와 국가의 공적 소유에 의한 정체·폐쇄성·비이동성·과학·재현의 공간을 비물질적 노동의 생산물로서 공통적인 것the common을 매개하는 개방성·이질성·생동감의 공간으로 재전유하고자 시도할 것이다. 근대의 공간이 정적인 것·폐쇄적인 것·비이동적인 것으로 개방적인 활력을 잃게 되면, 시간적·역사적 개방성도 생명력을 잃게 된다. 이와 같이 근대의 공간과 평행하는 근대의 역사는 국민과 이질동형으로서 국민국가를 분리된 경계의 정적·폐쇄적·비이동적 공간으로 가정한다. 더 나아가서 근대의 역사는 국가의 공적 소유와 자본의 사적 소유는 이질동형으로 공적 공간과 사적 공간으로 분리된다고 가정한다. 우리는 공간을 정치경제학적 관점에서 고찰함으로써, 근대의 사적·공적 공간을 개방성·이질성·생동감의 공간으로 재전유하고자 시도할 수 있다. 근대의 공간에 대항해서 시민들은 비물질적·삶정치적 생산을 통해서 공통적인 것을 생산하게 되면서, 공적·사적 공간을 공통적인 것을 매개하는 개방성·이질성·생동감의 공간으로 재전유할 수 있게 된다. 그러므로 시민들은 연속성·비가역성·개방성의 시간과 더불어 개방성·이질성·생동감의 공간에서 개방적 역사와 정치를 수행할 수 있을 것이다.

2부는 포스트모던 공간의 특성, 관계 공간, 사이 공간, 모빌리티, 트랜스-로컬리티를 논의한 연구들로 구성되어 있다. 「로컬리티의 다중성과 관계적 지리」의 글은 중층적 관계지리의 측면에서 로컬리티를 논의하고 있다. 최근 '로컬'이라는 용어는 자유시장주의 글로벌화가 야기한 정치적, 경제적, 사회적, 환경적 문제들에 대한 대안을 제시하는 데 새로운 용어처럼 부상했다. 그러나 '로컬'이라는 것이 글로벌화에 대한 대안으로서 로컬하다는 그 이유만으로 정당화될 수 있는가? 오히려 글로벌화의 변증법적 속성을 고려할 때 로컬리티와 장소를 강조하는 정치는 '제국'이 궤멸시킨 정치적 속박과 착취적 관계를 다시 가져올 가능성이 있는 것은 아닐까? 로컬한 것과 글로벌한 것은 동전의 양면이다. 흔히 글로벌한 것은 동질성과 보편성을 갖고 있는 반면 로컬한 것은 이질성과 특수성을 보존하고 있다고 가정된다. 그러나 사실 '로컬'에 대한 이해는 일상 현실의 삶과 삶터에서 매우 다중적이고 복잡한 관계 속에서 전개된다. 왜냐하면 글로벌한 것은 모든 것을 아우르는 완전한 제국이 아니라 수많은 다중적 로컬들과 그 네트워크로 구성되기 때문이다. 밴쿠버의 로컬리티는 다문화주의, 범 세계주의와 같은 담론이 얼마나 특정 행위자들의 유연적 정체성을 위해 동원, 전유되기 쉬운지를 보여줄 뿐만 아니라, '로컬한 것'의 로컬리티가 얼마나 '로컬하지 않은 관계적 지리' 속에서 형성되는가를 보여준다. 또한, 로스앤젤레스의 코리아타운은 이러한 시·공간적으로 다중적인 선분들이 교차하는 한 지점에 형성되어 있는 공간이자 장소이며, 코리아타운의 로컬리티는 고유의 고정된 정체성을 갖고 있기보다는 복잡한 지리적 관계 속에서 한 '상황' 내지 '국면'으로 존재한다. 마찬가지로 런던이라는 세계도시는 그 내부와 그를 둘러싼 외부로 분리될 수 있는 단순한 장소가 아니라, 글로벌 스케일에서 형성된 수많은 경제적, 정치적, 역사적 궤적들이 교차하는 결절로서 그 자체가 이질적이고 복잡한 관계적 지리로 구성되어 있다. 따라서 로컬리티에 대한 상상은 공간적 재현을 둘러싼 문화 정치가 아니라 현실의 지리를 구성하는 물질적 투쟁의 일부이다. 도시에 대한 상상들 간의 대결이 펼쳐지는 오늘날, 공간의 다중성과 장소를 구성하는 관계적 지리에 대한 인식이 그 어느 때보다 중요해지고 있다.

「트랜스-로컬리티-포스트모던의 대안적 공간정치」는 포스트모던 공간과 관련된 경계와 단위를 논의하고 있다. 이른바 글로컬라이제이션 glocalization은 근대적 국민국가 시스템의 변용을 수반한다는 의미에서 공간구성의 관점에서 본 전형적인 포스트모던적 양상이라고 할 수 있다. 이러한 양상을 유심히 살펴보면, 이는 '경계border'와 '단위unit'라는 두 가지 측면에서 중요한 변화를 내포하고 있음을 알 수 있다. 이글은 이러한 변화를 '트랜스trans'와 '로컬리티locality'라는 용어의 결합인 '트랜스-로컬리티'로 포착하여 분석한다. 여기서 트랜스가 '경계에 대한 재사유'나 '경계 넘기'의 새로운 방식을 의미한다면 단위로서의 로컬리티에 대한 관심은 국민국가의 상대화와 공간 스케일의 중층적 재구성을 의미하기 때문이다. 이러한 문제의식에 입각하여, 이글은 트랜스로 표현되는 경계에 대한 재사유가 어떠한 경계의 재구성으로 이어지는지와 로컬리티에의 주목이 스케일과 관계의 관점에서 어떠한 공간구성의 변화로 이어지는지를 구체적으로 고찰하였다.

「사이공간으로서 로컬리티」의 글은 상이한 힘들이 만나는 경계 혹은 사이의 관점으로 로컬리티를 고찰하는 새로운 개념적 틀을 제시하였다. '지금now, 여기here'의 로컬리티는 지구화, 신자유주의, 국민국가의 재구조화, 정보통신 기술의 발달로 인해 급속히 변화하고 있다. 이러한 변화는 지구적 혹은 초국가적 도시화, 글로컬리티glocality, 트랜스로컬리티translocality 등의 새로운 개념을 통해서 이해하고자 노력하고 있다. 지금, 여기의 로컬리티는 '지금이 아닌 과거와 미래' 그리고 '여기가 아닌 저기'와의 중층적이고 역동적인 상호작용 속에서 지속적으로 생성되고 변화한다. 이러한 특성의 로컬리티를 근대적 공간론, 즉 공간을 선험론, 본질론, 내재론, 이원론 등으로 이해하고자 하는 관점은 근본적으로 비판을 받고 있다. 이를 극복하기 위한 개념적 틀로 사이공간으로서 로컬리티가 제시되었다. 이 틀은 지구화, 신자유주의, 국민국가의 재구조화의 맥락 하에서 이루어지는 수행적 관계성performative relationality, 생성과 변화의 과정성, 미결정성indeterminacy 그리고 관계적 스케일 정치에 토대를 두고 있다.

「모빌리티 패러다임」의 글은 모빌리티를 사회과 공간의 재구성을 탐색하였다. 모빌리티의 획기적 증대가 사회공간과 사회관계의 재구성에 중대한 영향을 미치고 있다. 첫째, 모빌리티의 증대가 기존의 정주주의에 입각한 공간인식에 문제를 제기하여 경계나 장소의 의미에 대한 재인식을 촉구한다는 점 둘째, 이러한 재인식에 기반 하여 사회공간과 사회관계가 재구성되고 있다는 점 셋째, 모빌리티 패러다임은 이러한 변화와 관련하여 어떠한 새로운 해석과 전망을 제시할 수 있는가? 등에 대해 살펴보았다. 모빌리티 증대의 결과가 사회공간과 사회관계의 양극화·분절화로 이어질 가능성이 커지는 상황에서, 모빌리티에 내재된 유동성, 관계성, 자율성 등의 속성에 주목해 장소의 의미를 새롭게 인식한다면, 이것이 인간성 회복의 사회공간과 사회관계 재구성의 전망으로 이어질 수 있다고 보았기 때문이다.

이 책은 로컬리티와 포스트모던 공간의 상호관계를 동양과 서양이 결합된 시각과 다양한 개념들을 통해 새로운 이해를 시도한 논문들을 포함하고 있다. 또한 이 책은 포스트모던 공간에 대한 인문학과 사회과학의 관점을 교차시켜 보려는 의도도 내포하고 있다. 향후 로컬리티와

포스트모던 공간에 관해서 존재와 인식 그리고 실천이 긴밀하게 결합
된 연구와 토의가 이루어지길 기대해 본다.

차례

동아시아 공간론, 존재와 생성의 근거를 논하다*

이명수

1. 공간에 대한 인식의 전회

공간, 그것은 '비고 사이 짐'이다. 그런 함의라면 공간은 못내 좋은 의미가 되지 못한다. 물론 동아시아적 상식으로 보아도 긍정과 부정에 걸쳐 있는 것이 공간의 의미이다. 이를테면 그릇이 구멍이 나 있다면 그것은 좋을 게 없다. 그렇지만 하수구가 막히지 않고 뻥 뚫려 있다면, 그런 구멍으로서 공간은 '사물의 존재'를 결정짓는 중요한 것이 된다.

후자적인 맥락에서 동아시아의 공간 사유에는 '사물 존재를 위한 필수조건'을 뜻하는 면모가 있다. 현대사회에서 공간 논의는 주로 'space'에 관한 것이거니와, 그것도 주로 사회에서 발생하는 '관계'의 공간이

---

* 이 글은 「공간에 관한 존재론적 역설과 전환―동아시아 사유를 통한 대안적 공간 접근」, 『동양철학연구』 89, 2017에 게재된 논문을 수정, 변형한 것임을 밝혀둔다.

주를 이루지만, 동아시아 사유에서 공간은 존재론적이며 생명적이며 생성의 근원이다. 거기에서 만물을 수용하는 기능적 측면, 수용기受容器의 공간도 있다. 공간은 자기운동성을 지니며 자기주체성, 자율적 존재 시스템, 자기 표상의 체계를 갖춘다.

한편 제반 영역이나 학문 분야에 걸쳐 제각각 의미를 달리 하기는 하지만, 공간이라는 용어는 광범위하고도 아주 잦게 쓰인다. '공간'이란 '비어 있고' '사이 져서' 무엇이 들어설 수 있는 여지나 여백이다. 그럼에도 불구하고 자본이나 신자유주의에 의한 공간 왜곡이나 말살된다. 특히 근대성의 합리주의적 공간은 인간을 위한 존재론적 공간마저 박탈하고 있다.

공간은 헤겔이나 마르크스에게 별로 대수롭지 않은 것이었다. 존재론적 왜곡이 있었다. 현대에 르페브르나 푸코에 이르러 공간의 문제는 크게 대두되었다. 이른바 공간적 전회가 있었다. 그런 왜곡의 과정에 공간을 중시하는 사람이 없었던 것은 아닌데, 프리드리히 라첼, 해퍼드 존 매킨더, 발터 벤야민 등이 그들이다. 1960년대에 본격적으로 이루어진 공간적 전회는 지리학, 건축학, 도시건축학, 그리고 사회학과 미술사를 박차고 나왔다. 급기야 매체학과 커뮤니케이션학도 공간과 관련된 사유를 발견하였다. 헤겔 이후 약 150년간 공간과 관련된 일에 안경으로 쓰고 보던 일이 있었다. 즉 존재론적 인식론적 이론적 왜곡이 있었다.[2]

이는 에드워드 W. 소자의 견해이거니와, 여기서 우리가 특히 주목할

---

2   외르크 되링 · 트리스탄 틸만 편, 이기숙 역, 『공간적 전회』(한국민족문화연구소 로컬리티 번역총서 Humanities 009), 심산, 2015, 277~290쪽.

것은 르페브르와 푸코의 공간은 사회적으로 생산되는 공간이라는 점이다.[3] 사회 공간이란 인간의 관계적 활동의 공간이지 사물의 존재를 결정 짓는 근원적 공간은 아니다. 그것은 일정 부분 근대성의 전개 과정에서 발생하는, 그런 공간으로 볼 수 있다. 사실, 우리가 존재론이라고 할 때 'ontology'는 사물이 '장소에^{onto}' 있음에 대하여 논리체계를 구축하는 것이다. 이런 논리체계는 형이하학과 형이상학에 걸쳐 있다. 아리스토텔레스에게 공간은 사물이 점유하는 토포스이다. 사물이 점유를 끝내면 공간은 없어지고 만다.[4] 그런 점에서 그들에게 공간은 존재론적이지 않다. 이런 점은 이-푸 투안도 아쉬워 한 바이다. 인문지리학자 이-푸 투안이 플라톤이 공간에 대한 '존재론'을 언급하였으면 좋았을 것이라고 아쉬움을 표한,[5] 그런 맥락에서 볼 때도 공간에 대한 논의는 존재론적으로 불가피하다. 그래야 사람과 사람이 만나는 사회나 관계의 공간^{space} 이상의, 그야말로 '공간空間'에 대하여 본질적이며 근원적이며 형이상학적인 이념과 형이하학적 현상에 걸쳐 종합적으로 살펴볼 수 있을 것이며, 그런 과정을 거칠 때 비로소 사람의 삶을 위한 생활, 생태, 환경에도 기여할 수 있을 것이다. 이런 존재론적 차원의 공간에 관한 논의를 위하여 원초적으로는 동아시아 사유를 빌리는 것이 괜찮아 보인다.

연구자는 '로컬리티'의 국면에서 '공간'을 바라보면서 상당한 스트

---

3   위의 책, 294쪽.
4   오토 프리드리히 볼노, 이기숙 역, 『인간과 공간』(한국민족문화연구소 로컬리티 번역총서 L5), 에코리브르, 2011, 23쪽 참조.
5   Peter Merriman, Gunnar Olsson, Eric Sheppard, Nigel Thrift, Yi-Fu Tuan, Space and spatiality in theory, Article, 2012, p.8, 14,
    https://www.researchgate.net/profile/Eric_Sheppard3/publication/254085877_Space_and_spatiality_in_theory/links/02e7e537657c564d11000000.pdf

레스를 안고 지내왔다. 스티븐 컨의 『시간과 공간의 문화사』[6]를 가지고 공간을 이해할 때는 그런대로 갈등을 크게 수반하지는 않았지만, 연구가 진행될수록 공간이란 인간의 삶에 매우 중요한 것임을 실감하면서, "저건 공간이 아닌데!", 우리가 "공간의 의미에 관하여 제대로 쓰고 있는 것일까?" 등등으로 망설이기도 하였다.

생각건대 '공간'에 대한 연구자의 갈등은 동아시아 사유의 '공간'이나 서구문명의 성과인 물리학이나 수학 등 자연과학의 'space'와 사회적이며 관계적인 인간의 활동의 경계로서 '공간'에 관한 의미의 충동에서 비롯한 것이었다. 또한 연구자는 공간의 문제를 둘러싸고 그것은 장소와 어떤 관계인지, 공간성이나 장소성의 함의와 잠정적으로나마 어떤 관계에 있는지 의문의 여정에 있다. 물리 공간, 추상공간, 상대 공간, 사회 공간, 모더니티 공간, 탈근대 공간, 대안 공간, 제2의 근대성 공간, 사이 공간, 대안 사이 공간, 역공간, 공간의 생산, 공간적 전유, 공간적 전회, (…중략…) 등등 세상에 널려 있는 공간도 많다. 필자에게는 공간 또는 공간성과 떨어지지 않는 시간 또는 시간성 역시 연구과제로 남아있지만, 이글에서 우선 동아시아 사유에 근거하여 '공간의 중요성'을 논하되, 그것은 인간과 사물의 존재와 생성에 관여한다는 점에 주목하고자 한다.

---

6   스티븐 컨, 박성관 역, 『시간과 공간의 문화사 1880~1918(*The culture of time and space*)』, 휴머니스트, 2004.

2. 공간에 관한 존재론적 역설

공간은 일종의 그릇이다. 장소이며 경계이다. 이것은 어떤 사물을 담는 부피. 외연을 의미한다. 이 같은 함축은 원초적으로 아리스토텔레스의 '토포스τόπος'의 의미와 궤를 같이 하며, 장소 또는 장場과 맥락을 함께 한다.[7] 공간은 동아시아적 사유의 각도에서 볼 때, 일단 그 자의는 규窺 즉 '구멍'이다.

이런 구멍을 공간이라고 한다면 우주, 천지, 세계도 그런 범주이다. 한자의 '공孔'이 이에 해당한다. 당연히 일반적으로 메워야 할 대상으로 여겨진다. 여기서 단옥재段玉裁의 『설문해자주說文解字注』의 풀이를 보자.

공(空)은 구멍이다. 지금의 속어로 이른바 공(孔)이라는 것이다. 천지의 사이도 역시 구멍일 따름이다. 옛날 사공(司空)은 토지를 관장하였다. 『상서대전(尚書大傳)』에 성곽이 수선되지 않고 도랑이 닦이지 않으며 샘이 닦이지 않으면 물이 백성에게 피해를 끼쳐 지공(地公)을 문책하였다고 하였다. 사마표(司馬彪)가 말하기를, "사공공(司空公)은 1인으로 수토(水土)에 관한 일을 담당하였는데, 성(城)을 경영하고 읍(邑)을 일으키며 도랑을 파며 무덤이나 요새를 닦는 일은 그 이점을 토론하고 그 공(功)을 세웠다고 하였다. 이것은 사공(司空)이 수토(水土)를 다스리는 일로 직책을 삼았음이다. 우(禹)는 사공이 되어 물을 다스리고 나서 온갖 벼슬에 나아갔으니,

7   오토 프리드리히 볼노, 이기숙 역, 『인간과 공간』(한국민족문화연구소 로컬리티 번역총서 L5), 에코리브르, 2011, 32~33쪽.

치수라는 것은 도랑을 소통시키는 것이다. 그러므로 사공(司空)은 사공(司孔)과 같다고 말하는 것이다.[8]

우리가 '공간'이라고 할 때의 '간間'도 '틈'을 의미하는 것이어서 결코 좋은 의미가 아닌 것으로 여겨졌던 것은 '공'과 마찬가지였던 것 같다. 역시 단옥재의 『설문해자주』의 풀이를 보자.

간(間)은 틈이다. 틈이란 벽의 사이이다. 여기서 파생되어 모든 양변의 가운데에 있는 것은 다 '틈'이라고 불렀다. '간'이란 문이 열리면 가운데 사이이다. 모든 틈새의 이음 부분을 '간'이라 말하였으니, 그것은 두 부분이 있으면 가운데 일(一)자 모양을 가리킨다.[9]

여기서 이런 '구멍'에 대한 존재론적 역설이 필요하다. 그것은 사물의 존재를 결정하는 것이라는 인식이 일정부분 요구된다. 공간으로서 구멍은 존재론적 국면에서, 특히 노장철학의 각도에서라면 만물의 존재를 결정하고 파생하는 '무無'이다. 존재가 '유有'라면 '무' 없는 '유'는 없다는, 그런 '무'이다. 예를 들자면 방이 있다면 그 방의 존재, '유'를 결정하는 것은 '문門'이라는 '빔'의 '무'이다.

이데아의 철학자로 알려진 플라톤이나 아리스토텔레스에게 공간은

8　段玉裁,『說文解字注』, 上海古籍出版社, 1981, 344下~345上. 空, 竅也. 今俗語所謂孔也. 天地之閒亦一孔耳. 古者司空主土. 尚書大傳曰, 城郭不繕, 溝池不修, 水泉不修, 水爲民害, 責於地公. 司馬彪曰, 司空公一人, 掌水土事. 凡營城, 起邑, 浚溝洫, 修墳防之事, 則議其利, 建其功, 是則司空以治水土爲職. 禹作司空, 治水而後晉百揆也, 治水者必通其瀆. 故曰司空猶司孔也.

9　段玉裁,『說文解字注』, 上海古籍出版社, 1981, 589下. 間, 隙也. 隙者, 壁際也. 引申之, 凡有兩邊有中者, 皆謂之隙. 隙謂之間. 開者, 門開則中爲際. 凡縫縫皆曰間, 其爲有兩有中一也.

사물의 점유 장소, 경계선 정도를 가리키는 것[10]이어서 '존재론적 차원'은 아니었고, 그러다가 과학자 뉴턴에 이르기까지 물리공간이 상정되고 아이슈타인에 이르면 사물이 놓이는 위치에 따라 운동의 양이나 가치가 달라지는 공간의 상대성에 주목하게 된다.

플라톤은 이데아의 존재와 형상을 설명해 줄 제3의 범주를 위해, 아리스토텔레스는 운동을 설명해줄 장소적 필요성 때문에 공간을 접근한다.[11] 이와는 대조적으로, 동아시아 사유, 특히 노장철학에서 공간이란 만물 존재와 생성의 근원이다. 형이상학적 본질과 구체적 현상에 걸쳐 노자는 '공간'을 존재의 본질로 접근하였다. 자연주의적 입장에서 그는 '무'를 '유(존재)'의 근원으로 삼고, '유'는 또한 만물을 파생하는 것으로 인식하였다.[12]

그는 이 같은 존재의 근거에 대하여 추상을 넘어 구체적으로 사유를 확장하였다. 마치 수레의 바퀴 '통'이나 그릇의 '빔Vacancy', 공간이 그들 존재를 규정하는 것처럼,[13] '허虛'와 '무'를 단순한 허무로 파악하지 않고 '존재'를 위한 '실재reality'로 인식하였다. 그러면서 '비움'의 가치에 관하여 인간학, 미학, 윤리학적 접근의 가능성을 열어 놓았고, 이를 인간을 포함한 자연물의 존재 방식에서 국가와 사회에 이르기까지의 존재 근거의 이론적 기반을 제시해 주었다.[14]

---

10 오토 프리드리히 볼노, 이기숙 역, 『인간과 공간』(한국민족문화연구소 로컬리티 번역총서 L5), 에코리브르, 2011, 34쪽.
11 이명수, 「공간, 장소 그리고 경계에 관한 노장철학적 접근」, 『동아시아문화연구』 51, 한양대 동아시아문화연구소, 2012, 229쪽.
12 老子는 "천하 만물은 유(有, 존재)에서 생성하고 유는 무(無, 비존재)에서 생성한다(老子, 『道德經』 40장, 天下萬物生於有, 有生於無)"고 하였다.
13 老子, 『道德經』 11장, 三十輻共一, 當其無, 有車之用. 埏埴以爲器, 當其無, 有器之用. 鑿戶以爲室, 當其無, 有室之用. 故有之以爲利, 無之以爲用 참조.

때로는 공간은 그 의미가 경계, 장소 또는 장소성과 겹친다. 우선 장소에 주목해볼 때, 그것은 피조물에 의해 점유되고 있는 공간이다. 지리학적으로는 인간이 물질과 맺는 공간이 장소이다. 사람의 의식이 근대성의 물질 조건과 결합되는 곳을 장소, 장소성이라 규정하기도 한다. 렐프에 의하면, '장소는 인간을 위해 있는 것이며, 장소는 인간의 경험을 반영하여 향상될 수 있는 환경으로 발전될 가능성이 존재하는 곳이다.[15]

『주역』적인 용어로 말하자면 형이하자形而下者인 기器[16]로서 현상계처럼, 우주 만물의 자연물이 담겨 살아 숨 쉴 수 있는 '곳', 장소는 사람이나 자연물이 특유의 힘이나 저력을 갖고 있고 그로부터 존재를 느낄 수 있다.

그 같은 곳으로서 특수화된 공간을 우리는 지방, 지역이라 한다. 근대성의 공간 개념에서 장소란 주로 인간의 주거공간을 가리킨다. 인간이 주거할 때만이 공간으로 존재할 수 있는, 그런 장소이다.[17] 우리가 살고 있는 이 시대에 주거만 할 수 있으면 '돈'이 된다고 하여 사람을 수용시키는 그런 공간도 장소라 할 수 있다. 보다 큰 틀에서 공간은 사람이나 사물이 존재하는 '장場, field'이라 해도 무방할 것이다.

이에 비해 노장철학은 존재와 운동성의 근원으로 공간을 접근하였는데, 노자는 공간이 갖는 절대적 추상성과 구체성에 대한 시각을 견지

---

14 이명수, 「공간, 장소 그리고 경계에 관한 노장철학적 접근」, 『동아시아문화연구』, 한양대 동아시아문화연구소, 2012, 227~228쪽.
15 마루타 하지메, 박화리·윤상현 역, 『'장소' 론』, 심산, 2011, 118쪽.
16 『周易』 「繫辭上」, 形而上者謂之道, 形而下者謂之器 참조.
17 마루타 하지메, 박화리·윤상현 역, 앞의 책, 89~91쪽 참조(이명수, 「공간, 장소 그리고 경계에 관한 노장철학적 접근」, 『동아시아문화연구』, 한양대 동아시아문화연구소, 2012, 229쪽에서 가져 옴).

하였다면, 장자는 노자 철학을 발전시켜 존재와 운동성의 근원으로서 공간 이외에, 그것이 갖는 공간성으로서 가치문제를 '도'로 규정하여, '도'가 놓이는 장소성으로서 경계, 의미 부여의 공간으로서 공간성의 문제를 추상화하는 상대주의 공간을 제시하였다.[18]

3. 생명적 근거로서 공간과 그 말살

1) 근대적 합리성에 의한 공간의 왜곡

공간은 '숨통'과 같아서 생명적 근거 또는 생명 보존의 조건이다. 공간은 수용기의 역할을 하지만, 그것은 존재와 삶의 질에 관여한다. 역사적으로 아주 태고 적부터 왕권, 전제주의나 독재 정권은 공간의 이동에 제한을 두어 '사회 공간'의 생산을 저해하였다면, 우리가 살고 있는 이 시대 역시 그 같은 잔재는 작동하고 있다. 권력 당국자는 그들만의 리그를 통해 욕망이 만드는 공간을 확장하였지만, 정작 인민 또는 대중, 오늘날 국민국가의 국민이 요청하는 공간은 거들 떠 보지 않는 풍토의 잔재는 오늘에도 여전하다. '우리 안의 근대성'의 심리적 기계, 그것이 일정부분 삶에 필요한 물질적 수요이긴 해도, 그 지나침의 양상은, 공간론적 각도에서 볼 때, '그 너머' 또는 '여타'의 공간을 잠식함으로써 오히려 우리의 생명적 기초마저 흔들고 우리의 삶의 질에 관계되

18 이명수, 「공간, 장소 그리고 경계에 관한 노장철학적 접근」, 『동아시아문화연구』, 한양대 동아시아문화연구소, 2012, 230쪽.

는 공간 또한 위험 수위로 박탈하고 있다.

공간에는 근원적으로 생명적 다양성, 다의성이 서로 관계하면서 존재하여야 하지만,[19] 그래야 할 공간은 물질적 합리성, 도구적 이성이 난무하다. 온통 무의식적 주체성으로서 욕망하는 기계만이 놓여 있다.[20]

'공간-내-존재'로서 인간 측의 공간성은 주어진 공간의 내적 가치를 변형하고 획일화하는데, 그 기준은 맹목적 나의 욕심, 허세이다. 공간 점유의 방법, 예를 들자면 아파트를 짓거나 재건축을 한다 해도를 풍광이나 입지 조건을 사람살이에 필요한 생명이나 생리적 조건에 부합하게 하는 것이 아니라 오로지 맹목 가치에 맞춘다. 그런 오도된 공간적 인식 체계는 타자의 존재 조건을 말살하거나 삶의 질을 크게 떨어뜨리고 금수저와 흙수저의 격차사회를 유발하게 한다.

그렇다면 근대적 합리성은 제대로 발현되고 있는가? 그런 공간마저 제대로 작동하지 않는 사회 또한 되돌아보아야 대상이 한국 사회의 모더니티 이행과정일 수 있다. 예를 들면 겨우 13%에 불과한 일반용 전기의 오용을 막는다고 누진세를 적용한다든가, 막힘 현상에 대비한 공간인 하수구 시설에 담배꽁초를 마구 버린다든가, 삶의 공간을 위해 있어야 할 '집이라는 공간'이 재산증식의 수단으로 여겨지는 사회, 돈이 된다고 하여 화장실을 부엌과 나란히 만들어 세를 주는 모습은 '공간'의 의미를 그야말로 존재론적으로 성찰하게 하는 대목일 것이다.

압축근대, 압축 성장의 시대를 살면서, 사탕 맛을 음미할 시간적 여유도 없이 단 번에 깨물어 먹듯이 달려온 '근대성의 여정'에서 '베이비

---

19 시미즈 히로시[淸水博], 박철은·김강태 역, 『생명과 장소』, 그린비, 2010, 19~22쪽.
20 신승철, 『사랑과 욕망의 영토―가타리의 횡단과 모험』, 중원문화, 2011, 70쪽 참조.

부머'라는 '압축세대'를 발생시킨 우리의 현실이긴 해도, 이젠 모든 영역에 걸쳐 '존재를 위한 공간론적 전환'을 시도할 때가 되었다.

우리 시대에 '돈 신'에의 믿음은 공간 말살의 주요 원인이다. '돈'이 된다면 그 어떤 것도 살피지 않는다. 돈이 존재의 근원으로 여겨지기 때문이다. '돈'이라는 '신'에의 욕망은 생명적 기초 수요를 넘어 역시 타자의 생명적이면서 존재론적 공간마저 박탈한다. 돈에 대한 맹목성은 이미 짐멜Simmel에 의해 지적된 바이거니와, '신'이란 본질적으로 우리의 존재의 주재자요, 생명적 근원일 때만이 그러한 명칭이 가능하다고 할 때, 사회공간이자 관계적 공간 생성에만 관여할 뿐, 인간 삶의 질에 관여하는 진정한 공간은 오히려 말살하는 점도 되돌아보아야 한다.

그렇다고 할 때 무엇보다 '있는 자', 즉 '돈 있는 자'와 '권력을 가진 자', '어떤 일에 대한 당국자'의 공간 생각하기가 필요하다. 다소 추상적인 공간론이 되겠지만, 도덕 공간과 같은 공간은 '마음 비우기'의 작용력에 기대하는 것이다. 마음이 욕심으로 가득 찬다면 마음이 가진 이지 능력을 가려버린다. 선과 악에 대한 판단능력을 마음이 하는 것이라면, 이 같은 이치의 작동에 장애가 발생하게 된다. 중국이나 조선의 역사 속에서 강조된, 사대부의 의리정신은 권력층 당사자의 맹목적인 욕심이나 욕망 버리기를 슬로건으로 하는 것이었다. 성리학적 이성주의도 일정부분 생명적 수요를 넘는, 도구적 합리성, 물질적 이성에 대한 '공간론적 성찰' 요구하였지만, 그러한 욕망을 비우고 세상의 평화를 제대로 도모하기 위한 근거 마련을 위한 마음 공간의 확보 문제는 오늘날도 여전히 남제로 남아 있다.

2) 인간 존재를 위한 공간 왜곡의 극복

용기의 공간, 물리 공간 등과 같은 '존재'를 위한 존재론 공간은 헤겔 이후 근대의 시간성 담론에 밀려 등한시되었다. 마르크스도 그의 변증법 사유에서 공간의 문제는 다루어지고 있지 않다. 물론 현대에 벤야민 같은 공간론자가 없는 것은 아니지만, 르페브르나 푸코에 이르러 이른바 '공간적 전회'가 있었다. 그것 역시 근대성의 전개 과정에서 공간의 중요성을 찾은 것이다. 공간의 생산에 대하여 담론하고 공간을 보는 다양한 시각이 발현되고 있다손 치더라도, 그것은 사회공간에 치중되고 있어서 공간에 대한 존재론적이면서 인식론적인 담론이 보태져야 할 것으로 보인다. 과연 우리 시대의 공간 운용은 인간과 자연의 생존적 생명적 이슈로 볼 때 제대로 되고 있는 것일까에 관한 토론이 요청된다.

여기서 이해를 돕기 위해 다소 시사성 있는 글을 한 번 보자. 2016년 9월 17일 오전 홀로 성당에서 기도하던 중 중국인 괴한이 휘두른 흉기에 참변을 당한 故김성현 루시아의 장례미사 때(21일 오전) 있었던 주교의 강론을 소개한다.

고인이 동네 클린하우스에서 밤늦게 사람들이 아무렇게나 버려놓은 쓰레기를 정비하고 주변을 깨끗이 청소하는 일까지 하셨다고 들었다. 이렇게 자신의 몸과 마음을 송두리째 신앙생활에 쏟아 붓는 신자가 이 나라에 과연 몇이나 계실지 모르겠다. (⋯중략⋯) 생전 알지도 못하는 사람에게 영문도 모르고 무참히 살해된 루시아 자매도 오늘 이 시대의 순교자라고 선언하고 싶다. (⋯중략⋯) 제주도는 벌써 여러 해 전부터 더 많은 사람이 이

곳에 와서 더 많이 먹고, 더 많이 놀고, 더 즐기고, 더 많이 소비하고, 더 많이 지갑을 털기를 바라면서 무제한 투자와 무차별 개발, 대규모 관광이 지상과제인 것처럼 정책을 펼쳐 왔다. (…중략…) 이제 정신을 차리고 보니 제주의 깊숙한 속살이 다 벗겨지고 상처를 입고 있다. 자연도 사람도 난도질을 당하고 있는 것이 오늘의 현실이다. (…중략…) 우리는 죄 없고 티 없는 거룩한 영혼의 소유자가 당한 무자비한 죽음의 탓을 외국인들에게 돌리기보다 경제적 성장과 수익을 분에 넘치게 추구한 우리 자신들의 무분별한 탐욕에 그 탓을 돌려야 하는 것 아닌가 생각한다. (…중략…) 루시아 자매의 순교는 이 시대의 무분별한 환락의 탐닉과 질주를 멈추고 인간의 품격과 존엄에 어울리는 절제 있는 삶을 회복하라는 하늘의 경종이 아닌가 싶다. (…중략…) 제주도는 원래 대지주도 없고 절대 권력을 행사하는 지배 계층도 별로 없고 고만고만한 작은 사람들이 조냥 정신[21]을 바탕으로 하루

---

21 조냥 정신 : 바람, 여자, 돌이 많은 섬이라서 삼다도(三多島)라 제주도의 또 다른 명칭으로 불리고 있다. 삼다도는 제주도 환경을 상징적으로 함축하여 표현한 의미를 지니고 있으며 제주도를 찾아오는 손님들이 가장 먼저 확인하는 것이 바람, 여자, 돌이다. 제주도 섬이란 특수성 때문에 오랜 세월 동안 척박한 환경에서 살아남기 위해 전통적으로 내려오는 아름다운 삶의 철학이 있다. '도적이 없고(盜無)', '거지가 없으며(乞無)', '대문이 없다(大門無)'는 제주도민의 삼무정신으로 알려져 있으며 제주 도민의 자랑스런 정신으로 내려오고 있다. 삼다는 지리・역사적으로 부딪히는 제주도민의 실정이라 한다면, 삼무는 어려운 실정을 받아들이면서 억척스레 살아가는 제주도민의 생활 방식이요, 긍지 높은 제주도민의 도민성이라 할 수 있다. 제주도에는 조냥 정신이란 것이 있는데 조냥은 제주도 방언으로 절약이란 뜻이다. 어머니가 밥을 지으러 나가면 우선 쌀독으로 간다. 그러면 그 쌀독에서 바가지로 쌀을 뜬 다음, 그 바가지에서 쌀 한 줌을 떠서 다른 항아리에 비축하는 것이다. 그리고 나서 추수한 것을 겨우내 먹고 나면 봄철이 되면 먹을 것이 없게 된다. 적어도 보리 추수를 할 때까지는 먹을 것이 없게 된다. 이때를 보릿고개라고 하는데 그렇게 비축해 두었던 쌀을 그 때에 먹는 것이다. 그런 어머니들의 모습을 보고 자라난 아이들은 나중에 어른이 되어 곡식이 바닥나는 춘궁기를 그런 지혜로 넘긴다는 의미에서 조냥 정신의 시초가 되었다. 풍족한 자연 환경이 아닌 제주도에서 조냥 정신은 삶의 여러 곳에서 나타난다. 위 사진에서 아낙네 등에 짊어진 물통을 물 허벅이라 부르는데 물 한 방울도 흘리지 않게 하기 위해 물허벅이 디자인이 되어 있다. 내가 어릴 때만해도 밥 한 톨이라도 밥상에서 흘리면 아버님 혹은 어른들에게 혼나곤 했다. 하지만 요새 누가 밥 한톨 흘린다고 혼내는 사람

하루 땀을 흘려 문 열어놓고 살아가는 평화의 섬이었다. (…중략…) 루시아 자매의 순교는 우리를 제주의 그 원초적인 평화로 돌아가도록 촉구하는 당신의 봉헌이라고 생각한다.[22]

제주도라는 공간에서 자기 할 일을 하면서 살아가는 현존재를 수용하지 못하는 조건이 발생하였다. 느닷없이 희생된 이 사람을 필자는 '근대성의 희생자'로 보고 싶다. 제주도는 이미 물질적 도구적 합리성을 찾는 사람들에 노출된 지 오래다. 자연 조건을 자랑스러워하고 그것에 어울리게 삶을 꾸려온 사람과 사물로 이루어진 제주도의 가치는 그 자체로 '제주도'라는 공간성을 형성하여 왔지만, 그 훌륭한 존재론적 가치는 '자본'과 화폐적 명목가치로 단순하게 접근되는 과정에 이미 접어들었다. '돈'이 될 것이라는 기대 속에 비자발급 없이도 공간을 점유할 수 있는 곳이 된 이후, 본연의 공간성이 말살되는 방향으로 새로운 공간성이 생성되고 있다.

짐멜이 내세운 사회적 현실의 내용을 이루는 접촉 욕구나 지적인 충동 혹은 소유욕, 개인적 관심, 관능적 욕구, 종교적 동기, 공격적 충동과 같은 인간으로 하여금 서로의 관계를 유발시키는,[23] 그런 공간 즉

이 있는가… 오히려 혼내는 사람을 이상하게 생각하는 현실이 도래할 정도로 풍족한 생활을 하고 있다. 전통적으로 내려오는 아름다운 고장의 정신문화는 우리가 앞으로 살아가는 방향을 제시하고 있으며 계승할 필요가 있다. 고장의 정신문화는 그 어떤 정신과 철학과 비교할 수 없을 정도로 가슴에 깊이 느낄 수 있는 장점이 있다. 왜냐하면 나의 아버지, 할아버지, 증조할아버지… 선조의 값진 경험을 바탕으로 전해져 내려오는 성전과도 같기 때문이다. 서양철학, 동양철학을 배우기 이전에 고장의 정신 철학을 먼저 익히는 것이 교육에 있어서 우선이라 생각한다(http://koreatakraw.com/1076, 검색일 : 2016.09.21)

22 미디어제주, https://www.mediajeju.com/news/articleView.html?idxno=188195 검색일 : 2016.09.21.
23 김태원, 『짐멜의 사회학』, 한국학술정보, 2007, 268쪽.

사회 공간, 관계의 공간을 넘어 물리적이며 상대적인 공간뿐만 아니라 존재론적 본연의 공간이 왜곡되는지 성찰해야 한다. 이-푸 투안이 지리학을 휴머니티 관점에서 그 기준을 세워한다고 한 것과 같이[24] 물리 공간, 사회 공간, 추상 공간, 보다 더 확장한다면 정신적 세계—예술적이며 심미적인 공간—에 이르도록 존재하여야 할 공간의 문제를 고민하여야 한다.

특히 근대적 합리성을 추구하는 인간 욕망의 경계로서 사회 공간에서 만들어지는 '공간'이 사람의 생명적 소요마저 약화하거나 박탈하지는 않는가? 고유한 '공간'적 가능성, 잠재성을 박탈하지는 않는가? 공간이 존재론적으로 생성할 수 있는 무한한 가능성, 공간적 특성, 개성을 차단하는 일은 없는가? 공간성 형성의 중요 요소인 인간의 심성이 바라는 바, 다양한 경계를 획일화하지는 않는가? 우리가 '탈근성'이나 '후현대성'을 말한다고 해도 이 같은 맥락에서 벗어나지는 않을 것이다.

우리는 이에 '구두선'이 아닌 공간적 특성에 대한 존재론적 인식을 단행하여야 한다. 참으로 소통적이며 존재론적 각도에서, 사회공간을 포함하여 인간의 내재적 욕동, 욕망의 분출을 위한 근거로서 공간에 생명적 기제를 불어 넣으려는 '참된 공간'에 관한 인식론적 전환이 필요하다. 역시 제주도와 관련하여 물질합리성 추구에 대한 성찰의 한 예를 들어보자.

제주도라는 '공간'에는 '삼다'라는 공간성이 있다. 최근의 관점에서

---

[24] Peter Merriman, Gunnar Olsson, Eric Sheppard, Nigel Thrift, Yi-Fu Tuan, Space and spatiality in theory, Article, 2012, p.18,
https://www.researchgate.net/profile/Eric_Sheppard3/publication/254085877_Space_and_spatiality_in_theory/links/02e7e537657c564d11000000.pdf.

본다년 ㅗ 공산성은 '특별지구'의 성격을 띠ㅗ 이루어신다. 자연적 측년으로서 공간성 이외에 '지금 이곳'이라는 시공간성, 현존재인 사람에 의해 이전과 다른 공간성이 보태지고 있다. 자본의 유입과 공간 변형은 위험 수위에 있다. 그럼에도 지역적 정체성으로서 공간성은 '돈' 이상의 그 무엇을 지닌다는 인식적 측면의 성찰이 있었다고 한다. 구체적으로 들자면 '생수' 채취에 있어 존재와 인식의 두 측면에서 합리성을 보인 것이다. 도구적이며 물질적 합리성 너머의 그 무엇을 본 것이다. 공공자원인 지하수를 '돈'으로만 볼 수 없다는, 공유재에 대한 인식은 매우 권장할만하다. 필자에게도 두어 달 전 더위가 한창일 때부터 소형들이 즉 500ml 병의 제주도 특산 생수 제품을 구입할 수 없었던 경험이 있다. 그러던 중 '××수 석 달째 품귀현상' 기사를 접할 수 있었다. 그 이유는 공급이 수요를 따를 수 없었기 때문이었다. 국내에서 가장 많이 팔리고 있는 이 물을 생산하는 '제주도개발공사' 관리자는 여름 폭염으로 생수 소비량이 크게 늘었다면서 생산량을 늘렸는데도 물량이 달리고 있다고 말했다고 한다. 그런데 유독 작은 병500ml만 품절되는 이유에 대해 제주도 개발공사 측은 "1인 가구 증가 등으로 소비자가 2l보다 500ml 제품은 더 많이 찾는다"고 설명했다고 한다. 품절현상을 빚을 정도로 잘 팔리다 보니 그 매출은 지난해 2,000억 원을 돌파하여 작년 순이익은 663억이었고 앞으로 5년 안에 그 매출은 2배 이상 성장할 것으로 기대된단다. 그렇지만 잘 팔린다고 무작정 생산량을 늘릴 수는 없다. 법적으로 먹는 샘물 취수 허가량이 11만 1,000m³으로 제한되고 있다. 취수량은 늘리기가 쉽지 않지만 제주생수를 생산하는 대기업의 계열사인 해당기업은 지하수 취수량 증설을 십여 년 전부터 도의회에 신청하고 있지만,

매번 실패하고 있다고 한다. 이는 공공자원인 지하수는 돈으로만 볼 수 없다는 반대에 부딪혔기 때문이다.[25] 제주도가 공간이라면 제주도 물은 그 공간에 대한 유의미로서 공간성을 수행하게 한다. 이런 귀한 공간성을 값으로 환산하는 굴레에서 벗어나야 한다. '돈'보다 더 '돈'되는 존재론적인 국면의 생명적 수요에 파멸을 가져다주지 않아야 한다는 인식이 필요하다. 발상의 존재론적 전환이라고 할까? 풀로 비유하자면 잡초란 없고 사물의 본질로는 크고 작음이 없으며, 우리가 문둥병 환자를 보았다면 우리도 그런 인식적 대상임을 알아야 한다. 미인은 실제로는 병들고 추한 사람인지 모른다. 『장자』의 메타포에 보이는 미인 서시[26]는 위경련을 앓고 있는 환자였지만, 인식 주체라는 사람의 맹목성, 또는 자기 합리화가 만들어낸 아름다움일 수 있다. 사물 인식 체계에 있어 오류의 발생은 우리의 주관성에 기인하는 것이 대부분이지만, 그러면서 우리의 주관성을 넘지 못하고 우리는 살아가는 우愚를 범하고 있을지 모른다.

이런 점에서 '나'를 대상화하고 내가 대상에 '물화物化'[27]됨으로써 사물인식 방법의 보편성, 객관성을 확보하는 것이 중요하다. 로컬 또는 로컬리티를 포함하는 공간적 가치, 공간성에 대한 일방적 인식은, 타자 역시 지니는 고유한 주체성 또는 자율성을 침해한다. 『장자』의 '혼돈고사'[28]의 교훈처럼 각자의 공간과 공간성이 있는데도 내가 지닌 공간적

---

25 http://www.bizwatch.co.kr/pages/view.php?uid=26116, 검색일 : 2016.10.04.
26 『莊子』「齊物論」.
27 역시 『莊子』「齊物論」에 보이는 개념이다. 우리에게는 '胡蝶之夢'으로 알려진 고사이다. "장주가 꿈속에서 나비가 된 것인가?, 나비가 꿈속에서 장주가 된 것인가? 장주와 나비는 둘인데, 장주가 나비가 되기도 하고 나비가 장구가 되기도 하니 하나인 셈이다. 이렇듯 만물이 하나가 되는 것이 '物化'이다. 물화는 내가 상대와 하나가 되는 것이다. 즉 분별적 경계를 허무는 것이 '물화'이다.
28 '混沌故事'(『莊子』「應帝王」)에 이런 내용이 보인다. 남쪽 바다와 북쪽 바다의 제왕이 중앙

잠재성이나 능성을 가지고 타자의 공간성을 변형하는 것은 죽음이요 파멸이다. 자기에게 있는 공간이 없다고 타자에게 공간이 없는 것은 아니다. 단지 양태가 다르고 존재의 시스템이 다르다. 관계적 사회 공간에서 인위적으로 부자연스럽게 형성되는 공간성은 재앙이다. '로컬-내-존재'라는 '로컬적 현존재', 그것이 사물이든 지역적 가치이든 아니면 중심 이외의 주변성을 가리키든, 단지 그것이 어떻다고 규정하는 것일 뿐, 참된 인식의 각도에서 보면 모두 나름의 존재방식으로서 공간 체계를 지니면서 존재한다. 우리가 생성하는 공간성도, 우리가 점유하는 곳에서 우리는 그곳의 장소적 주체성을 발견하고 공간적 특성을 길러주는 인간적 태도가 선행될 때, 그것에는 진정한 공간성이 꽃피울 수 있을 것이다.

4. 공간적 주체성과 대화하는 인간

공간이란 존재론적 국면과 존재를 위한 생성에 관여한다. 도린 매시가 "포스트모던 시대의 특성을 '시간적인 것보다 공간적인 것'에서 찾으

지역의 제왕을 만난다. 그런데 중앙의 제왕에게는 본래 누구나 가지고 있을법한 일곱 개의 구멍이 없었다. 구멍은 존재의 조건이다. 일곱 개의 구멍 즉 칠규(七竅)는 생명적 조건이다. 입, 눈, 귀, 코가 없는 상태는 존재 조건의 결핍으로 인식한 두 제왕을 중앙의 왕을 위하여 '공간 만들기'에 나선다. 그렇지만 그들에 의해 만들어진 공간은 중앙의 제왕인 혼돈에게 맞지 않는 것이었다. 중앙의 제왕에게 필요한 진정한 공간은 '물화'된 공간, 타자가 진정으로 필요로 하는, 타자에게 맞는 것이어야 했다. 그렇지 않은 인위적 공간은 죽음을 안길 뿐이었다. 하루에 하나씩 일주일 걸려 성취된 '공간 내기'는 마침내 죽음을 초래하고 말았다. 공간이란 자연의 이치에 맞게 독자성, 다양성이 존중될 때 의미가 있다. 마치 서구 근대성의 이성이 추구하는 것처럼 획일화된, 명목 가치를 위한 조작은 실은 상대의 죽음이라는 교훈을 이 고사는 말해준다.

려는 시도가 증가하고 있으며, 소위 '사회이론의 공간화'에 대한 관심이 한층 증폭되고 있다는"[29] 맥락에서, 시간에 가려진 공간 찾기도 중요하지만, 필자는 존재와 생명적 차원을 위해 공간의 중요성을 제기하고 싶다. 우리가 포스트모더니즘이나 제2근대성, 제3의 길, 탈주체성을 말한다고 할 때, 그것은 근대성의 공간이나 사회공간에서 비롯한 비인간성이나 삶의 질 문제를 극복하자는 견해로 생각되며, 그 같은 문제의식에서라도 공간의 논의는 매우 유효한 것이라 여겨진다.

공간은 현상적인 것뿐만 아니라 추상적이며 관념적인 영역에까지 확장되는데, 그것은 형이상학적이며 형이하학적인 영역에 걸친 물리 공간, 심상 공간, 가치 공간, 도덕 공간에 걸쳐 있다. '경계'를 논하다 보면 그것 역시 학제적이고 총체적인 것처럼, 공간의 문제는 참으로 사물이나 사람의 존재론적 국면에 관계되는 것이어서, 그에 대한 인식론적 전회 역시 요구된다.

동아시아적 사유로 본다면 '비움의 미학'과도 같은, 그런 존재론적이며 예술적인 공간도 고려해 봄직하다. 사물이나 사람의 존재론적 측면에서 공간이 없으면 존재란 없으며 공간이 있어야 아름답다는 의식이 우리 시대에 필요할지 모른다. 인간의 지나친 욕망의 소산이, 하나의 주체로서 공간에 내재하는 가치에 대하여 아무런 대화나 성찰 없이 '인간적 주체성'만 강조하면서 이루어지는 공간 말살 행위와 점유는 대안 공간 모색의 여정에서 반드시 짚고 넘어가야할 대목이다.

---

29 도린 매시, 박경환 외역, 『공간을 위하여(*For Space*)』(한국민족문화연구소 로컬리티 번역 총서 010), 심산, 2016, 122쪽.

참고문헌

『周易』, 『道德經』, 『莊子』, 『楞嚴經』, 『名義集』.

段玉裁, 『說文解字注』, 上海古籍出版社, 1981

張 載, 『正蒙』.

崔漢綺, 『氣學』.

程宜山, 『張載哲學的系統分析』, 學林出版社, 1989.

마루타 하지메, 박화리·윤상현 역, 『'장소'론』, 심산, 2011.

김영철, "The Phenomenon and Place and the Field Dynamics of Space(공간의 장소성과
        場개념에 관한 고찰)", 『계명대 산업기술연구소 논문보고집』 제9집.

김용찬 외, 「空間의 개념과 九宮의 공간모델화에 대한 연구」, 『동의생리병리학회지』 16(5), 대한
        동의병리학회, 2002.

김용창, 「근대 자연철학자의 공간론과 현대의 공간성격」, 한국공간환경학회 2014 추계학술대회,
        2014.

김재철, 「공간과 거주의 현상학—볼노오의 공간이해를 중심으로」, 『철학논총』 56(2), 새한철학
        회, 2009.

김정곤 「상호작용하는 현대 공간 개념의 연구—인지과학론을 중심으로」, 『한국문화공간건축학회
        논문집』 (48), 한국문화공간건축학회, 2014.

김지은 외, 「노자의 무위자연(無爲自然) 사상에 의한 전통 누정(樓亭) 공간 연구」, 『디자인학연구』
        23(5), 한국디자인학회, 2010.

김창원, 「조선시대 서울 양반의 거주지 공간개념과 『진청』 「무명씨」 주제의 의미」, 『한국시가연
        구』 32, 한국시가학회, 2012.

김충렬, 「중국의 천하사상」, 『중국학논총』 Vol. 3, 한국중국문화학회, 1986.

김치완, 「섬[島]—공간의 철학적 접근—플라톤과 노자의 '공간' 개념 검토를 중심으로」, 『탐라문
        화』 45, 탐라문화연구소, 2014.

도린 매시, 박경환 외역, 『공간을 위하여, For Space』, 한국민족문화연구소 로컬리티 번역총서
        10, 심산, 2016.

서도식, 「존재의 토폴로지—M. 하이데거의 공간 이론」, 『시대와 철학』 21(4), 한국철학사상연구
        회, 2010.

서영표, 「추상적 공간과 구체적 공간의 갈등-제주의 공간이용과 공간구조의 변화」, 『공간과 사회』 24(1), 한국공간환경학회, 2014.

孫 歌, 『主體彌散的空間』, 江西教育出版社, 2002.

시미즈 히로시[淸水博], 박철은·김강태 역, 『생명과 장소』, 그린비, 2010.

신승철, 『사랑과 욕망의 영토-가타리의 횡단과 모험』, 중원문화, 2011.

안영길, 「虛境의 特性과 美學」, 『한문학논집』 22집, 근역한문학회, 2004.

오토 프리드리히 볼노, 이기숙 역, 『인간과 공간』(한국민족문화연구소 로컬리티 번역총서 L5), 에코리브르, 2011.

외르크 되링·트리스탄 틸만 편, 이기숙 역, 『공간적 전회』(한국민족문화연구소 로컬리티 번역총서 Humanities 009), 심산, 2015.

이경직, 「플라톤의 『티마이오스』에 나타난 공간 개념」, 『철학』 87, 한국철학회, 2006.

이기홍, 「빈 공간에서 충만한 공간으로-2자공간의 연구」, 『로컬리티 인문학』 5, 한국민족문화연구소, 2011.

이득재, 「공간, 계급, 그리고 로컬리티의 문화」, 『로컬리티 인문학』 6, 부산대 한국민족문화연구소, 2011.

이명수, 「공간, 장소 그리고 경계에 관한 노장철학적 접근」, 『동아시아문화연구』 51, 동아시아문화연구소, 2012.

_____, 「동아시아 사유에 나타난 로컬리티의 존재와 탈근대성」, 『한국사상과 문화』 45집, 한국사상문화학회, 2008.

_____, 「동아시아적 공간과 생성의 문제」, 『동양철학연구』 78집, 동양철학연구회, 2014.

_____, 「로컬, 로컬리티 그리고 인문학적 공간-로컬리톨로지 도달에 관한 동양학적 전망」, 『로컬리티 인문학』 3, 부산대 한국민족문화연구소, 2010.

_____, 「존재의 공간과 인식의 경계-차이의 장소에 관한 시론」, 『동양철학연구』 74집, 동양철학연구회, 2013.

_____, 「중국문화에 있어 시간, 공간 그리고 로컬리티의 문제」, 『동양철학연구』 55집, 2008.

이석환·황기원, 「장소와 장소성에 관한 다의적 개념에 관한 연구」, 『국토계획』 32권 5호(통권 91호), 대한국토·도시계획학회, 1997.

이지훈, 「들뢰즈의 창조와 공간 개념」, 『인문연구』 55, 인문과학연구소, 2008.

이-푸 투안, 이옥진 역, 『토포필리아』(한국민족문화연구소 로컬리티 번역총서 L6), 에코리브르, 2011.

이현재, 「다양한 공간 개념과 공간 읽기의 가능성-절대적, 상대적, 관계적 공간개념을 중심으로」,

『시대와 철학』 23(4), 한국철학사상연구회, 2012.

임진아, 「화이트헤드의 관계적 공간개념에 대한 비판적 분석」, 『화이트헤드 연구』 28, 한국화이트헤드학회, 2014.

하제원, 「하이데거 기초존재론에서의 공간개념. "세방화"의 가능성에 대하여」, 『존재론 연구』 (15), 한국하이데거학회, 2007.

홍서영, 「아리스토텔레스 'Topos(τόπος)'의 지리학적 해석」, 『문화역사지리』 24(3), 한국문화역사지리학회, 2012.

황용섭 외, 「공간 인식 변화에 따른 공간의 사건화에 관한 연구」, 『한국공간디자인학회 논문집』 3(1), 공간디자인학회, 2008.

황태주, 「자연법칙으로서 기하학과 공간 개념의 전개에 관한 연구」, 『한국실내디자인학회 논문집』 19(2), 한국실내디자인학회, 2010.

Peter Merriman, Gunnar Olsson, Eric Sheppard, Nigel Thrift, Yi-Fu Tuan, Space and spatiality in theory, Article, 2012.
https://www.researchgate.net/profile/Eric_Sheppard3/publication/254085877_Space_and_spatiality_in_theory/links/02e7e537657c564d11000000.pdf

http://www.bizwatch.co.kr/pages/view.php?uid=26116.

http://koreatakraw.com/1076.

비물질적 노동에 의한 공간의 재전유*
M 하이데거, D. 매시, M. 하트를 중심으로

하용삼

1. 공간의 발생

우리는 공간 속에 살고 있고, 또 공간에 대해서 많은 말을 하고 있다. 그러나 공간이 무엇인가? 혹은 공간은 어떻게 발생하는가? 이 물음에 대해서 우리는 답하기 쉽지 않다. 이 논문에서는 공간의 발생을 통해서 공간에 대한 물음에 답하고자 한다. 공간Raum이라는 용어는 "자리를 만들어낸다, 비워 자유로운 공간을 만들다"라는 동사 로이멘räumen에서 유래한다. 이 로이멘은 "하나의 공간, 다시 말해 경작이나 이주할 목적으로 숲속에 빈 터를 만들다"라는 의미이다.[1] 이에 덧붙여 사회적 관점에서 공간은 "상호관계의 산물"이다.[2] 이런 의미에서 공간은 그 자체

---

* 이 글은 하용삼, 「비물질적 노동에 의한 공간의 재전유―M 하이데거, D. 매시, M. 하트를 중심으로」, 『코기토』 81, 부산대 인문학연구소, 2017에 게재한 것임을 밝힌다.
1 M. 슈뢰르, 정인모 · 배정희 역, 『공간, 장소, 경계―공간의 사회학 이론 정립을 위하여』, 에코리브르, 2010, 30쪽.

이미 주어진 것이 아니라, 공간은 상이한 역사적 궤석을 갖는 사람들, 동식물, 사물들 사이의 '상호관계의 산물'이다.

일반적으로 사람들은 공간의 발생과정을 잊어버리고, 단지 결과물로서 공간을 단순히 '빈 터'라고 받아들인다. 이제 사람들은 인간 활동의 결과물 또는 인간 사유의 결과물로서 공간의 정의를 수용하게 된다. 이와 마찬가지로 한글 사전에서 공간은 "앞뒤·좌우·상하로 무한하게 퍼져 있는 빈 곳"이라고 정의한다.[3] 뉴턴에서도 "'절대공간(컨테이너 공간)은 원래 그 천성상 외부 대상물과 관계없이 항상 동일하며 부동의 상태로 머물러 있다. (…중략…) 이러한 절대공간의 한 척도 혹은 움직이는 한 부분이 상대적 공간이다.'(Newton 1963 : 25이하)" 또한 뉴턴은 공간의 절대성을 강조하기 위해서 "절대공간의 주장이 절대적 신의 존재 확인이 된다"라고 말한다.[4] 이 경우에 인간 활동과 사유의 결과물로서 공간은 정체·폐쇄성·비이동성을 가지고, 인간의 사유와 삶을 구속하고, 지배하게 된다.

인간 활동과 사유의 결과물로서 정적·폐쇄적·비이동적 공간을 비판하기 위해서 이 논문은 각각 마틴 하이데거, 앙리 베르그손, 데이비드 하비, 도린 매시에서 '거주함'과 '기하학적·수학적 공간', 시간과 공간의 관계, 발작크의 유기체와 플로베르의 무대장치로서 파리의 공간, 과학과 재현에 의한 정체·폐쇄성·비이동성의 공간과 정치와 정

---

2   D. 매시, 박경환·이영민·이용균 역, 『공간을 위하여』, 심산, 2016, 35쪽.

3   국어국문학회 편저, 「공간」, 『국어사전』, 민중서관, 2004, 240쪽.

4   M. 슈뢰르, 정인모·배정희 역, 『공간, 장소, 경계-공간의 사회학 이론 정립을 위하여』, 39쪽, 41쪽.(M. 슈뢰르는 절대공간과 컨테이너 공간 그리고 상대적 공간과 상관적 공간을 동일한 의미로 사용한다); M. 슈뢰르, 이기숙 역, 「"공간의 부활"-사회학적 범주로서의 공간의 중요성」, J.되링·T.틸만, 『공간적 전회』, 심산, 2015, 153~156쪽 참조.

치적인 것에 의한 개방성·이질성·생동감의 공간을 살펴볼 것이다. 현재 자본주의와 사회주의 사회에서 자본의 사적 소유와 국가의 공적 소유에 의해서 공간은 정적·폐쇄적·비이동적으로 되었다. 그러나 우리는 국가의 공적 공간과 자본의 사적 공간에 대항해서 비물질적 노동의 생산물로서 공통적인 것the common을 매개하는 개방성·이질성·생동감의 공간을 재전유하고자 시도할 것이다.

2. 거주함의 공간과 기하학적·수학적 공간

하이데거에서 공간의 의미는 "인간은 시적으로 거주한다"라는 문장에서 명확하게 드러난다.[5] 현실적으로 인간은 시적으로 거주할 수 없는데, 왜 하이데거는 "인간은 시적으로 거주한다"라는 횔덜린 말년 시의 한 구절을 논문제목으로 사용하고 있는가? 우리는 아래의 두 문장을 비교함으로써 이 물음에 답할 수 있다. 인간은 공간에 거주한다. 인간은 시적으로 거주한다. 두 문장의 차이에서 우리는 하이데거의 공간과 거주함에 대한 생각을 알 수 있을 것이다. 우선 거주함의 '공적들'로서 농경지·건축물·기하학·과학의 공간은 동질적인 것으로 환원 할 수 있기 때문에 양적인 척도에 의해서 인간과 사물이 규정된다. 이에 반해 시는 양적으로 규정될 수 없을 뿐만 아니라, 오히려 시가 인간과 사물에 대한 질적으로 새로운 척도를 부여할 수 있다.

---

5 M. 하이데거, 이기상·신상희·박찬국 역, 「"······ 인간은 시적으로 거주한다 ······"」, 『강연과 논문』, 이학사, 2008, 243쪽; Heidegger, M., "'···Dichterisch Wohnet Der Mensch ···'", *Vorträge und Aufsätze*, Pfullingen, Verlag Gunther Neske, 1978(1954), S.181.

습관적으로 그리고 종종 독점적으로 추진된, 또한 이 때문에 오직 잘 알려져 있는 Bauen(건축함)은 물론 가득한 공적들을 거주함에로 가져오긴 한다. 하지만 인간이 거주할 능력을 갖는 것은, 오직 그가 이미 다른 방식으로 지어왔고 또한 짓고 있으며 또 짓기 위한 생각에 잠겨 있을 때일 뿐이다.[6]

이와 같이 돌봄·보호와 건립함의 공적들로서 Bauen(건축함)은 거주함의 본질을 거부한다. 다시 말해 농경지와 건축물이 거주함을 위한 것이 아니라, 소유와 재산의 증식을 위한 것이 되는 경우에 거주함의 본질에 반하게 된다. 이에 반해 "시 지음"은 거주함의 본질에 관한 "척도의 획득"이다. "'시적인 것'의 본질을 횔덜린은 척도의 획득 안에서 통찰하고 있는바, 이러한 획득을 통해 인간존재에 대한 섬세한 가늠이 수행된다."[7] 이런 의미에서 우리는 양적인 척도에 의해서 규정되는 공간과 질적으로 새로운 척도를 창조하는 '시 지음'의 명확한 차이를 알 수 있다. 즉 시적으로 거주함은 거주자 자신의 척도에 의해서 규정된다. 이에 반해 데카르트·뉴턴 혹은 국가관료·건설업자에 의해서 사유된·건축된 공간은 동질적 공간으로 규정된다. 전자에서 거주함의 공간은 거주자 자신에 의해서 '시적'으로 지어지지만, 후자에서 사유된·건축된 공간은 타인의 생각·척도에 의해서 규정된다. 하이데거는 시적으로 거주하지 못함과 "건축함과 사유함이 거주함에 귀속"하지 못함으로 인하여 "거주함의 본래적 곤경"이 있고, "인간이 거주의 본래적인 곤경을 아직도 전혀 바로 그 곤경으로서 숙고하지 않는다는 점에서

---

6 M. 하이데거, 「"…… 인간은 시적으로 거주한다 ……"」, 250쪽; S.186.
7 위의 글, 256~267쪽; S.190.

고향 상실"이 있다고 말한다.[8] 그러므로 하이데거에 있어서 거주함의 공간은 항상 시적인 것에 기반을 두고 있다.

우선 하이데거는 인간으로서 '현존재Dasein'에 관한 분석에서 공간을 밝혀내는데, 현존재는 '거기·터Da'와 '존재Sein'를 의미한다. 이미 잘 알려져 있듯이 '존재'는 존재자들을 개시하는 '무無'이다. 이런 의미에서 현존재는 '거기·터'에서 본질적으로 존재자의 존재·공간을 개시하는 존재이다. 다시 말해 현존재는 본질적으로 땅위와 하늘아래에서 도구적으로 존재자들을 공간에 배치한다. 현존재로서 인간이 이미 공간적이기 때문에 존재자에게 공간을 부여한다.[9]

그 다음으로 하이데거는 사물로서 건축물에서 공간을 밝히고 있다. 그는 "건축하다bauen를 뜻하는 고대 독일어인 'buan'은 거주함"이고, "건축하다라는 동사의 본래적 의미는 거주하다"라고 말한다.[10] 건축함 bauen의 어원은 인간이 거주하기 위해서 건축함을 보여주고 있다. 이런 의미에서 건축함은 동식물과 인간을 보호함(돌봄)이고, 건축물을 건립 함이다. 근원적으로 거주함으로서 건축함은 "넷(땅, 하늘, 신적인 것들, 죽을 자들)의 하나로 포개짐"으로서 "사방을 사물들 안으로 참답게-보존" 하는 것이다.[11] 하이데거는 다리의 예에서 건축함을 명시적으로 보여 준다. ① 다리는 따로 떨어져 있는 땅을 연결한다. ② 다리는 하늘의 비, 눈, 바람에 대비해서 건축되어진다. ③ 다리는 죽을 자들이 강변의

---

8 M. 하이데거, 이기상·신상희·박찬국 역, 「건축함 거주함 사유함」, 『강연과 논문』, 이학사, 2008, 208쪽; S.156.
9 이유택, 「하이데거의 존재론적 공간 이해」, 『해석학연구』 33, 한국해석학회, 2013, 243~251쪽 참조.
10 M. 하이데거, 이기상·신상희·박찬국 역, 앞의 책, 186쪽; S.140.
11 위의 책, 191쪽, 194쪽; S.144, S.146.

양쪽을 통행할 수 있게 한다. ④ 다리는 익숙한 생활 터전으로서 이쪽 (삶)과 강 넘어 저쪽(죽음)의 알려지지 않은 신적인 것들 사이의 통로가 된다. 이러한 방식으로 다리는 "땅과 하늘 그리고 신적인 것들과 죽을 자들을 자기 곁(가까이)에 결집하며 모아들인다."[12] 사물로서 다리는 사 방을 모아들이는 터전을 허락하고, 이 터전으로부터 사방의 사물들로 서 장소들이 공간들을 허락한다.

'공간'이라는 낱말이 무엇을 명명하는지는 그 낱말의 옛 의미가 말해준 다. 공간(Raum, Rum)이란 취락과 숙박을 위해 비워진 자리를 의미한다. (…중략…) 따라서 각 공간들은 자신들의 본질을 장소로부터 수용하는 것 이지, '저(기존의)'공간으로부터 수용하는 것이 아니다.[13]

공간은 거주함을 위해서 비워진 자리이다. 더 나아가서 공간은 사방 이 '참답게-보존'된 사물의 다양한 양식으로서 다리, 길, 시장, 건물로 서 장소에 의해서 마련된다. 이런 의미에서 공간은 거주함·건축함· 사유함과 분리되어서 미리 전제되지 않는다. 다시 말해 공간은 사물들 로서 장소들과 관계없이 미리 전제될 수 없다.

공간들(Räume)은 인간의 거주함 속으로 들어오게 됨으로써 스스로 연 다. 죽을 자들이 존재하고 있다는 말은 곧 죽을 자들이 거주하면서 사물들 과 장소들 곁에서의 자신들의 체류를 바탕으로 삼아 공간들을 견뎌내고 있

---

12 위의 책, 196쪽; S.147.
13 위의 책, 198쪽; S.148~149.

다는 것을 의미한다. 그리고 죽을 자들은 오로지 자신들의 본질에 따라 공간들을 견뎌내고 있기 때문에 공간들을 통과할 수 있다. (…중략…) 장소들과 인간의 연관 그리고 장소들을 통한 공간들과 인간의 연관은 거주함에 바탕을 두고 있다. 인간과 공간의 관계는 본질적으로 사유된 거주함 이외에 다른 어떤 것이 아니다.[14]

'인간은 시적으로 거주하다'에서 알 수 있듯이, 거주함의 본질은 결국 거주자들의 사유된 활동으로서 농작물 재배하기, 건축물 짓기, 사방을 사물들의 장소에 '참답게-보존'하는 것이다. 이와 관련해서 기존의 공간은 거주함·건축함·사유함의 '공적들'로부터 유래한다. 실제로 공간은 이러한 '공적들'과 분리되어서 따로 존재할 수 없다. 이러한 관점에 따라서 "인간들과 사물들 사이의 가까움과 멂"으로서 위치들의 간격이 "사이 공간(라틴어 spatium)의 간격"이 되고, 더 나아가서 이 사이 공간으로부터 높이, 넓이, 깊이의 3차원을 가진 "연장extensio으로서의 공간"이 추상되고, 그리고 이 공간은 다시 한 번 추상화됨으로써 "분석적-대수적 관계들로 추상화"되어서 수학적 공간이 된다.[15] 하이데거는 건축된 사물들로서 장소들에 의해서 사이 공간과 연장으로서 공간이 파생되지만, 이와 반대로 수학적 공간이 장소들과 이것들에 의해서 형성된 공간들의 본질적 근거가 될 수 없다고 말한다. "사람들은 이처럼 수학적으로 마련된 곳을 '저(기존의)' 공간이라고 명명할 수 있다. 그러나 이러한 의미의 '저' 공간은 어떤 공간들이나 자리들을 포함하지

---

14 위의 책, 202~203쪽; S.151~152.
15 위의 책, 199~200쪽; S.150.

않는다."[16] 다시 말해 하이데거는 거주함의 본질에 속하는 사유함과 건축함의 공조에 의해서 공간들이 만들어지고, 이 공간들이 기하학적·수학적 공간의 유래라고 말한다. 그러므로 이 기하학적·수학적 공간에서 사물들로서 장소들은 건축될 수 없다.[17]

건축함은 장소들로서의 사물들을 산출하기 때문에, 공간들의 본질에 더욱 가까우며 또한 그 어떤 기하학이나 수학보다도 '저(기존의)' 공간의 본질 유래에 더욱 가깝다. 건축함은 장소를 건립하며, 장소들은 사방에게 터전을 마련해준다.(einräumen) (…중략…) 건축함의 본질은 거주하게 함이다. 건축함의 본질 수행은 장소들의 공간들을 접합함으로써 장소들을 건립하는 활동이다. 우리가 거주할 능력이 있을 때에만, 우리는 건축할 수 있다. (…중략…) 거주함은 죽을 자들이 그것(존재의 근본 특성)에 따라 (살아가며) 존재하는 존재의 근본 특성이다. (…중략…) 건축함과 사유함은 그때그때마다 자신의 고유한 방식에 따라 거주함을 위해서는 불가피하다.[18]

우선적으로 건조 환경·자연으로서 사물이 장소를 만드는 조건이 됨으로써 거주자들은 거주할 공간을 열어놓을 수 있다. 이러한 조건에서 거주함의 공간은 상이한 역사적 궤적을 가진 거주자들과 건조 환경·자연의 상호관계의 산물이다. 즉 거주함·건축함·사유함의 공간은 사람들과 사물들의 상호관계의 산물이고, 이에 반해 이것들의 '공적들'로서

---

16 위의 책, 200쪽; S.150.
17 하용삼,「(비)기능적 몸과 공간의 상호관계」,『철학논총』73.3, 새한철학회, 2013, 332~333쪽 참조.
18 M. 하이데거, 앞의 책, 204쪽, 206~208쪽; S.153~156.

공간은 정적·폐쇄적·비이동적·과학·재현의 공간이 된다. 거주함에 의해서 "근원적으로 개시되는 공간의 토대 위에서 비로소 기하학적으로 추상화된 물리적 공간이 산출된다."[19] 그래서 거주함의 공간들이 기하학적·수학적 공간의 본질·유래가 된다. 그렇지만 거주함·건축함·사유함이 분리된다면, 상관적(relational : 관계적) 공간과 컨테이너 공간Behälterraum은 대립적으로 분리된다.

> (컨테이너) 공간은 '모든 유형적 대상에 작용을 가하지만 유형적 대상은 반대로 공간에 작용을 가하지 못한다.'(Einstein : "Vorwort", p.XIV) 따라서 이 공간 개념은 특정한 건축을 통해 달성되는 개인에 대한 지배를 기술하려는 관점에 특히 적합하다. 이 모델이 신체의 순응을 강조한다면, 상관적 공간 개념은 반대로 공간 구조가 구성될 때 신체를 이용한 개인들의 창조적인 참여를 강조한다.[20]

이와 관련해서 도린 매시는 컨테이너 공간과 상관적 공간을 다양한 의미들과 연관시킨다. 즉 컨테이너 공간으로서 "폐쇄적 그리고 정적인

---

19 신상희, 「『강연과 논문』 해제-사방세계 안에 거주함」, M. 하이데거, 이기상·신상희·박찬국 역, 『강연과 논문』, 이학사, 2008, 477쪽.

20 M. 슈뢰르, 「"공간의 부활"-사회학적 범주로서의 공간의 중요성」, 155쪽. 그리고 M. 슈뢰르, 『공간, 장소, 경계-공간의 사회학 이론 정립을 위하여』, 51쪽 참조. 두 공간에 관해서 좀 더 자세히 보쫑, "(컨테이너) 공간이 사물과 인간을 수용하고 이들을 위한 고정된 자리가 있는 그릇이라고 보는, 고대부터 알려진 공간관이다. 이 모델이 사회과학에 적용된 결과, 사회적 공간은 정치적 공간 및 경제적 공간과 일치하며 해당 국가의 영토 경계선에서 사회적 공간이 끝난다는 생각을 하게 되었다. (…중략…) 상관적인 공간 모델은 공간을 '구체적인 대상들의 상관적 질서'로 이해한다. 이 공간관에 의하면 공간과-그것이 무엇이든-공간의 내용물은 서로 분리되지 않는다. 공간과 구체적인 대상들은 서로 불가분의 관계로 연계되어있다.(M. 슈뢰르, 위의 글, 153~154쪽)

의미로서의 공간 또는 과학, 글쓰기 및 재현으로서의 공간"에서 정치 또는 정치적인 것이 배제되었고, 또한 이 공간에서 "정치와 정치적인 것에 대한 개념화"가 제대로 이루어지지 못한다. 그러나 상관적 공간으로서 "개방성, 이질성, 생동감으로서의 공간"에서 '시적 거주', '정치와 정치적인 것', 창조적 · '생산적 삶'이 이루어질 수 있다.[21]

3. 근대 공간—정체, 폐쇄성, 비이동성 그리고 과학과 재현

근대의 공간은 베르그송에 의한 고전역학의 시간 비판과 밀접한 연관을 가지고 있다. 베르그송은 고전역학의 가역적 과정으로서 시간에 반대해서 지속으로서 시간을 제논의 역설을 통해서 명확하게 드러내고 있다.[22] "제논의 모든 논증들은 시간과 운동을 그것들의 밑에 놓여 있는 선과 일치하게 하고, 그것들을 동일하게 세분하며, 그것들을 선과 같이 다루는 것으로 이루어진다."[23] 만약 우리가 운동을 "공간 속"이나 "이미지" 또는 "시간 속"이나 "행위"로 파악하게 된다면, "운동은 복수적인multiple 것으로 또는 불가분적인 것으로 간주할 수 있는 것처럼" 보이게 될 것이다.[24] 제논의 역설Zeno's paradox은 실제적으로 "흘러가는 지속"으로

---

21 D. 매시, 박경환 · 이영민 · 이용균 역, 『공간을 위하여』, 심산, 2016, 50~51쪽.
22 "이 동질적 시간과 동질적 공간을 사물들의 속성으로 만드는 것으로 이루어지는 첫 번째 오류는 형이상학적 독단론—(갈릴레이, 데카르트, 뉴턴의) 기계론이든 (라이프니츠와 프랑스 유심론의) 역동론이든—의 극복할 수 없는 난점들에 이르게 된다."(H. 베르그손, 박종원 역, 『물질과 기억』, 아카넷, 2014, 353쪽, 그리고 역주 참조)
23 위의 책, 319쪽.
24 위의 책, 314쪽.

서 운동이 정적인 선분으로 환원될 수 없음, 시간과 운동은 "그것들의 밑에 놓여있는 선과 일치"될 수 없음, 운동은 "그것의 궤도"와 달리 분할될 수 없음을 역설적으로 보여주고 있다.[25] 다시 말해 실제적 운동·이동·생성이 "무한성에 의한 정적인 다수로 축소하기 불가능"하기 때문에 "시간적 분할의 연속으로부터 역사를 유추하는 것은 불가능"하다.[26] 고전역학은 시간을 가역적 과정으로서 이해하고 있기 때문에 과거와 다른 미래로서 비가역적·개방적 시간을 인정하지 않았다. 고전역학에서 일정한 조건들이 주어지면, 항상 동일한 결과가 도출된다. 이런 점에서 고전역학의 과정 시간은 가역적·폐쇄적이기 때문에 이러한 시간성을 차용한 역사는 개방되어있지 않고, 폐쇄되어있다.

시간 없는 과정들은 개방적인 역사적 시간의 개념을 발생시킬 수 없다. 고전역학을 가장한 물리학에 기초한 과학의 강력한 모델의 배후에는 시간으로부터 개방성을 빼앗는 가정이 존재하였고, 이는 시간이 진정으로 역사적이라는 가능성을 인식하지 못하게 하는 것이었다. 이는 시간이 완전히 결여된 과정의 개념 자체에 대한 문제가 아니라 폐쇄적 평형 시스템에 관한 것이 문제인데, 미래는 주어진 것이고 초기의 조건 내에 포함된 것으로 인정하는 폐쇄적인 인식이 문제이다.[27]

이에 대해서 베르그손은 '순간들에 의해서 경계' 지어지지 않는 '흘러

---

25 위의 책, 319쪽.
26 D. 매시, 앞의 책, 55쪽.
27 위의 책, 70쪽.

가는 지속'으로서[28] 시간이라는 개념을 통해서 고전역학의 가역적 과정으로서 시간을 비판한다. 즉 그는 선분의 점처럼 무한히 분절될 수 있는 시간의 공간화에 대해서 분절될 수 없는 지속duration으로서 "시간의 연속성continuity, 비가역성irreversibility, 개방성openness을 강조하였다."[29] 이러한 지속으로서 시간에서 그는 자유가 발현될 수 있다고 한다. 사실 제논의 역설은 시간을 정적인·폐쇄된·분할되는 공간적 재현을 통해서 성취된다. 이에 반해 베르그손은 선분으로 재현된 공간적 시간을 해방시켜서 지속·생성으로서 시간을 구성할 수 있었다. 그러나 그는 시간의 재현으로서 공간을 시간과 반대되는 것, 고정된 것으로 버려두었다. 즉 그는 공간을 적극적으로 사유하지 않고, 시간의 "잔여적 범주"로 인식한다.[30] 다시 말해 베르그손은 공간적 재현으로서 고전역학의 과정시

---

28 H. 베르그손, 앞의 책, 319쪽.

29 D. 매시, 앞의 책, 69쪽. 베르그손은 거의 기억이 없는 물질의 필연성과 순수 기억을 잘 보존하는 생명체의 자유에 관해서 다음과 같이 말한다. "물질이 과거를 끊임없이 반복하기" 때문에 필연성에 종속되고, 이에 반해 생명체는 "미래에 더 깊이 영향을 행사하기 위해 과거를 더욱더 잘 보존하게 하는 힘"으로서 '기억'을 가진다. "이처럼 무기 물질과 반성의 단계에 가장 높이 도달한 정신 사이에는 기억의 모든 가능한 강도들, 또는 같은 말이 되겠지만 자유의 모든 단계들이 있다.(H. 베르그손, 『물질과 기억』, 살림, 369~370쪽) 다시 말하자면 물질은 과거를 축적할 줄 모르며 따라서 잠재성이 전혀 없이 현실적인 그대로 존재한다면, 정신은 무의식으로서 잠재적인 심층에 축적된 과거 전체를 통해서 비결정적이고 예측 불가능한 새로움을 생성할 수 있다.(김재희·베르그손, 『물질과 기억 – 반복과 차이의 운동』, 살림, 2012, 145쪽)

30 D. 매시, 앞의 책, 97쪽. 베르그손은 패러데이와 톰슨의 가설에 따라서 물질을 연속성이라고 말한다. "우리는 물질의 궁극적 요소들에 접근함에 따라 우리 지각이 표면에 세워 놓은 불연속성이 사라지는 것을 본다. (…중략…) 모든 자연 철학이 마침내 불연속성이 물질의 일반적인 속성들과 양립할 수 없다는 것을 알게 된 것이다."(H. 베르그손, 김재희 역, 『물질과 기억』, 살림, 336~337쪽) 베르그손은 "물질을 절대적으로 결정된 윤곽을 갖는 독립적인 대상들로 분할하는 것은 모두 인위적인 분할"이라고 말한다. 사실상 "물질적 연장"은 "원초적으로 지각된 연속성"을 마치 "만화경을 돌렸을 때처럼 전체가 변화"하는 것과 같다.(위의 책, 329~330쪽) 즉 물질의 실재적인 연장성은 정신적 실재만큼이나 '불가분한' 연장성이고, 이런 물질이 차지하고 있는 공간은 기하학적 의미에서의 텅 빈 공간이 아니라 그 물질만큼의 질로 가득 차 있는 공간이다.(위의 책, 133쪽) 베르그손은 물질의 연속성에

간을 지속으로서 시간을 통해서 비판하지만, 시간과 대립되는 공간을
정적으로 폐쇄된 것으로 인식하고 있다. 베르그손은 "시간과 공간이 4
차원에 포함되면서 서로 같지 않음을 주장하는 것이다."[31] 이런 경우에
시간이 연속성·개방성·비가역성으로 인정되더라도, 시간과 대립되
는 공간은 정적인 것·폐쇄적인 것·재현으로 인식된다.

공간은 역사 / 삶 / 실세계의 재현으로 자처되면서 시간을 정복한다. 공간
이 실세계의 내재적 생명에 부과된 질서에 해당하므로 (공간적) 질서는 (시
간적) 탈구를 지워버린다. 공간적 부동성은 시간적 생성을 잠재운다. 이렇
게 시간성을 정복하여 공간이 얻은 승리는 너무 많은 희생을 치르고 얻은
승리이므로 가장 우울한 것이다. 승리를 얻는 바로 그 순간 공간이 정적인
것으로 축소되기 때문이다. 공간의 생명, 그리고 공간의 정치가 사라지게
되는 것이다.[32]

하이데거는 '공간을 취락과 숙박을 위해서 비워진 자리'라고 말하는
데, 이 경우에 이 공간은 개방된 시간-공간이 되고, 시간과 더불어 공간
도 정적으로 고정될 수 없다. "최소한 시간이 개방적인 것이 되기 위해

따라서 데카르트와 뉴턴에 의한 추상적 공간을 기억-시간과 물질-확장(불가분한 연장성)
의 잔여적 범주로 사용하고 있다. 그러므로 베르그손은 시간의 공간화를 비판하기 위해서
추상적 공간을 잔여적 범주로 사용하고 있다. 이런 점에서 도린 매시의 베르그손의 공간개
념에 대한 비판은 베르그손 철학에 대한 오해라고 할 수 있다. 그럼에도 불구하고 베르그
손이 시간과 운동의 공간화를 비판하기 위해서 잔여적 범주로 정적·추상적·분할되는
공간을 사용하고 있는 것은 분명하다. (박종원, 「역자 해제」, H. 베르그손, 박종원 역, 『물
질과 기억』, 아카넷, 2014, 450~453쪽 참조)
31 D. 매시, 앞의 책, 97쪽.
32 위의 책, 68쪽.

서 공간은 또한 개방적인 것이어야 한다. 공간적이고 개방된 다중성mul-tiplicities으로 동시성simultaneity을 인식하지 못함은 개방적인 것으로 인식되어야 하는 시간성 프로젝트를 손상시키는 것이다."[33] 그러나 근대 서구역사는 시간의 공간화를 통해서 시간의 반대로서 공간을 정적·폐쇄적·비이동적 영역으로 재현한다. 다시 말해 시간의 공간화는 시간과 공간을 비개방적으로 구성함으로써 다양한 인종·성·계급·계층의 정치적 활동을 불가능하게 한다.

공간의 개방성과 폐쇄성은 프랑스의 1848년 혁명을 기점으로 해서 파리의 도시 공간에서 명확하게 대비되어 나타난다. 공간의 두 측면은 오스망에 의한 파리의 도시 공간이 개조되기 전과 후를 재현하는 발자크와 플로베르의 작품에서 드러난다. 발자크의 산보객은 도시와 상호관계를 통해서 공간을 변화시키기 위한 정치적 가능성을 열어놓고 있지만, 이에 반해 플로베르의 산보객은 도시를 "정태적 예술작품"과 "무대장치"로서 정적·폐쇄적·비이동적 공간으로 바라보고 있을 뿐이다.

발자크는 인상주의적으로, 대범하게 붓을 놀려, 끝없이 동요하는 도시 세계의 환상적인 심리지리학을 만들어냈다. 발자크의 세계에서 산보객은 절대적 지식을 얻을 가능성이 있고, 도시와 그 비밀을 통달하겠다는 열망을 품을 수 있다. (…중략…) 플로베르는 분석적인 메스를 들이대는 것처럼 글을 썼고, 사물과 문장을 하나하나 해부하여 도시를 하나의 정태적 예술작품으로 제시하는 실증주의 미학을 만들어냈다. 그러나 미학적 대상으

---

33 위의 책, 97쪽.

로 환원된 도시는 발자크가 너무나 잘 전달한바 있는 그 사회적·정치적·개인적 의미를 상실했다. 플로베르의 세계에서 산보객은 발견보다는 아노미와 소외를 대표한다.[34]

발자크는 도시를 "감정을 가진 존재"와 "신체정치"라는 이미지로 나타내었다.[35] 이런 점에서 도시는 상이한 역사적 궤적을 갖는 시민들의 상호관계를 통해서 개방적인 공간이 될 수 있다. 즉 발작크는 파리의 도시를 마치 시간의 흐름에 따라서 변화하는 유기체로서 이해하고 있고, 이에 반해 플로베르는 파리의 도시를 정적인 공간으로 이해하고 있다. 그래서 발작크의 산책자는 도시의 개방적 공간에서 정치적 활동을 할 수 있다. 이에 반해 플로베르의 산책자는 자본과 국가에 의해서 계획된 도시의 정적인 공간에서 소외되어있다.

플로베르는 그 도시를 하나의 무대장치로 환원시켰다. 아무리 아름답게 건설되고 고상하게 꾸며졌다 하더라도 그것은 그 속에서, 또 그 위에서 진행되는 인간 행동의 배경 구실을 할 뿐이다. 도시는 죽은 대상이 되었다. (오스망의 계획에서 대체로 그렇듯이) 오스망이 업무를 완수한 뒤인 1869년에 출판된 『감정교육』은 그 도시를 구성하고 있는 생명 없는 사물에 대

---

34 D. 하비, 김병화 역, 『파리 모더니티』, 생각의나무, 2010, 131쪽.
35 『파리 모더니티』의 번역자는 신체정치 개념이 하비에게서 중요하게 다루어지고 있다고 말한다. 신체정치는 자연적 신체의 은유를 사용하며, 도시 개조 논리에 활용되는 유기체적 순환이라는 개념과도 관련된다. 신체가 조화를 이루어 건강한 상태를 유지해야 하듯이 신체정치란 구성원들의 행복을 최대한 보장하면서도 집단적 기획을 통해 공통의 목적을 달성할 수 있는 것이어야 한다. 이러한 사상은 많은 사회 사상가들에게 영향을 주어 각자의 유토피아 사상으로 발전하기도 했다.(김병화, 「『파리 모더니티』 옮긴이의 말」, D. 하비, 김병화 역, 『파리 모더니티』, 생각의나무, 2010, 529~530쪽)

한 정교한 (그리고 아주 뛰어난) 묘사가 풍부하다. 그 도시는 우리의 감각에서 하나의 독립적인 예술 작품으로 파악되지만 '감정을 가진 존재'나 '신체정치'로서의 성격은 완전히 잃어버린다.[36]

근대국가의 도시는 자본(상품교환, 화폐와 상품 : 자유)＝네이션(nation : 상상의 공동체로서 민족, 증여와 답례의 공동체 : 우애・형제애)＝스테이트(state : 약탈과 재분배, 재배와 보호 : 평등)라는 삼위일체 시스템[37]을 함축하고 있다. 근대국가의 삼위일체 시스템과 관련해서 발작크에 의해서 묘사된 도시는 아직도 우애와 평등으로서 네이션(공동체)・스테이트의 요소를 보존하고 있어서, 시민들이 우애・평등의 원리에 따라서 파리의 도시에 정치적으로 관여할 수 있었다. 그러나 경제적 해방으로서 자본의 운동은 국가의 요소로서 네이션・스테이트의 역할을 약화시킨다. 즉 오스망과 개발업자, 투기꾼, 자금주가 파리의 도시를 스펙터클과 상품화라는 상업적 세계로 변화시킴으로써, 도시는 정체・폐쇄성・비이동성・과학・재현의 공간으로서 죽은 대상이 되었다. 그러므로 플로베르의 도시는 생명 없는 '무대장치'와 '정태적인 예술작품'이 된다. 이 도시는 정적으로 고정되어있기 때문에 정치와 정치적인 것의 배제를 위해서 길들여진 공간이 된다. 더 나아가서 상업적 세계로서 오스망의 파리는 화폐공동체에 의해서 지배된다. 화폐공동체에서 시민들은 인간적 관계에 의한

---

36 위의 책, 133쪽.
37 가라타니 고진, 조영일 역, 『세계사의 구조』, 도서출판b, 2012, 31∼43쪽 참조. 가라타니 고진, 조영일 역, 『네이션과 미학』, 도서출판b, 2009, 26쪽 참조. 유재건은 맑스의 경제적 토대와 상부구조와 관련해서, 가라타니 고진의 교환양식으로서 자본＝네이션＝스테이트을 비판적으로 고찰하고 있다.(유재건, 「가라타니의 교환양식론과 맑스의 유물론적 역사관」, 『코기토』 78, 부산대 인문학연구소, 2015, 400∼420쪽 참조)

증여와 답례를 행하지 않고, 시장에서 화폐와 상품을 교환하는 원자적 개인이 된다. 즉 "화폐 공동체는 사회적 연대성을 가진 다른 모든 연대를 해체하고 있었고, 부르주아 내에서는 특히 그러했다."[38] 이런 의미에서 화폐 공동체의 시민들은 (농촌)공동체적 자급과 자치를 행할 수 없다. 또한 화폐공동체에서 정치적인 활동보다 상업적인 활동이 도시공간을 지배하게 된다. 따라서 공적 공간은 상업적인 사적 공간으로 변화된다.

제2제정 치하 도시주의의 외향적이고 공적이고 집합적 스타일은 도시에서 공적 공간과 사적 공간 사이의 균형을 바꾸었다. 공적 투자는 사적 이익을 둘러싸고 조직되었고, 공적 공간은 사적 용도로 횡령되었다. (…중략…) 대로는 가스등과 눈부신 상점의 쇼윈도 전시물로 밝아졌고 길거리로 열린 카페(제2제정의 한 가지 혁신)들은 앞에서 보았듯이, 돈과 상품의 위력을 숭배하는 회랑, 부르주아들의 놀이 공간이 되었다. 「빈민의 눈」에서 보들레르의 연인이 누추한 남자와 아이들을 내쫓으라고 지배인에게 제안했을 때, 정말로 중요한 것은 너무나 익히 보아온 빈곤과의 만남이 아니라 공적 공간의 소유권을 주장한다는 의미이다.[39]

제2제정기(1852~1870) 이전의 파리는 공적 공간과 사적 공간이 비교적 잘 분리되어있었다. 다시 말해 모든 시민이 공적 공간을 사용할 수 있었다. 그러나 제2제정기에 국가는 자본의 힘에 압도당하게 됨으로써 공적 공간은 사적 공간으로 변화된다. "부르주아들은 노동계급이나 위험

---

38 D. 하비, 앞의 책, 338쪽.
39 위의 책, 391쪽.

한 계급이라는 '타자'와 만나기를 원치" 않았기 때문에 "개방한 공간들에 사회공간적 배제와 질서"를 부과한다. "더 많은 공간이 물리적으로 개방될수록, 그것은 강제적 게토화와 인종적으로 부과된 배제의 사회적 관행을 통해 분할되고 폐쇄되어야 했다."[40] 빈부의 차에 의해서 파리의 거주지들이 분화되어진다. 오스망이 구축한 파리의 대로들은 부르주아의 지위와 권력을 보호하고, 노동자들을 배제하는 기능을 수행하게 된다. 이 경우에 공적 공간은 상품과 서비스를 구매할 수 있는 화폐소유자를 위한 사적 공간이 된다.

이와 같이 오스망과 개발업자, 투기꾼, 자금주로 인격화된 국가와 자본의 '건축함'과 '사유함'에 의해서 설계된 근대적 공간은 시민들의 거주함과 무관하게 콘크리트와 강철의 도시·철도 노선들·고속도로들의 망에 의해서 체계적으로 건설된다. 이런 이유로 시민들은 삶의 공간에 그들의 정체성·감정·의미를 부여를 할 수 없게 되고, 오히려 그들은 공간적 기능의 원리로서 중앙 집중화·체계화·표준화에 따라서 활동·사유하게 된다. 그러므로 그들은 국가와 자본의 기능적 명령과 통제를 비가시적으로 받는다. 이와 같이 근대의 공간은 점점 정합적인 방식으로 국가와 자본의 시나리오 속에 병합된다. 이러한 정적이고 고정된 공간에서 시민들은 타자와 우연한 조우를 통한 생명의 활력과 타협의 정치를 구성할 수 없다. 그러므로 공간이 정적인 것·폐쇄적인 것으로 개방적인 활력을 잃게 되면, 시간적·역사적 개방성도 생명력을 잃게 된다.

---

40 D. 하비, 앞의 책, 392~393쪽.

4. 탈근대성의 공간 – 비물질적 노동의 생산물

발작크의 작품에서 도시공간은 '감정을 가진 존재'와 '신체정치'라는 이미지로서 개방적·이질적·생동적으로 표현되었다. 이에 반해 플로베르의 작품에서 도시공간은 '정태적 예술작품'과 '무대장치'로서 정적·폐쇄적·비이동적으로 묘사되었다. 공간에 대한 이러한 상반된 의미와 더불어 도린 매시는 근대의 역사적 흐름에서 장소와 공간에 대한 분명한 특징을 제시한다. 즉 "공간을 관계에 의한 창발적인 생산물"이라는 견해와 대립되는 근대적 장소와 공간이 "당구공"과 같이 이미 고립적으로 분리되어있고, 이 공간과 장소의 "상이성은 내부적 특성의 결과"이다.[41] 그리고 이러한 고립된 상이한 장소와 공간에 대응해서 상이한 사회와 문화가 존재하고, 그 양자 간에는 이질동형의 특성이 있음이 가정되고 있다.

로컬 공동체들은 각각 로컬리티를 가지고 있고, 문화는 각각 지역을 가지고 있으며, 민족들도 각각의 민족국가를 보유하고 있는 것이다. 공간과 사회는 서로 상응하여 지도화되고, 그것은 '처음부터' 아예 분할되어 있으며 합체되기도 한다는 가정이 확실하게 정립되어 있었다. '문화', '사회', '국민'은 모두 내부적으로 일관성을 지니고 외부적으로는 다른 것들과 차별화되어 분리된 것으로, 그래서 경계가 뚜렷한 공간과 통합적으로 관계를 맺고 있는 것으로 상상되었다. '장소'는 경계가 확정되어 있는 곳으로, 그

---

[41] D. 매시, 앞의 책, 133쪽.

속에서 내부적으로 발생된 진정성을 지닌 곳으로, 그리고 경계선 너머 저 바깥에 존재하는 다른 장소와의 차이에 의해 정의되는 곳으로 간주되기에 이르렀다. (…중략…) 이는 소위 글로벌 공간을 조직하고자 하는 프로젝트에서 반드시 필요한 상상력이었다. 바로 그러한 상상력을 통해서, 즉 공간을 분할할 수 있고 지역화할 수 있다고 보는 상상력을 통해서, 국민국가의 형식을 일반화하는 (사실상 다분히 정치적인) 프로젝트가 '당연한' 것으로 여겨지며 정당성을 부여받을 수 있게 되었다.[42]

근대적 장소와 공간 개념을 비판하면서 도린 매시는 상이한 역사적 궤적을 가진 집단들이 상호관계를 통해서 공간과 장소의 경계를 확립하고, "애당초부터 관계를 갖고 있지 않은 위치란 불가능하다"(Kamuf, 1991, p.xv)고 말한다. 거주함의 공간과 상호관계의 산물로서 공간은 "과정으로서 공간, 새로운 것의 끊임없는 생산으로서의 공간인 것이다."[43] 이와 달리 근대의 역사는 국민과 이질동형으로서 국민국가를 분리된 경계의 정적·폐쇄적 공간으로 가정한다. 더 나아가서 근대의 역사는 국내·국제 법으로 공적 소유와 자본주의적 사적소유가 각각 대응해서 이질동형으로 국가의 공적 공간과 생산수단과 상품소비를 위한 자본의 사적 공간으로 분리된다고 가정한다.

이 지점에서 우리는 공간을 정치경제학적 관점에서 고찰함으로써, 정치와 정치적인 것이 배제된 정적·폐쇄적·비이동적 공간을 사유함과 건축함이 본질적으로 귀속되는 거주함의 공간 그리고 상이한 역사

---

42 위의 책, 127쪽.
43 위의 책, 133쪽.

적 궤적을 가진 사람들·생명체들·사물들의 상호관계에 의한 개방성·이질성·생동감의 공간으로 재전유하고자 한다. 다시 말하자면 정치와 정치적인 것이 정적·폐쇄적·비이동적 공간에서 배제되고, 개방적·이질적·생동적 공간에서 수행되어질 수 있다.

마르크스는 「자본주의적 생산에 선행하는 형태들」에서 '유기적 신체'로서 '노동하는 주체'와 '비유기적 신체'로서 '객체적 노동조건(자연, 땅)'은 분리될 수 없는 통일체라고 말했다.[44] 그러나 마르크스는 노동하는 주체의 객체적 노동조건이 사실상 '공통적인 것'이라는 것, 그리고 "반근대성의 혁명적 형태들이 공통적인 것the common에 확고하게 뿌리내리고 있다는 것"을 분명하게 표현하지 못했다.

호세 카를로스 마리아테기(José Carlos Mariátegui)는 유럽 내부와 외부 모두에서 반근대적 저항의 이러한 측면을 인식할 수 있는 유리한 위치에 있었다. 그는 1920년대에 유럽으로 가서 그곳의 사회주의 운동과 코뮤니즘 운동을 연구한 뒤, 고향인 페루에 돌아와서 안데스 원주민 공동체인 아이유(ayllu)가 그와 유사한 기초 위에 서 있다는 것을 알게 된다. 원주민 공동체들은 토지에 대한 공통의 접근권, 공통적인 노동형태, 공통의 사회조직—마리아데기가 생각하기에는 마르크스의 관심을 끌었던 혁명 이전의 러시아 농민공동체인 미르와 유사한 어떤 것—을 방어하고 보존했다. 마리아테기는 이렇게 쓴다. '인디안들은 백년간의 공화주의적 입법에도 불구하고 개인주의자가 되지 않고' 공통적인 것에 기초해서 공통체 속에서 저항한다.[45]

---

44 K. 마르크스, 김호균 역, 『정치경제학 비판 요강』 II, 백의, 2000, 113쪽; K. Marx, *Marx Engels Werke Bd. 42, Grundrisse der Kritik der politischen Ökonomie*, Berlin (Ost), Dietz Verlag, 1983, S.396.

먼저 우리는 안데스 원주민 공동체의 공통적인 것을 마그나카르타와 삼림헌장에서 더 자세하게 살펴볼 수 있다. P. 라인보우는 두 헌장에서 공유지, 공유지와 연관된 재화, 이것들을 매개하는 공동체의 전통·관습·규범·문화, 공유인commoner이 포함되어있다고 말한다. 다시 말해 두 헌장에서 "이웃공동체의 원칙, 생계자급의 원칙, 자유로운 여행의 원칙, 반종획anti-enclosure의 원칙, 배상의 원칙"이 발견된다.[46] 공통적인 것들the commons은 자본주의적 사적 소유 이전에 실제로 존재한 공유지와 공유지의 산물(건축자재와 땔감으로서 나무, 약초, 버섯, 꿀 등)로서 사적 소유물에 대립되는 공유자원이다. 그러므로 공통적인 것들은 공유 생산자원과 이것을 공유하는 자치를 포함하고 있다.[47] 사실 마르크스는 자신이 정의한 코뮤니즘에서 '공동점유'의 핵심으로서 '공통적인 것'을 분명하게 표현하지 못했지만, 그는 자본주의적 사적 소유의 부정으로서 "자본주의적 시대의 성과, 즉 협업과 토지의 공동점유, 노동 자체에 의

---

45 M. 하트·A. 네그리, 정남영·윤영광 역, 『공통체』, 사월의책, 2014, 141~142쪽; M. Hardt·A. Negri, *Commomwealth*, Cambridge, MA., The Belknap Press of Harvard University Press, 2009, p.89. 본 논문에서 공통적인 것들(the commons, commons)은 전근대의 공유지, 공유지와 연관된 모든 재화의 총체 그리고 이 재화와 관계를 의미하고, 인용문과 문맥에 따라서 공유지와 커먼즈로 표기되기도 한다.(연구공간 L 편, 『자본의 코뮤니즘, 우리의 코뮤니즘』, 난장, 2012, 13~14쪽 참조) "한편으로 공통적인 것(the common)은 지구, 그리고 지구와 연관되어 있는 모든 자원들 즉 토지, 삼림, 물, 공기, 광물 등을 가리킨다. 이는 17세기 영어에서 'common'에 '-s'를 붙인 'the commons'라는 말로 공유지를 지칭했던 것과 밀접한 관계를 갖는다. 다른 한편으로 (…중략…) 공통적인 것은 아이디어, 언어, 정동 같은 인간 노동과 창조성의 결과물을 가리키기도 한다."(M. 하트, 「공통적인 것과 코뮤니즘」, 연구공간 L 편, 『자본의 코뮤니즘, 우리의 코뮤니즘』, 난장, 2012, 34쪽)

46 P. 라인보우, 정남영 역, 『마그나카르타 선언』, 갈무리, 2012, 76쪽; P. Linebaugh, *The Magna Carta Manifesto*, Berkeley·Los Angeles·London, University of California Press, 2008, p.45.

47 하용삼, 「커먼즈와 자율적 개인의 공동체」, 『자율과 연대의 로컬리티』, 소명출판, 2016, 41~42쪽.

해 생산된 생산수단의 공동점유에 기초한 개인적 소유"에 이른다고 말한다.[48] 더 나아가서 우리는 이 코뮤니즘에서 "노동 자체에 의해 생산된 생산수단의 공동점유"와 탈근대의 비물질적 생산물로서 '공통적인 것'과 근접성을 찾아낼 수 있다. "양자 모두 인간에 의한 인간성의 생산, 인간에 의한 사회적 관계의 생산, 인간에 의한 삶형태의 생산을 향한다는 점에서 그렇다. 이 모든 것들은 공통적인 것의 맥락 안에 있다."[49] 양자의 근접성과 더불어 우리는 근대의 물질적 생산과 탈근대의 비물질적 생산에서 결정적인 차이를 발견한다. 즉 농업과 공업의 생산과정에서 생산자는 주체와 다른 생산물을 생산한다. 그러나 탈근대에서 생산자로서 주체는 생산물로서 주체성을 생산한다.

우리는 생산하는 주체와 생산된 객체라는 관점으로는 인간에 의한 인간의 생산을 이해할 수 없다. 생산자와 생산물 모두가 주체이다. 즉 인간이 생산하고 인간이 생산된다. (…중략…) (우리는 비물질적)·삶정치적 생산이, 특히 자본주의적 관계의 한계를 넘어서 끊임없이 공통적인 것으로 돌아가는 방식을 통해, 노동에 점점 더 큰 자율성을 부여하고 해방의 기획에 유용한 도구와 무리를 제공하고 있다는 점 또한 알아야만 한다.[50]

국가와 자본이 비물질적 생산과정 내부에 개입하게 되면 생산성이 저하되기 때문에 자본은 특허권·저작권·지적 재산권과 같은 지대의

---

48 마르크스, K., 김수행 역, 『자본론 I』(상/하), 비봉출판사, 1990~1991, 960쪽; K. Marx, *Marx Engels Werke Bd. 23, Das Kapital I*, Berlin (Ost), Dietz Verlag, 1983, S.791.
49 M. 하트, 「공통적인 것과 코뮤니즘」, 연구공간 L편, 『자본의 코뮤니즘, 우리의 코뮤니즘』, 난장, 2012, 44쪽.
50 M. 하트, 「공통적인 것과 코뮤니즘」, 45쪽.

형태를 통해서 잉여가치를 착취하게 된다. 이런 사실은 다음의 예를 통해서 분명하게 된다. "언어는 정동이나 제스처처럼 대부분 공통적이며, 만일 사적이거나 공적인 것이 된다면 — 즉 단어·어구·품사의 많은 부분이 사적 소유나 공적 권위에 종속된다면 — 표현·창조·소통의 힘을 잃게 될 것이기" 때문에 자본은 생산과정 외부에서 지대형태로 잉여가치를 착취할 수밖에 없다.[51] 다시 말해 비물질적·삶정치적 생산과정 내부에서 자본의 노동규율과 시공간적 통제는 최소화된다. 이러한 상황에서 비물질적 노동은 자율적으로 상호 소통과 협력을 통해서 "아이디어·코드·이미지·정동 및 사회적 관계"를 생산한다. 그리고 비물질적·"삶정치적 노동이 변형하는 '자연'은 주체성 자체이다."[52] 이러한 비물질적 노동의 생산과정에서 노동의 자율성과 평행하게 정치적 자치가 가능하게 된다. 자본가의 사적 소유와 국가의 공적 소유가 자본주의와 사회주의 사회를 지지하는 핵심적 요소라면, 노동자는 공통적인 것을 통해서 자급과 자치의 장소와 공간을 구성할 수 있다. 전근대에서 공유인commoner이 공유지에서 경제적으로 자급하고, 이와 평형하게 공통적인 것들을 매개하는 공동체에서 자치를 수행할 수 있었다. 탈근대에서 시민들은 서로 소통하면서, 이미 주어진 공통적인 것으로 "지구 그리고 지구와 연관된 모든 자원"을 공유하고, 또한 아이디어, 코드, 이미지, 정동, 언어, 습관, 관행을 상호 교환하면서 비물질적·삶정치적 생산물로서 새로운 '공통적인 것'을 생산한다.[53] 이와 더불어

---

51 M. 하트·A. 네그리, 앞의 책, 17~18쪽.

52 위의 책, 252쪽. 전근대의 물질적 노동과 공통적인 것들(the commons) 그리고 탈근대의 비물질적 노동과 공통적인 것(the common)에 관해서 하용삼, 「공통적인 것과 탈근대성의 공동체」, 『대동철학』 77, 대동철학회, 2016, 177~198쪽을 참조하시오.

물질적 산업생산과 일상생활의 전 영역이 비물질적·삶정치적 생산의 순환에 완전히 통합된다. 이러한 상황에서 공통적인 것의 생산은 사실상 사람들의 삶 그 자체와 다름이 없는 것이 된다. 이와 평행하게 시민들은 비물질적 공통적인 것을 매개하는 장소와 공간에서 정치적 자치를 수행할 있다.

5. 개방성·이질성·생동감의 공간

이 글은 공간의 발생과정을 통해서 공간에 대한 상이한 특징들을 살펴보았다. 먼저 하이데거는 거주함의 본질에 속하는 사유함과 건축함의 공조에 의해서 공간들이 만들어지고, 이 공간들이 기하학적·수학적 공간의 유래라고 말한다. 다음으로 하비는 발자크와 플로베르가 제2제정기 전후의 파리의 도시를 유기체와 '무대장치'로 표현했다고 말한다. 이와 관련해서 우리는 유기체로서 도시를 거주함의 공간으로서 개방성·이질성·생동감의 공간, 그리고 무대장치로서 도시를 수학적 공간으로서 정체·폐쇄성·부동성·재현의 공간으로 등치시킬 수 있다. 그러므로 근대의 공간이 정적인 것·폐쇄적인 것·비이동적인 것으로 개방적인 활력을 잃게 되면, 시간적·역사적 개방성도 생명력을 잃게 된다. 이와 같이 근대의 공간과 평행하는 근대의 역사는 국민과 이질동형으로서 국민국가를 분리된 경계의 정적·폐쇄적·비이동적 공간으

---

53 M. 하트, 앞의 책, 34쪽.

로 가정한다. 더 나아가서 근대의 역사는 공적 소유와 자본주의적 사적 소유는 이질동형으로 국가의 공적 공간과 자본의 사적 공간으로 분리된다고 가정한다.

이와 관련해서 우리는 도린 매시의 공간 개념과 정치경제학의 관계를 살펴볼 수 있다. 공적·사적 소유는 이형동질로서 국가와 자본의 정체·폐쇄성·비이동성·과학·재현 공간에 대응되고, 공통적인 것The commom을 매개하는 공간은 상이한 역사적 궤적을 갖는 시민들의 상호관계에 의한 개방성·이질성·생동감의 공간에 대응한다. 이미 보았듯이 국가의 공적 소유와 자본의 사적 소유에 지배된 제2제정기 파리의 도시는 더 이상 시민들에게 개방성·이질성·생동감의 공간이 되지 못했고, 노동자와 부르주아의 영역으로 구획된 정체·폐쇄성·부동성·재현의 공간으로 변화되었다. 이와 같이 국가와 자본의 공적·사적 공간은 정체·폐쇄성·비이동성·과학·재현의 공간이 되었고, 이 공간은 정치와 역사를 위한 개방된 공간이 될 수 없다. 이러한 근대의 공간에 대항해서 시민들은 비물질적·삶정치적 생산을 통해서 공통적인 것을 생산하게 되면서, 공적·사적 공간을 공통적인 것을 매개하는 개방성·이질성·생동감의 공간으로 재전유할 수 있게 된다. 이런 의미에서 연속성·비가역성·개방성의 시간과 더불어 개방성·이질성·생동감의 공간에서 '시적 거주', '정치와 정치적인 것', 창조적 삶이 이루어질 수 있다. 이러한 개방성·이질성·생동감의 공간에서 시민들은 상이한 지식과 능력의 행복한 상호관계를 통해서 개방적 역사와 정치를 수행할 수 있을 것이다.

참고문헌

가라타니 고진, 조영일 역, 『네이션과 미학』, 도서출판b, 2009.

＿＿＿＿＿＿＿＿＿＿＿, 『세계사의 구조』, 도서출판b, 2012.

국어국문학회 편저, 「공간」, 『국어사전』, 민중서관, 2004.

김병화, 「『파리 모더니티』 옮긴이의 말」, D. 하비, 김병화 역, 『파리 모더니티』, 생각의나무, 2010.

김재희·베르그손, 『물질과 기억-반복과 차이의 운동』, 살림, 2012.

라인보우, P., 정남영 역, 『마그나카르타 선언』, 갈무리, 2012.

마르크스, K., 김수행 역, 『자본론』 I(상·하), 비봉출판사, 1990~1991.

＿＿＿＿＿＿＿＿＿＿, 『정치경제학 비판 요강』 I·II·III, 백의, 2000.

매시, D., 박경환·이영민·이용균 역, 『공간을 위하여』, 심산, 2016.

박종원, 「역자 해제」, H.베르그손, 박종원 역, 『물질과 기억』, 아카넷, 2014.

베르그손, H., 박종원 역, 『물질과 기억』, 아카넷, 2014.

슈뢰르, M., 정인모·배정희 역, 『공간, 장소, 경계-공간의 사회학 이론 정립을 위하여』, 에코리브르, 2010.

슈뢰르, M., 이기숙 역, 「"공간의 부할"-사회학적 범주로서의 공간의 중요성」, J. 되링·T. 틸만 편, 『공간적 전회』, 심산, 2015.

신상희, 「『강연과 논문』 해제-사방세계 안에 거주함」, M. 하이데거, 이기상·신상희·박찬국 역, 『강연과 논문』, 이학사, 2008.

연구공간 L 편, 『자본의 코뮤니즘, 우리의 코뮤니즘』, 난장, 2012.

유재건, 「카라타니의 교환양식론과 맑스의 유물론적 역사관」, 『코기토』 78, 부산대 인문학연구소, 2015.

이유택, 「하이데거의 존재론적 공간 이해」, 『해석학연구』 33, 한국해석학회, 2013.

정남영, 「'common'의 번역에 관하여」, 『마그나카르타 선언』, 갈무리, 2012.

하비, D., 김병화 역, 『파리 모더니티』, 생각의나무, 2010.

하이데거, M., 이기상·신상희·박찬국 역, 「건축함 거주함 사유함」, 「"…… 인간은 시적으로 거주한다 ……"」, 『강연과 논문』, 이학사, 2008.

하용삼, 「(비)기능적 몸과 공간의 상호관계」, 『철학논총』 73.3, 새한철학회, 2013.

＿＿＿＿, 「커먼즈와 자율적 개인의 공동체」, 『자율과 연대의 로컬리티』, 소명출판, 2016.

＿＿＿＿, 「공통적인 것과 탈근대성의 공동체」, 『대동철학』 77, 대동철학회, 2016.

하트, M., 자율평론 번역모임 역, 「정동적 노동」, 질 들뢰즈 외, 『비물질노동과 다중』, 갈무리, 2005.

하트, M.·네그리, A., 조정환·정남영·서창현 역, 『다중—「제국」이 지배하는 시대의 전쟁과 민주주의』, 세종서적, 2008.

하트, M., 연구공간 L 역, 「공통적인 것과 코뮤니즘」, 연구공간 L편, 『자본의 코뮤니즘, 우리의 코뮤니즘』, 난장, 2012.

하트, M.·네그리, A., 정남영·윤영광 역, 『공통체』, 사월의책, 2014.

Hardt, Michael·Negri, Antonio, *Multitude : War and Deomcracy in the Age of Empire*, New York, The Penguin Press, 2004.

_____, *Commomwealth*, Cambridge, MA., The Belknap Press of Harvard University Press, 2009.

Heidegger, M., "Bauen Wohnen Denken", "'… Dichterisch Wohnet Der Mensch …'", *Vorträge und Aufsätze*, Pfullingen, Verlag Günther Neske, 1978(1954).

Linebaugh, Peter, *The Magna Carta Manifesto*, Berkeley·Los Angeles·London, University of California Press, 2008.

MEW : Karl Marx·Friedrich Engels, *Werke*, hrsg. v. Institut für Marxismus—Leninismus beim Zentralkomitee der Sozialistischen Einheitspartei Deutschlands, Berlin (Ost), Dietz Verlag, 1956ff.

Marx, Karl, *Marx Engels Werke Bd. 23, Das Kapital I,* Berlin (Ost), Dietz Verlag, 1983.

_____, *Marx Engels Werke Bd. 42, Grundrisse der Kritik der politischen Ökonomie*, Berlin (Ost), Dietz Verlag, 1983.

포스트모던 공간의 특성

로컬리티의 다중성과 관계적 지리

벤쿠버, 로스엔젤레스, 그리고 런던

박경환

1. 서론

글로벌화를 느슨한 의미에서 '지구를 단일한 시스템으로 연결, 통합해 나가는 과정'이라고 정의한다면, 글로벌화는 인류의 부단한 역사적 진보 과정의 산물이라고 할 수 있다. 인류는 오랜 기간에 걸쳐 에쿠메네ecúmene를 지속적으로 확대해 왔고, 이 과정에서 미지의 공간terra incognita에 대한 지리적 지식은 중요한 역할을 해 왔다. 17세기 지리상의 발견과 식민주의적 정착에서부터 18~19세기 민족국가의 성립과 자본주의 성립 그리고 공간적 팽창을 거쳐 20세기 세계대전과 냉전에 이르기까지 줄곧 그래왔다. 넓은 의미에서 오늘날의 글로벌화는 이처럼 인류가 외부 세계를 향해 끊임없이 팽창해 나가려는 본질적 열망의 결과일 것이다.

그러나 이 보다 좁은 의미에서 볼 때, 현행의 글로벌화는 자유시장주의가 주도하는 경제 환경의 초국적 네트워크화를 특징으로 한다. 곧, 글로벌화는 다분히 특수한 행위자들이 주도하는 의식적이고 능동적이 며 목적적인 '프로젝트'로 설정될 수 있다. 자유시장주의가 주도하는 글로벌화는 오늘날 인류의 삶과 그 '로컬' 삶터에 영향을 미치는 가장 큰 요인이다. 선진국에 있든 개발도상국에 있든, 열대 지역에 살든 온 대 지역에 살든, 도시에 살든 농촌에 살든, 자본가로 살든 노동자로 살 든, 글로벌 시스템으로 복잡하게 얽혀 있는 자본 축적을 위한 네트워크 의 속박으로부터 자유로운 삶과 삶터는 없다. 글로벌화는 일자리와 임 금 등 생산 영역과 입고 먹고 쉬는 재생산 영역 모두를 관통할 뿐만 아 니라, 이런 생산 및 재생산이 펼쳐지는 사회 구조, 지리적 기반, 생태 및 제도적 환경 및 문화 변동에 깊이 관여하고 있다. 이런 점에서 글로 벌화는 일종의 제국, 곧 "영토상의 권력 중심을 만들지 않고, 고정된 경 계나 장벽들에 의지하지도 않으며, 지구의 영역 전체를 점차 통합하는 탈중심화되고 탈영토화하는 지배 장치"에 의해 정복되었다.[1]

로컬한 것은 아주 오래전부터 상존해왔던 국지적인 차이라는 점에 서 글로벌화와 마찬가지로 오랜 역사를 가지고 있다. 그러나 최근 '로 컬'이라는 용어는 지난 수십 년 동안 자유시장주의 글로벌화가 야기한 정치적, 경제적, 사회적, 환경적 문제들에 대한 대안을 제시하는 데 새 로운 용어처럼 부상했다. 주지의 사실이다시피 선진국, 다국적기업, 금 융 투자자 등이 주도하는 현행의 글로벌화 된 환경은 양극화와 빈곤, 권력 독점, 가혹한 경쟁 체제에서부터 노동착취공장, 환경 파괴와 지구

---

1 안토니오 네그리 · M. 하트, 윤수종 역, 『제국』, 이학사, 2001, 17쪽.

온난화, 국지적 분쟁 등 다양한 문제들을 야기하고 있고, 글로벌화를 넘어서기 위한 여러 사회운동은 민주주의와 인권, 공동체, 협력과 협동, 정의와 공존, 분배와 분권, 원주민과 토착성, 환경과 생태, 자율을 강조하고 있다. '로컬'은 바로 이러한 다양한 사회운동들이 교차하는 접점에 위치하면서 '글로벌화'라는 '제국'에 맞설 수 있는 보루로 여겨지고 있다.[2] 특히, 학술적 영역에서부터 일반 대중 담론과 정치적 영역에 이르기까지 지역적 독특성, 장소 정체성, 민족 헤리티지와 전통, 토착 지식, 인간–환경에 대한 생태학적 관점 등의 주요 이슈는 로컬이라는 용어를 통해 도구적, 목적적으로 재현되는 경우가 많다.

이 시점에서 우리가 되짚어보아야 할 질문은 과연 로컬이라는 것이 글로벌화에 대한 대안으로서 어느 정도 정당화될 수 있는가에 관한 것이다. 과연 로컬리티가 로컬하다는 이유 그 자체만으로 정당화될 수 있는 것인지, 만일 그렇지 않다면 로컬리티가 글로벌화에 대한 대안으로 어떻게 정당화될 수 있는 것인지에 대한 숙고가 필요하다는 점이다. 오늘날 '로컬'이 강조되는 이유는 아마도 억압과 규율적 권력이 특정 장소에 귀속되어 있거나 특정 집단이 전유하는 것이 아니라 네트워크처럼 얽혀 있는 시스템의 효과로 나타나기 때문에, 주체가 저항할 수 있는 뚜렷한 대상이나 목표를 상정하기가 어렵기 때문이다.

하트와 네그리Michael Hardt and Antonio Negri는 『제국』 중 「제국 안에서의 대안들」이라는 절에서 어떤 면에서(헤겔의 말을 따를 때에) 제국은 즉자적으로는 좋지만 대자적으로는 좋지 않다고 말한 바 있다. 이들에 따

르면 제국이 형성하고 있는 전 지구적 네트워크는 근대적 권력 기계로 부터의 해방을 위한 대중적 투쟁의 산물이라고 할 수 있다. 그런 점에 서 제국은 과거 민족국가나 식민주의에 기반을 둔 착취적 권력 관계를 종결시켰지만, 사실상 모든 인간을 자본주의에 기반을 둔 새로운 착취 적 네트워크에 포섭시켰다는 것이다. 제국을 변증법적 시각으로 이해 한다면 '로컬'한 것을 글로벌화의 대립물로 설정하려는 방식을 재고할 필요가 있다. 하트와 네그리는 다음과 같이 말한다.

> 비판적 사유의 많은 부분이 종종 정치적 분석의 근거를 투쟁의 국지화 (localization)에 두면서 사회적 주체들이나 국민·지역 집단들의 정체성 에 근거한 저항의 장소들을 재조성하려고 노력해왔다. 그러한 주장들은 종 종 "장소에 기초한" 운동이나 정치를 통해 구축된다. (…중략…) 그러나 우 리는, 비록 우리가 그러한 국지적인 입장을 지지하는 일부 사람들의 정신 을 칭송하고 존경하지만, 오늘날 이러한 국지적인 입장이 잘못되고 해롭다 고 주장한다. 그것은 무엇보다도 그 문제가 서투르게 제기되었기 때문에 잘못된 것이다.[3]

위에서 하트와 네그리는 집단 정체성과 장소에 기반을 둔 저항의 정 치적 노력이 잘못되었을 뿐만 아니라 해롭다고 말한다. 왜냐하면 글로 벌화가 지니는 변증법적 속성을 고려할 때 장소와 로컬리티를 강조한 정치가 오히려 대중적 열망의 결과물로서 제국이 궤멸시킨 정치적 속

---

3   위의 책, 81쪽.

박과 착취적 권력 관계를 다시 가져올 가능성이 있기 때문일 것이다. 뒤이어 하트와 네그리는 "그 문제는 전 지구적인 것과 국지적인 것 사이의 잘못된 이분법에 의거하고 있는데, 이 이분법은 전 지구적인 것은 동질성과 미분화된 정체성을 가지고 있는 반면에 국지적인 것은 이질성과 차이를 보존하고 있다고 가정하기 때문이다"[4]라고 말한다.

이런 점에서 우리가 착목해야 할 또 다른 지점은, 바로 위와 같은 '로컬'에 대한 관계적 이해가 현실의 삶과 삶터에서 얼마나 다중적이고 복잡하게 전개되느냐에 관한 것이다. 글로벌한 것은 모든 것을 아우르는 완전한 제국이라기보다는 수많은 다중적 로컬들과 그 네트워크로 구성되어 있기 때문이다. 또한, 로컬한 것은 글로벌한 것과 직접적으로 조응하고 있기 때문에, 더 이상 특정한 장소에의 근접성proximity과 고착성fixity이 그 장소에 대한 소속감이나 정체성과 반드시 일치하지는 않는다. 사스키아 사센Saskia Sassen은 이러한 글로벌-로컬 관계의 복잡성을 강조하면서 세계 도처의 투자자, 전문직 종사자, 중산층 교육 이민자, 이주노동자 등 다양한 글로벌 행위자들이 밀집해 있는 로컬 공간으로서 글로벌 도시global city의 지리적 중요성을 강조한다.[5] 예를 들어, 글로벌 도시 내에서 살아가고 있는 고소득층의 투자자나 신흥 전문가 집단은 삶의 터전이 도시라는 장소에 고착되어있다는 점에서 로컬 행위자이지만, 글로벌 금융 네트워크나 지식 생산에 접해 있다는 점에서 글로벌하다고도 할 수 있다. 결국, 오늘날 글로벌 도시에서는 탈영역화된

---

4 위의 책, 81쪽.
5 Sassen, Saskia, *The Global City : New York, London*, Tokyo; Princeton University Press, 2001, pp.3~16.

로컬 문화가 존재하지만 이는 근접성에 바탕을 둔 것이라기보다는 글로벌 네트워크와 연결되어 있다. 따라서 사센은 "로컬 안에서 로컬한 것이 무엇인지를, 곧 오랜 역사에 걸쳐 특정한 장소에 위치함으로 인해 형성된 것이 무엇인지를 해석해 낼 필요가 있다"고 주장한다.[6] 결국, 오늘날 도시는 자본, 노동, 상품, 정보, 지식, 권력의 복잡한 네트워크 선분들이 상호 교차하는 중요한 결절일 뿐만 아니라, 이러한 결절성은 장소로서의 도시가 지닌 로컬리티에 뿌리를 내리고 있는 것이다.[7]

본고에서는 글로벌-로컬의 관계성을 보다 역동적인 관점에서 고찰하고 이러한 로컬리티의 다중성을 도시라는 구체적, 실제적 맥락 속에서 살펴보고자 한다. 이를 위해 우선 왜 최근 인문지리학을 포함한 사회과학에서 글로벌-로컬에 대한 보다 관계적인 접근을 추구하고 있는지를 살펴본다. 글로벌화는 초국적 경제 네트워크를 통한 자본 축적을 가능케 하는 구체적이고 정치적이 프로젝트일 뿐만 아니라 로컬 대중들의 동의와 자발적 참여를 통해 정당화되고 확대되는 지배적 담론이기도 하다. 이런 측면에서 글로벌화는 로컬과 불가분의 관계에 있음을 주장하고자 한다. 특히 본고에서는 현상학적 측면에서 이른바 로컬리티 및 장소에 대한 관계적 지리relational geography의 중요성을 강조하면서, 로컬리티를 고정된 정체성으로 다루기보다는 복잡한 네트워크 속에서의 한 국면 내지 상황으로 인식하고자 한다.

둘째, 이러한 로컬리티의 다중성을 글로벌 네트워크에서 중요한 장소

---

6   Sassen, Saskia, "The global city : the de-nationalizing of time and space", *Proceedings of the Wissenschaftliches Kolloquium in Bauhaus-Universität*, Vol.14, 2008, p.22.

7   Portes, Alejandro, "Expulsions : brutality and complexity in the global economy", *Expulsions*, Vol.27, No.3, 2016, pp.62~84.

로 연결되어 있는 글로벌 도시의 맥락 속에서 살펴보고자 한다. 앞서 언급했던 바와 같이 로컬은 로컬한 것이 뿌리를 내리고 있는 특수한 지리적 상황과 맥락에서 의미가 있는 것이므로, 로컬이 유의미한 정치적 지위를 얻기 위해서는 로컬리티는 구체적이고, 상황적이고, 맥락적일 수밖에 없다. 그런 측면에서 글로벌 도시는 자본, 노동, 상품, 정보, 지식 등이 형성하는 글로벌 네트워크의 핵심 결절이며 대도시로서 사회·공간적 다양성을 내포하고 있기 때문에 로컬리티의 다중성과 관계성을 드러내기에 유리하다.[8] 본고에서는 특히 밴쿠버와 로스앤젤레스의 사례를 통해서 어떻게 특정 도시 내의 로컬리티가 보다 넓은 스케일에서 관계적 지리를 형성하고 있는지, 그리고 이런 과정에서 어떻게 글로벌-로컬 관계의 다중성을 포착할 수 있는지 살펴보고자 한다. 그리고 맺음말 부분에서는 영국의 지리학자 도린 매시Doreen Massey가 『공간을 위하여』에서 재미있게 탐색하고 있는 런던의 관계적 지리를 대비시켜 제시하는 것으로 결론을 맺고자 한다.

---

8 이와 관련하여 사센은 글로벌 도시의 중요성을 여러 차례 강조한 바 있는데, 대표적으로 Sassen, Saskia, Op. Cit., 2001; Sassen, Saskia, *Territory, Authority, Rights : From Medieval to Global Assemblages*, Princeton University Press, 2008; Sassen, Saskia, *Cities in a World Economy*, Sage, 2011을 들 수 있다. 또한, 글로벌-로컬 관계 속에서 도시가 지니는 위치의 복잡성을 잘 드러낸 문헌으로 Massey, Doreen, *World City*, Polity, 2007 및 Jonas, Andrew, Eugene McCann, Mary Thomas, *Urban Geography : A Critical Introduction*, Wiley-Blackwell, 2015도 참조하라.

2. 로컬리티의 다중성과 관계적 지리

서론에서 언급했던 바와 같이 인류는 오랫동안 자신이 거주하는 곳에 대한 지적 열망을 통해 로컬 삶터를 유지하고 확대해왔다. 지리적 지식의 축적은 이처럼 삶의 조건과 깊이 연관되어 있으므로, 인류가 형성해 온 로컬 삶터에 대한 지식은 특정 집단의 공간관이 반영되어 있다. 이런 측면에서 로컬리티는 주체의 반대편에서 주체와 분리된 채 객관적으로 존재하는 실재가 아니다. 오히려 로컬리티는 특정 주체나 집단의 삶이 뿌리 내린 환경에 대한 총체적 공간성spatiality이자 이에 대한 지리적 인식을 반영하는 산물이며, 이와 동시에 특정 주체나 집단의 공간적 실천에 영향을 미치는 능동적 요인이기도 하다. 따라서 공간성에 대한 인식 체계는 특정 공간을 점유한 집단의 물적 토대, 가치체계 및 문화에 따라 상이하며, 로컬 사회의 속성은 공간성에 대한 인식의 영향을 받는다.

가령, 동아시아의 풍수 인식론은 음양오행설을 바탕으로 한 자연관에 입각하여 특정 로컬 환경을 해석하고 그에 맞게 삶터를 잡고 가꾸고자 하는 의지가 반영되어 있다. 또한, 중세 유럽의 세계지도인 마파문디mappa mundi는 그 종류가 수없이 다양하지만 대개 기독교적 세계관에 입각하여 예루살렘을 지도의 가운데에 두고 지도상 북쪽을 동방으로 배치했다. 오스트레일리아의 애보리진은 드림타임이라는 창조 신화를 전승해 옴으로써 작은 바위에서부터 계곡에 이르는 모든 자연환경과 조상으로부터 전승되어 온 문화를 조화롭게 유지해 올 수 있었다. 또한, 남태평양 폴리네시아의 원주민들은 막대기로 만든 지도를 통해 수

많은 작은 섬들을 조밀하게 연결하는 항해 네트워크를 구축함으로써 도서지역에 영구히 정착할 수 있는 동적 환경을 구성했다.[9]

이와 같은 공간성에 대한 다양한 인식, 곧 로컬리티에 대한 인식의 다중성은 근대 유럽에서 태동한 모더니티와 자본주의 체제에 의해 식민화되었다. 모더니티의 근간을 형성하는 공간관은 이른바 유클리드적 또는 기하학적 공간관이라 불리는 관점으로서, 주체와 객체의 뚜렷한 분리에 토대를 둔 조망적 시각을 강조한다. 이의 철학적 근간을 형성한 것은 데카르트주의에 입각한 임마누엘 칸트로서, 그는 공간이란 인식의 주체 이전에 (그리고 물질적 대상 이전에) 선험적으로 존재하는 실체였다. 이러한 유럽 중심의 근대적 공간관은 공간의 객관성과 측정가능성을 전적으로 받아들이고, 점, 선, 면으로 이루어진 기하학적 공간 관계의 절대성이 과학에 기반을 두고 있다고 받아들인다. 그리고 이는 근대 도시 계획 및 국토 공간 기획의 토대가 되었고 삶터에 대한 기하학적 변형을 통해 개발을 달성하려는 근대의 개발주의적 경향을 파생했다.[10]

그렇지만 오늘날 세계는 복수의 여러 생활공간들이 네트워크로 연결되어 얽혀 있기 때문에 공간의 기하학적 관계보다는 위상학적topological 관계가 훨씬 중요하게 되었다. 곧, 어떤 행위자들이 공간적으로 서로 인접해 있다고 하더라도 반드시 그 상호관계의 밀도나 강도가 원거리에 있는 행위자에 비해 더욱 강하다고 말할 수 없게 되었다. 가령, 세

---

9   Short, John Rennie, *The World Through Maps : A History of Cartography*, Firefly Books, 2003; Riffenburgh, Beau, *Mapping the World : The Story of Cartography*, Andre Deutsch, 2015를 참조할 것.
10 Tim Cresswell, 박경환 외역, 『지리사상사』, 시그마프레스, 2015, 53~55쪽.

계도시world city[11] 내부에서 금융업에 종사하는 투자자나 전문직 종사자는 인근 레스토랑에 종사하는 직원과의 관계보다는 원거리의 다른 도시에 있는 동일 분야 종사자와의 관계가 훨씬 더 위상학적 측면에서 가깝다고 말할 수 있다. 또한, 물질적, 비물질적 요소들의 모빌리티 증가는 로컬 삶터에서의 지리적 이질성을 증대시킴으로써 기존 로컬 행위자들이 형성하고 있던 사회·공간적 관계에 영향을 미치고 재구성을 추동하곤 한다.

이런 측면에서 지리학을 비롯한 인문·사회과학에서의 관계적 전환은 공간을 상이한 관계들의 산물이자 언제나 생성 중에 있는 것으로 파악할 것을 촉구한다. 그리고 이로 인해 "공간을 사회적 현상이 발생하는 배경으로 간주하거나 반대로 특정한 장소에 고유한 장소 정체성이나 영속성이 내재되어 있다는 (기존의) 지리적 인식에 균열을 내고 있다."[12] 이러한 관계적 접근은 모든 사회적 사건을 특정한 시간 및 공간 내에서 벌어지는 상황적 순간situated moment으로 해석하려고 한다. 이런 관점에서 보자면 앤드류 헤로드Andrew Herod가 주장하는 것처럼 글로벌한 것, 국가적인 것, 지역적인 것, 로컬한 것 등의 지리적 스케일 역시 어떤 존재론적 대상이나 실체라기보다는 공간의 위상학적 관계에서 구성되는 담론적 산물로 파악할 수 있다.[13]

---

11 Friedmann, John, "The World City Hypothesis", *Development and Change*, Vol.17, No.1, 1986, pp.69~83; Knox, Paul and Taylor, Peter, *World Cities in a World System*, Cambridge University Press, 1995; Sassen, Saskia, Op. Cit., 2001.

12 박경환, 「글로벌 시대 인문지리학에 있어서 행위자-네트워크 이론(ANT)의 적용 가능성」, 『한국도시지리학회지』 17권 1호, 한국도시지리학회, 2014, 58쪽.

13 박경환, 「글로벌, 로컬, 스케일-공간과 장소를 둘러싼 정치」, 『로컬리티 인문학』 5권, 부산대 한국민족문화연구소, 2011, 47~85쪽; Herod, Andrew, *Scale*, Routledge, 2010을 참조할 것.

글로벌화의 맥락에서 로컬리티가 지니는 다중성과 공간적 복잡성을 드러내기 위해서는 공간적 관계를 기하학적으로 파악하려는 유클리드적 공간관을 넘어 공간의 위상학적 관계성에 초점을 둘 필요가 있다. 1990년대 이후 이른바 '관계적 지리학'으로 요약할 수 있는 인문지리학의 새로운 공간 패러다임의 부상은 바로 이러한 맥락에서 중요한 정치적 관점으로 강조되어 왔다.[14] 앞서 언급했던 것처럼 글로벌화가 미치는 모든 로컬 삶과 삶터에 대한 영향력은 시·공간의 물리적 관계를 넘어선 네트워크 관계를 통해 구현되고 있고, 그렇기 때문에 로컬리티가 갖는 공간적 속성은 본질적으로 복잡한 네트워크 하에서의 위치가 갖는 상황적, 일시적, 가변적 '순간'으로 파악되어야 한다. 가령, 도시 내에서 어떤 장소나 동네가 지닌 속성은 일차적으로 그곳을 삶터로 점유해서 살아가는 행위자들의 관계에 의해 정의되지만, 그 행위자들은 고정된 주체가 아니라 끊임없이 이동하고 변화하는 주체이기 때문이 그들이 점유한 곳의 공간적 속성은 다른 장소, 다른 동네, 다른 도시와의 관계 속에서만 정의될 수 있는 것이다. 다른 말로 하자면 로컬리티는 모든 다른 로컬한 것들과의 관계 속에서 파악될 수 있으므로, 어떤 장소나 지역이 갖는 로컬리티가 관계적 지리의 입장에서 설정되지 않는다면 그 로컬리

---

14 지리학계에서 '관계적 지리학'의 중요성을 강조한 대표적인 연구 논문으로서 이영민, 「서울 강남 정체성의 관계적 재구성 과정 연구-지역 구성원들의 내부적 범주화를 중심으로」, 『한국도시지리학회지』 11권 3호, 한국도시지리학회, 2008, 1~14쪽; 김병연, 「관계적 사고를 통한 상품의 지리교육적 의미」, 『대한지리학회지』 46권 4호, 대한지리학회, 2011, 554~566쪽; 이희상, 「글로벌푸드 / 로컬푸드 담론을 통한 장소의 관계적 이해」, 『한국지리환경교육학회지』 20권 1호, 한국지리환경교육학회, 2011, 45~61쪽; 박규택, 「관계적 공간에서 결혼 이주 여성의 삶」, 『한국지역지리학회지』 19권 2호, 한국지역지리학회, 2013, 203~222쪽; 이재열, 「Urban Community as a Contested Practice」, 『대한지리학회지』 51권 2호, 대한지리학회, 2016, 269~281쪽 등이 있다.

티는 이미 로컬리티가 제거된 로컬리티일 수밖에 없다.

글로벌화에 관한 학술적 문헌이나 대중적 서사는 대개 글로벌화를 역사적 필연으로 간주하거나 자본주의의 축적 과정에서 불가피한 것으로 간주하곤 한다. 이러한 관점은 우리로 하여금 글로벌리티globality가 모든 로컬한 것에 위에 서 있는 강력하고 포괄적이며 총체적인 힘으로 상정하게 만든다는 점에서 문제적이다.[15] 재미있게도 이런 점은 글로벌화를 인류의 역사적 진보의 필연으로 생각하는 사람들뿐만 아니라 구조주의적 결정론에 입장에서 글로벌화를 경제 신자유주의화의 결과물로 비판하는 사람들이 공통적으로 갖고 있는 지리적 상상이라는 점이다. 한편, 장소에 기반을 둔 로컬 정치와 로컬리티의 정치학을 강조하는 사람들 또한 (이의 동전의 양면과도 같이) 마치 로컬리티가 글로벌리티에 대한 저항의 위치가 될 수 있을 것으로 설정하는 경우가 많다.[16] 이러한 문제설정에서 볼 때 로컬리티는 글로벌리티에 의해 정복, 찬탈당할 위험에 처해 있으면서도 동시에 글로벌화에 맞설 수 있는 보루와 같은 것으로 인식된다.[17] 결국, 글로벌리티는 이동적이고 공간적이며 로컬리티는 고정적이고 장소적이라는 이분법에 갇혀 있다는 것이다.[18]

---

[15] 박경환, 「대안 정치를 위한 공간적 상상의 재고(再考) ─ 도린 매시(1944~2016)의 『공간을 위하여(2005)』에 대한 논평」, 『한국도시지리학회지』 19권 1호, 한국도시지리학회, 2016, 106쪽.

[16] 역사주의와 공간의 역사성을 강조하는 아리프 딜릭(Arif Dirlik)은 이러한 장소 기반의 로컬리티 정치학을 강조하는 대표적인 학자이다. 이와 관련된 대표 저술로서 Dirlik, Arif, "Globalism and the politics of place", *Development*, Vol.41, No.2, 1998, pp.7~13과 Dirlik, Arift, "Place─based imagination : globalism and the politics of place", in R. Prazniak and A. Dirlik (eds), *Places and Politics in an Age of Globalization*, Rowman and Littlefield, 2001, pp.15~51을 참조할 것.

[17] 박경환, 앞의 글, 2016, 106쪽.

[18] 또한, 필자는 깁슨-그라함의 연구를 소개하면서, 페미니즘에 입장에서 볼 때 글로벌화 담론은 남성중심주의에 기반을 두고 있다는 점을 지적했다. 곧, 로컬리티에 대한 남성중심주

이처럼 글로벌리티와 로컬리티를 서로 대립적인 것으로 이해하려는 방식은 모더니티의 근간을 이루는 유클리드적 공간관의 연장선상에 있다. 왜냐하면 세계가 좁아진다든가 세계가 편평하다든가와 같은 표현은 지구적 공간을 2차원의 평면이나 3차원의 구체로 투사함으로써 세계를 관찰 주체로부터 분리되어 있는 것으로 상정하기 때문이다. 이러한 관점을 따르면 인터넷의 발달과 국제 항공 교통 등의 시·공간 압축은 인류가 삶터를 확장시키고 외부 세계로 나아가려는 지리적 열망의 당연적 귀속물이며, 오늘날 세계 곳곳의 도시들이 전지구적인 자본, 노동, 지식의 네트워크로 연결되는 것은 지극한 필연이다.

한편, 이런 측면의 '대자적' 측면에서 로컬리티를 상정하게 되면 당연히 '우리 것', 전통적인 것, 전근대적인 것, 느린 것, 공동체적인 것, 뿌리내린 것, 유·무형의 헤리티지 등은 저항적이고 대안적인 요새로 상상될 수 있게 된다. 오늘날 글로벌화의 빛과 그림자에 대한 지리적 인식은 위와 같은 공간에 대한 지배적 상상 안에 갇혀 있다고 할 수 있다. 이러한 공간에 대한 이분법적 사유는 우리 주변의 로컬리티가 얼마나 낯설고 이질적인 것으로 구성되어 있는지에 대한 인식과 글로벌화된 자본주의의 권력이 얼마나 우리 주변에 친숙하게 자리 잡고 있는지에 대한 인식을 무디게 만든다. 왜냐하면 지리적으로 인접한 것은 로컬한 것이고 멀리 떨어진 것은 글로벌한 것이라는 생각으로 인해 글로벌리티와 로컬리티의 관계가 얼마나 변증법적이고 상호의존적인지를 망각하기 때문이다.

의적 서사는 로컬리티를 글로벌화의 관통과 정복을 기다리며 처녀지와 같이 남겨져 있는 수동적 공간으로 인식하는 경향이 있다는 것이다. (위의 글, 2010, 47~85쪽을 참조할 것)

매시는 공간적 상상의 중요성이 정치적 대안과 연결되어 있으며 로 컬리티의 관계적 지리가 얼마나 복잡한 네트워크로 얽혀 있고 얼마나 다중적이고 풍부한 것인지를 보여준 대표적인 학자이다. 매시에 따르 면 글로벌리티와 로컬리티에 대한 근대의 지배적 공간 서사는 지구라 는 '공간'을 자본, 노동, 상품, 정보 등의 흐름이 발생하는 표면으로 간 주한다. 그러나 분명한 것은 현재의 글로벌화는 다국적기업과 금융자 본이 주도하는 신자유주의가 추동하고 있다는 측면에서 아주 '독특한 형태의' 글로벌화임에도 불구하고, 이러한 지배적 공간 서사는 현행의 글로벌화를 단일하고 유일한 글로벌화인 것처럼 간주되고 있다.[19] 이 러한 글로벌화 담론은 마치 단일한 발전 모델만이, 단일한 근대화의 경 로만이, 단일한 미래만이 기다리고 있는 것처럼 상정한다는 점에서 정 치적 대안과 저항을 근본적으로 무력화하는 강력한 지리적 상상인 것 이다. 매시는 다음과 같이 말한다.

모더니티 이념이 막강했던 시대에 모더니티 개념이 그랬던 것처럼, 글로 벌화도 비록 모호하고 완곡하게 표현되기도 하지만, 어쨌든 거스를 수 없 는 대세인 것으로 회자되고 있다. 이는 공간적인 것이 지닌 다중성을 인정 하지 않는 것이다. 그러나 글로벌화는 모든 것을 거스를 수 없는 단 하나의 방향이 아니다. 또한, 서구사회 및 다른 경제 권력의 중심에서 '공간'이라 는 수동적 표면을 가로질러 그 바깥으로 확장해 나가는 것으로 글로벌화를 상상해서도 안 된다. 그것은 공간 만들기이다. 즉, 글로벌화는 다양한 궤적

---

19 도린 매시, 박경환 외역, 『공간을 위하여』, 2016, 164쪽.

들이 실천과 관계를 통해 능동적으로 조우하고 재구성되는 것이다. 바로 거기에 정치적인 것들이 놓여 있다.[20]

결국, 현행의 신자유주의적 글로벌화에 대한 대안적 정치의 모색은 글로벌한 것과 로컬한 것 중 무엇이 더욱 중요하고 무엇이 더욱 도움이 되는가하는 선택의 정치에서 출발하는 것이 아니다. 정말로 중요하게 비판받아야 할 대상은 글로벌리티와 로컬리티라는 이분법적 개념 쌍의 토대를 이루는 공간에 대한 지리적 상상력이며, 이러한 공간적 상상은 공간을 이미 닫혀 있는 단순하고도 수동적인 표면으로 간주하면서 공간을 무력화하는 것을 목표로 한다. 이런 측면에서 볼 때 공간적 차이, 로컬리티에 기반을 둔 정치, 장소의 정체성 등을 강조하는 대안적 정치는 근본적으로 글로벌화 프로젝트를 추동해 온 유클리드적 공간적 상상과 동일한 자양분을 흡수하고 있는 셈이다. 이런 점은 하트와 네그리가 시도했던 제국의 지도그리기 프로젝트에서도 분명하게 나타난다.

국지적인 차이들은 현재의 장면에 앞서 (존재하고) (…중략…) 그것들은 전 지구화의 침입으로부터 방어되고 보호되어야 (한다는) (…중략…) 가정이 주어져 있다면, 국지적인 것에 대한 많은 방어들이 전통적인 생태학의 용어를 채택하거나 심지어 이러한 "국지적" 정치 기획을 자연 및 생체 다양성의 방어와 동일시한다는 것은 그리 놀랄 일이 못 된다. 이러한 견해는 사회관계와 정체성을 고정하고 낭만화하는 일종의 원생주의

---

20 위의 책, 165쪽.

(promordialism)에 쉽게 빠져버린다. 대신 다루어야 할 필요가 있는 것은 정확히 국지성의 생산, 즉 국지적인 것으로 이해되는 정체성과 차이를 창조하고 재창조하는 사회적 기계들이다.[21]

하트와 네그리가 지칭하는 국지성이란 로컬리티를 가리키는 것이며, 이들은 매시의 주장과 마찬가지 맥락에서 장소의 정치와 로컬리티에 대한 본질주의적, 원생주의적 시각의 위험을 뚜렷하게 지적하고 있다. 로컬리티에 착목한 정치적 기획은 사회관계와 정체성을 고정하는 낭만주의적 상상에 사로잡혀 있는 것이다. 사회관계의 개방성을 중시하면서도 공간적 폐쇄성을 주장할 수는 없다. 양자는 양립 불가능하다. 낭만주의에 바탕을 둔 로컬리티에 대한 이러한 공간적 상상을 극복하기 위해서는 이러한 로컬리티가 어떠한 관계적 지리 하에서 형성되어 있는지를 보다 넓은 시각에서 고찰할 필요가 있다. 이런 점에서 하트와 네그리는 "국지성의 차이는 앞서 존재하는 것도 아니고 자연적인 것도 아니며, 오히려 생산 체제의 효과이다. 마찬가지로 전지구성을 문화적, 정치적 또는 경제적 동질화의 측면에서 이해해서는 안 된다. 대신 국지화처럼 정체성과 차이의, 즉 사실상 동질화와 이질화의 생산 체제로서 이해해야 한다"고 말한다.[22] 하트와 네그리가 일컫는 '제국'은 바로 이와 같이 동질성과 이질성 그 자체가 아닌 이를 생산하는 시스템을 말하는 것이다.

관계적 지리를 고려하지 않은 로컬리티에 대한 서사는 정체성, 고정

---

21 위의 책, 81쪽.
22 위의 책, 81~82쪽.

성, 역사성을 강조하는 경향이 있다. 이러한 공간 서사는 로컬리티에 대한 다분히 본질주의적, 낭만주의적 상상으로서 정치적으로 가변적이거나 모순적일 수밖에 없다. 이는 공간이나 지역을 내부와 외부로 경계를 긋고 구분할 수 있는 일종의 표면으로 강조할 때 더욱 뚜렷하게 나타난다. 예를 들어, 자유무역 및 자유시장주의 주도의 글로벌화에 반대하는 사람들은 다국적기업의 초국경적 경제 활동이나 금융 자본의 초국적 모빌리티에 반대하면서도, 빈곤한 개발도상국의 이민자들이나 난민의 초국경적 유입을 통제하려는 정책에는 찬성하지 않는다. 오히려 앞서 언급했던 것처럼 로컬리티를 기반으로 하여 공간적으로 훨씬 배타적인 것, 전통적인 것, 본질적인 것을 정지화하기도 한다. 반면, 신자유주의적 글로벌화를 옹호하는 사람들은 자유시장 자본주의가 추동하는 경제적 효율성과 투명성 제고를 강조하면서 개방성을 강조하지만, 이와 동시에 문화적, 사회적 측면에서는 보수주의적 입장에서 민족주의나 공동체주의 이데올로기를 동원하기도 한다. 결국 폐쇄와 개방, 공간과 장소, 경제와 문화, 노동과 자본, 글로벌한 것과 로컬한 것 등의 이분법적 선분들은 단일한 정치적 입장 위에서도 서로가 논리적으로 모순된 상태에서 교차하고 양립하고 있는 셈이다.[23]

---

23 위의 글, 118쪽.

3. 두 도시 이야기 — 밴쿠버와 로스앤젤레스

1) 밴쿠버에서의 홍콩 이주민들과 로컬리티의 정치

오늘날 인종 및 민족집단의 다양성과 이민자들의 수용과 관련하여 많은 국가와 도시가 나아가고 있는 사회문화적 방향의 핵심 키워드는 다문화주의일 것이다. 다문화주의는 크게 '담론'으로서의 다문화주의와 '운동'으로서의 다문화주의로 구별할 수 있다.[24] 담론으로서의 다문화주의는 이질적 차이와 정체성을 지닌 집단과 그 문화를 인정하고 관용을 통해 통합함으로써 사회적 차별, 갈등, 불이익을 최소화하려는 정책이다. 반면, 운동으로서의 다문화주의는 다문화주의를 최종적 목적이 아닌 도구 내지 과정으로 인식하고 보편화된 주류 사회와 그 문화를 탈중심화하고 다양성을 능동적으로 달성하려는 노력이다.[25] 그런 측면에서 전자는 국가적, 주류적 입장에서의 사회통합 정책으로 나타나며, 후자는 집단적, 비주류적, 소수자적 입장에서 차이와 정체성의 정치를 위해 동원하는 운동으로 표출되는 것이 일반적이다.

북아메리카 북동부에 위치한 '로컬' 도시들에서 다문화주의라는 용

---

24 박경환, 「소수자와 소수자 공간 — 비판 다문화주의의 공간 교육을 위한 제언」, 『한국지리환경교육학회지』 16권 4호, 한국지리환경교육학회, 2008, 304쪽. 이와 아울러 다문화주의의 담론적 속성에 대한 지리학 논문으로서 Mitchell, Katharyne, "Multiculturalism, or the united colors of capitalism?", *Antipode*, Vol.254, 1993, pp.263~294을 참조할 것.

25 다문화주의 정책의 주체는 민족국가이고 그 대상은 국가의 구성원이라는 점에서 다문화주의 정책은 근본적으로 시민을 대상으로 하는 국가적, 민족적, 집단적 담론이다. 따라서 다문화주의는 아무리 자유주의적이거나 급진적이라고 할지라도 최종적으로 국가적 통합을 목적으로 한다는 점에서 근본적인 정치적 입장이라기보다는 정치적 도구로 활용되는 2차성이 강하다. 이와 관련해서 박경환, 위의 글, 2008, 304~305쪽을 참조할 것.

어가 주요한 사회적 쟁점으로 부각되기 시작한 것은 1990년대에 들어서면서부터였다. 타이완, 한국, 홍콩, 싱가포르 등 동아시아의 신흥공업국의 중·상류층 초국적 이주자들이 자본의 글로벌화라는 흐름 속에서 북아메리카 태평양 일대의 대도시로 몰려들기 시작했기 때문이었다. 급속한 경제 성장을 통해 상당한 부를 축적한 신흥 중·상류층과 투자자 계급이 형성되었던 것이다. 이러한 동아시아 중·상류층의 초국가주의 행태의 등장에는 여러 요인이 작용했지만, 일차적으로 캐나다와 미국을 경제적 불확실성이 낮아 안전하면서도 상대적으로 주택 가격이 낮고 질이 좋기 때문에 장래의 수익성 높은 투자처로 간주했다는 점을 들 수 있다. 또한, 더욱 중요한 것은, 캐나다는 이른바 다문화주의 정책을 추구하고 국제 이민에 매우 우호적인 환경을 갖추고 있었기 때문에, 동아시아 중·상류층 가족의 자녀 교육에 (특히 영어 교육에) 유리하고 은퇴 후에도 영구적으로 거주할 수 있는 이로운 자연적, 문화적 환경을 갖추고 있었기 때문이라고 볼 수 있다. 또한, 상당한 동아시아의 가구들은 현재까지도 교육을 통한 가구의 계급적 재생산과 글로벌화의 네트워크를 통한 문화적 자본 축적을 위해 분거가구split-house-hold를 형성하는 경우가 많다.[26]

캐나다 연방정부, 주정부, 도시정부 등은 중국 등 동아시아의 투자

---

26 분거가구(분절가구)는 가족이 자녀 교육이나 가족 구성원의 취업 등의 이유로 인해 공간적으로 분리된 세대를 의미하며, 교육이라는 국가적 제도가 민족국가의 이데올로기적 근간을 이루고 있다는 점을 고려할 때 교육 이주는 궁극적으로 특정 민족국가의 경계를 초월하는 탈영역적, 초국적 시도이다. 따라서 초국적 가족을 유지하는 것은 민족적, 국가적 차원에서 교육 자본 전유를 통한 가족의 계급적 재생산과 밀접하게 관련되어 있다. 박경환·백일순, 「조기유학을 매개로 한 '분절가구초국적가족'의 부상—동아시아 개발국가 중·상류층 가족의 초국가적 재생산에 관한 논의 고찰」, 『한국도시지리학회지』 15권 1호, 한국도시지리학회, 2012, 17~31쪽을 참조할 것.

자본 유치를 위해서 1990년대부터 투자 이민 제도를 활성화하기 시작했다. 홍콩 사람들은 홍콩과 중국 외에 제3국의 시민권 취득을 원했고, 캐나다는 1980년대 말 이민법을 개정하여 사업 목적의 이민 내에 '투자 이민' 범주를 신설하여 50만 캐나다 달러를 투자하면 영주권을 부여하도록 했다. 홍콩에서 캐나다로 투자된 자본은 사업을 활성화하여 고용을 창출 하는 데에 도움이 되기보다는 부동산 부문으로 집중 투자되었다. 또한, 홍콩이 1997년 중국으로 반환되기 이전 시점부터 정치적, 경제적 불확실성을 두려하는 홍콩 자본이 북아메리카로 이전되었을 뿐만 아니라, 북아메리카에서 부동산 가격이 상승 추세를 보임에 따라 거주 목적에서뿐만 아니라 투자의 관점에서도 주택 시장에 대한 투자가 일어나 부동산 가격이 가파른 속도로 상승하게 되었다. 특히, 브리티시컬럼비아 주는 1980년대부터 금융 부문에 대한 규제 완화와 개발을 촉진하기 위해 연방정부나 주정부가 소유한 토지를 적극적으로 민영화 했다.[27]

인문지리학자인 캐서린 미첼Katharyne Mitchell은 바로 이러한 국면에서 캐나다에 정착한 홍콩 출신의 이민자들과 기존의 밴쿠버 주민들 간의 갈등에 초점을 두고, 양 집단이 밴쿠버라는 도시의 로컬리티와 공간적 정체성을 어떻게 동원하는지를 분석한 바 있다.[28] 원래, 홍콩을 포함한

27 Mitchell, Katharyne, "Hong Kong immigrants and the question of democracy : contemporary struggles over urban politics in Vancouver, B.C.", in G. Hamilton (ed.), *Cosmopolitan Capitalists : Hong Kong and the Chinese Diaspora at the End of the 20th Century*, University of Washington Press, 1999, pp.152~166.
28 Mitchell, Katharyne, "Transnational subjects : constituting the cultural citizen in the era of Pacific Rim capital", in A. Ong and D. Nonini (eds.), *Ungrounded Empires : The Cultural Politics of Modern Chinese Transnationalism*, Routledge, 1997, pp.228~256. 아울러, Mitchell, Katharyne, "Reworking democracy : contemporary immigration

중화권 문화에서는 자신의 부와 지위를 과시하는 것이 사회적으로 바람 직한 것으로 받아들여지며, 특히 중·상류층이 자신의 부를 주택, 자동 차, 가방 및 의류, 장신구 등으로 가시화하는 것은 (중산층 이하의 사람들을 대상으로 한 문화적 행태라기보다는) 다른 중·상류층으로부터 인정을 받아 주류 사회에 진입할 수 있는 통행권과 같다는 것이다. 곧, 미첼에 따르 면, 가시화된 부는 개인적 정체성의 한 형태일 뿐만 아니라 주류 사회 집 단의 자원과 네트워크에 접근할 수 있는 매개물 역할을 한다.

그런데 중국으로의 홍콩 반환이 가시화 될 무렵인 1990년대 들어 막 대한 홍콩 자본이 미국, 캐나다 등 북아메리카 지역으로 이전되기 시작 했다. 이는 앞서 언급했던 것처럼 안전한 투자처 확보, 해외 금융 투자 처 확대, 동아시아의 지정학적 불확실성 감소, 보다 나은 교육 기회를 통한 가족의 계급적 재생산, 노후 생활을 위한 은퇴 거주 지역으로서의 자연적, 문화적 쾌적성, 이민자들에 대한 우호적 분위기 등이 복합적으 로 작용한 결과로 볼 수 있다. 이런 과정에서 홍콩 출신의 이민자들은 북아메리카 북태평양 연안 일대의 막대한 주택 시장에 진입하여 부동 산을 구입했던 것이다. 한편, 밴쿠버 도시 당국의 입장에서는 북아메리 카와 캐나다 북서부의 끝자락에서 지리적으로 매우 고립적인 위치를 차지하고 있었기 때문에, 북아메리카 내부의 물적, 인적, 금융 자본을 끌어들임으로써 도시를 성장시키기에는 지리적인 한계가 분명했다. 밴

---

and community politics in Vancouver's Chinatown", *Political Geography*, Vol.176, 1998, pp.729~750; Mitchell, Katharyne, op. cit., 1999, pp.152~166; Mitchell, Katharyne, *Crossing the Neoliberal Line : Pacific Rim Migration and the Metropolis*, Temple University Press, 2004를 참조할 것. 이후의 내용은 밴쿠버 초국가주의의 로컬리티에 관 한 캐서린 미첼의 논문에 근거하고 있음.

쿠버는 동아시아의 이민자 및 투자자와의 네트워킹을 통해 태평양 연안의 명실상부한 글로벌 도시로 성장할 수 있는 기회를 마련하고자 했던 것이다.

미첼의 연구에 따르면, 밴쿠버에 주택을 구입하여 정착하기 시작한 홍콩 출신의 이민자들은 밴쿠버에서의 주류 문화에서는 사람들이 자신의 부나 사회적 지위를 과시하거나 뽐내지 않는 것이 일반적이지만, 어떤 주거지역에 살고 있고 어떤 주택에 거주하는가는 분명하게 밴쿠버 주민들 간에 차별화되어 있다고 판단했다.[29] 따라서, 홍콩 이민자들은 밴쿠버 대도시권의 백인 거주지역의 서쪽 근린지구에서부터 정착하기 시작했다. 이 과정에서 기존의 밴쿠버 주민들이 소유했던 잉글랜드풍의 작은 오두막 유형의 주택들이 빠른 속도로 해체되는 대신, 중국식의 크고 현란하며 과시적인 주택을 건설하기 시작했다. 밴쿠버에서는 이런 중국계 이민자들의 거대 주택을 '괴물 주택' 또는 '매머드 주택'이라 불렀다.[30] 이런 거주경관으로 가시화 된 밴쿠버 로컬리티의 변화는 외부로부터 유입된 초국적 이주자들과 그들이 지닌 사회적, 문화적 가치가 재현된 결과임이 분명했다. 글로벌 스케일에서의 인적, 물적 자본의 유입으로 밴쿠버라는 장소의 로컬리티가 전환기를 맞이한 것이었다.

한편, 밴쿠버에 살고 있던 기존의 백인 주민들은 이런 로컬리티의 변화를 달갑게 맞아들이지 않았다. 미첼에 따르면, 원래 기존의 밴쿠버 주민들은 18세기 이후 영국식 경관 전통을 이어받아 넓은 녹지대, 주거지역을 둘러싼 수풀과 관목, 넓은 정원, 소규모 단일가구 주택, 넓은

---

29 Mitchell, op. cit., p.229.
30 ibid, p.228.

가로수 길 등을 특징으로 하고 있고, 이들은 영국의 경관 정체성과 헤리티지를 계승하고 있다는 자부심을 가지고 있었다. 특히, 밴쿠버가 본격적으로 개발되기 시작한 19세기 후반부터 밴쿠버 도시 공무원들은 밴쿠버 서부를 영국 촌락의 신화적 경관을 상징하는 장소로 재현, 개발하고자 했다. 여기에는 영국의 촌락 전원성rural idyllic, 촌락 공간에 대한 낭만주의적 상상, 산업화 이전의 생활양식 등이 미학적으로 반영되어 있어서, 밴쿠버가 위치한 브리티시컬럼비아 주의 새로운 엘리트적 교외지역을 상징화하는 곳이 되었다.[31] 밴쿠버 주택 경관의 로컬리티는 중국계 이민자들의 유입이 이루어지기 전에조차 밴쿠버라는 도시에 고유한 정체성을 가진 것이 아니었다. 오히려 영국과 캐나다 간의 식민주의적 관계, 도시 개발에 있어서 영국계 주민들의 엘리트주의적 모더니즘적 공간적 상상, 촌락에 대한 낭만주의 등의 보다 복잡한 관계들이 로컬 스케일에서 형성한 결과물인 것이다.

그러나 1990년대부터 중국 이민자들이 유입되어 부동산에 대한 투자가 시작되면서 주거 경관이 거대해지기 시작했다. 기존의 주민들이 가꾸어 놓았던 유럽풍의 오랜 조경수들이 점차 사라지게 되었고, 주택 소유자의 물질적 부를 명시적으로 과시하는 주거 경관이 나타나기 시작했다. 중국 이민자들은 주거 경관의 가시성을 도드라지도록 만들기 위해서 조경수를 보다 빠른 속도로 제거해 나갔다. 그렇지만 중국 이주민들의 이러한 경관 변화는 자신이 소유한 재산권을 행사한 것의 결과임은 분명했다. 또한, 중국인들의 '풍수' 문화가 주거 환경에 반영되어

---

31 ibid, pp.229~230.

로컬 경관과 어울리지 않는 주택들도 등장했다. 이 결과 밴쿠버 대도시 권의 몇몇 중·상류층 집단의 주거 지역에서 갈등이 불거지게 되었던 것이다. 백인 주민들은 중국인들이 '더 큰 공간, 더 작은 뜰, 비싸게 보이는 건축 자재에 대한 욕망'을 갖고 있으며 탐욕스럽다고 비판하고 나섰다. 특히, 영국계 캐나다 주택 소유주들은 로컬 정치인들과 연합하여 토지구획 법률을 보다 보호적인 방식으로 바꾸게 강제함으로써 이 주거지구의 재개발이 더 이상 진행되는 것을 막았다.[32]

밴쿠버의 홍콩계 이민자와 캐나다로의 투자 이민을 계획 중인 홍콩 투자자 등은 이주 에이전시 당국의 지원 속에서 이른바 '홍콩 캐나다 클럽'을 조직했는데, 이는 밴쿠버의 주거 문화와 규범을 주제로 세미나를 개최함으로써 교육과 규율을 통해 절차적 정당성을 확보하고 이러한 조치에 대응하고자 했다. 그리고 이 모임에는 중국계 부동산업자, 개발업자, 투자회사 등이 함께 가세했다. 미첼의 연구에 따르면 이 클럽에서 조직한 세미나는 홍콩 이민자들의 캐나다로의 문화변용acculturation이라는 메시지를 통해 밴쿠버의 로컬 전통과 문화를 존중해야 한다는 점을 공유하는 데에 초점을 두었을 뿐만 아니라, 이른바 '글로벌화의 시대에 갖추어야 할 세계 시민으로서의 범세계주의cosmopolitanism 태도'를 강조했다. 이는 밴쿠버의 로컬리티를 존중하면서도 중국계 이민자로서의 정체성을 중국인이 아닌 '세계 시민'이라는 가치중립적인 위치성으로 대치하려는 전략이었다고 볼 수 있다. 실제, 많은 중국계 투자자 및 사업가들은 자신 스스로를 '아시아-태평양'이라는 상상의 공간 속에서

---

32 ibid, pp.228~256.

태평양 권역에서 가교 역할을 담당하고 있다고 강조했다. 이른바 '초국적 범세계주의자'로서의 이들 홍콩 출신 이민자들의 자기 정체성은 중국인들의 상업 네트워크를 강화, 전유할 뿐만 아니라 아시아-태평양 권역에 있어서 중국 사람들의 상업적 이익을 극대화 하는 담론으로 기능할 수 있었다.

이처럼 밴쿠버에서와 같이 이러한 홍콩의 중·상류층 이민자들의 담론이 겉보기에는 초국가적, 중립적, 글로벌 이미지를 갖고 있었지만, 실제 자본이 로컬 삶터에 뿌리를 내릴 때에는 밴쿠버의 로컬 문화 및 경관을 구축해 놓은 기존의 백인 중산층과 충돌하게 되었다. 중국계 투자 이민자들이 스스로를 범세계주의적 세계 시민이라는 정체성으로 규정지었던 것은 로컬 삶터에서의 이러한 갈등에서 보다 우월한 지위를 확보하기 위한 전략이었다. '글로벌' 시민이 '로컬' 시민보다 보다 중립적이고 객관적이며 그렇기 때문에 밴쿠버의 로컬 주민들을 배타적이고 보수적인 주민으로 범주화 할 수 있는 지리적 상상의 전략이었다. 그럼에도 불구하고 중국계 이민자들은 친족 네트워크를 통해 자본의 규모를 키워 밴쿠버 서쪽 일대에 대규모 부동산을 사들인 후 거대한 주택을 지어서 홍콩 이민 투자자들에게 다시 되파는 방식으로 성장하게 되었다. 결국, 밴쿠버 주택 경관으로 재현되는 도시의 로컬리티는 홍콩과 밴쿠버를 연결하는 글로벌 초국적 자본의 이동이라는 맥락에 근거하지만, 로컬 삶터에서는 상이한 인종적, 계급적 선분이 교차하면서 복잡한 로컬리티가 형성되었다.

한편, 미첼의 연구는 이와는 또 다른 사례로서 1986년 밴쿠버에서 개최된 세계 무역 박람회 이후 당시 브리티시컬럼비아 주의 주지사가 박람회장과 주변의 수변공간을 민영화하기로 했던 사례를 제시한다.[33] 밴쿠버 도심의 1/6에 해당하는 이 광대한 박람회장을 매입한 것은 1988년에 홍콩 출신의 부동산 투자자였다. 주정부가 이 토지를 홍콩 출신의 투자자에게 매각한 이유는 이 토지를 개발하는 과정에서 홍콩을 비롯한 중국 및 동아시아에서 더욱 큰 자본을 추가적으로 유인할 수 있을 것이라는 전략에서였다. 북아메리카 북서부의 고립된 위치에 있다는 지리적 한계를 중국 등 동아시아의 금융 네트워킹을 통해 일약 '세계도시'의 반열에 올릴 수 있다는 욕망이 배어 있었던 것이다. 그러나 밴쿠버의 상당수 주민들은 이러한 외래 자본의 투자에 대해서 거부감을 갖고 이를 문제시했다. 이러한 거부감의 근원은 아시아계 이민자들에 대한 주류 집단의 오리엔탈리즘, 해외 자본에 대한 두려움, 밴쿠버의 전통적 로컬리티가 훼손될 수도 있다는 경계심 등이 복합적으로 작동한 결과였다. 미첼에 따르면 특히 중국계 기업의 투자를 우선시하여 다른 로컬 투자가 배제되어 투자 기회를 중국계 자본이 모두 가져갈 것이라는 우려가 컸다.

한편, 미첼에 따르면 이 과정에서 밴쿠버의 부동산 가격이 급속히 상승함에 따라 로컬 미디어는 그 이유를 중국 투자자들에게서 찾는 보도를 연이어 내보냈다. 밴쿠버의 로컬 일간지는 「어떻게 아시아계 자금이 타오르고 있는 주택 시장에 기름을 붓고 있는가?」라는 제하의 기획기사를 보도하면서 홍콩 중심의 아시아계 투자자들이 밴쿠버 주거비용의 상승의 원인이라고 주목했다. 또한, 「홍콩에서는 돈이면 최고!」와

---

33 ibid, pp.232~235.

같은 선정적인 제목의 기사를 통해 홍콩계 중국인들의 정체성을 '부동산을 투기의 대상으로 보고 이윤을 추구하는, 물질적 부의 축적을 매우 공격적이고 탐욕스럽게 추구하는, 자기 과시적이고 허세적인, 자연 환경을 고려하지 않는 사람'으로 규정했다.[34] 이러한 미디어의 재현은 홍콩 이민자들은 캐나다에 속하지 않는다는 배타적 민족주의, 밴쿠버라는 도시에 이방인이라는 지역중심주의, 그리고 아시아계 출신의 이민자에 대한 배타적 공동체주의 등이 복합적으로 작동한 결과였다. 홍콩 주민들에 대한 이러한 보도 기사들은 가뜩이나 홍콩계 이민자들의 주택에 불만을 가지고 있던 밴쿠버 주민들의 불만에 기름을 붓는 격이었다. 결과적으로 홍콩계 이민자들의 주택을 괴물 주택이라고 낙인을 찍으면서 인종차별이 공공연하게 확산되었고, 홍콩계 이민자들이 자신들의 근린지구에 '침투'하여 들어오는 것에 반대하는 운동을 벌이기까지 했다. 이 결과 밴쿠버에서는 노후 아파트나 단독주택의 철거를 반대하는 시위가 일어났고, 오래된 수령의 나무를 제거하는 것을 금지하게 했고, 주택 소유자 협회에서는 신규 주택의 크기를 제한하는 조례를 발의할 것을 강력하게 추진했다.

한편, 밴쿠버 내의 여러 시민사회단체, 조직, 기관 등에서는 홍콩계 이민자의 투자와 관련된 논란을 다문화주의의 차원에서 접근하려는 움직임이 나타났다. 원래 캐나다에서 다문화주의 정책이 강화될 수 있었던 것은 퀘벡 주를 중심으로 한 프랑스계 이민자들과 북아메리카 원주민 자치 운동의 결과였다. 이런 노력이 1980년대 이후 다문화주의와

---

34 ibid, p.235.

문화적 조화를 강조하는 캐나다의 국가적 정책으로 귀결되었던 것이다. 일부 미디어는 캐나다에서의 문화적 조화, 이질적 문화에 대한 관용, 다양한 문화적 배경을 지닌 사람들 간의 상호 이해 촉진 등을 강조했다. 또한, 이의 연장선상에서 시민단체에서는 밴쿠버에서의 부동산 가격의 급등이 반드시 외부 투자자들 때문에 야기되는 것만은 아니라, 경기 침체로 인해 이자율이 낮아지게 되어 금융자본이 부동산 부문에 집중하기 때문이며 밴쿠버의 주택 시장 자체가 공급 부족이라는 분석까지도 내놓았다. 이들은 '문화적 조화'와 '글로벌화'라는 관점에서 홍콩 출신의 이민자들의 투자와 이민, 그리고 이들이 로컬 삶터에 정착하면서 야기하는 주거 경관의 변화 등을 보다 가치중립적인 관점에서 탈정치화하고자 했던 것이다.[35]

밴쿠버의 사례는 특정 도시의 로컬리티가 얼마나 다양한 지리적 스케일에서, 얼마나 다양한 행위자들이, 얼마나 상이한 위치 하에서 복잡한 관계적 지리의 한 국면에 있는지를 보여준다. 앞서 언급했던 바와 같이, 홍콩 출신의 중국계 투자자들과 기존의 밴쿠버 주민들 사이의 마찰의 근원은 두 가지를 중심으로 전개 되었다. 하나는 도심의 중요 부지의 상업화 과정에서 지역 자본이 사업 기회에서 배제될 수도 있다는 것이었고, 다른 하나는 근린지구의 경관 변화에 대한 걱정이었다. 이 두 가지 논제와 이에 따라 아시아계 자본이 밴쿠버의 도시 경관의 변화에 막대한 변화를 야기할 것이라는 우려가 미디어에서 재생산되면서 홍콩계 투자 이민자들과 그들의 삶터에 대한 반감이 형성되었던 것이

---

35 ibid, pp.236~242.

다. 여기에는 백인중심주의, 오리엔탈리즘, 민족주의, 지역주의 및 공동체주의 등이 복합되어 있고 계급적인 속성도 포괄하고 있다. 이에 대응하여 홍콩 이민자들과 이민 에이전시 당국은 밴쿠버에서 다문화주의라는 용어를 차용하고 '초국적 범세계주의자'라는 보편적 정체성을 고안, 추구함으로써 기존 밴쿠버 주민들의 커뮤니티 운동을 배타적이고 지역적인 것으로 두고 로컬 갈등을 극복하고자 했다. 밴쿠버의 로컬리티는 다문화주의, 범 세계주의와 같은 담론이 얼마나 특정 행위자들의 유연적 정체성을 위해 동원, 전유되기 쉬운지를 보여줄 뿐만 아니라, '로컬한 것'의 로컬리티가 얼마나 '로컬하지 않은 관계적 지리' 속에서 형성되는가를 보여주는 사례이다.

2) 로스앤젤레스 코리아타운의 로컬리티와 혼성성의 정치

오늘날 섞임, 융합, 통섭, 퓨전 등 이질적인 것들의 혼합을 강조하는 많은 용어들이 범람하고 있다. 그 기저에는 이른바 '혼성성hybridity'이라는 개념이 자리 잡고 있는데, 흥미롭게도 혼성성은 그 자체로서 혼성적인 위치에 놓여 있는 듯하다.[36] 우선, 포스트식민주의에 기반을 둔

---

36 혼성성(混性性)은 호미 바바, 로버트 영, 스튜어트 홀 등 포스트식민 이론가들이 서양의 식민 지식 생산 과정의 폭력성을 비판하면서 적극적으로 사용하는 정치적 용어이다. 서양의 식민주의자들은 원주민들의 토착 지식을 붕괴시키는 대신 자신들이 재정의한 종(種)의 구분을 통해 기존의 지식 체계를 재구성함으로써 식민 공간과 신체를 통치해 왔다. 혼성성은 '종'이라는 범주적 구분에 균열을 일으키고 그 권위를 불능화하는 효과를 지니는데, 왜냐하면 본질적인 의미에서 모든 대상물에는 성격이나 속성이 있을 따름이지 정형화된 고유의, 순수한 '종'이란 존재하지 않기 때문이다. 이런 의미에서 혼성성을 혼종성(混種性)이라고 한국에서 일부 학자들이 번역하는 것은 이러한 포스트식민 정치의 맥락을 간과하는

많은 이론가들은 혼성성이라는 용어를 통해 디아스포라적인, 유목민적인, 유기되거나 버려진 주체들의 위치를 재중심화하고 이들의 목소리를 통해 민족 및 국가 중심적인 모더니티의 지배적 서사에 균열을 내고 있다. 한편, 이질적인 것들의 섞임은 일반 대중이나 미디어가 경축하고 있는 주요 주제 중 하나로서 혼성성을 새로운 창조물로 재현함으로써 포스트모던 시대를 특징짓는 현상으로 추앙받고 있기도 하다.[37] 일찍이 프레드릭 제임슨Fredrick Jameson이 말했던 것처럼 문화적 섞임은 후기 자본주의의 문화 논리로서 의도적으로 상상, 생산, 소비되고 있는 상품이 되었고, 다문화주의라는 용어 그 자체도 인종적 갈등을 은폐하기 위한 주류 사회의 담론이 되어 버렸다.[38]

이런 측면에서 혼성성이 특정한 로컬리티 내에서 어떤 위치를 점유하고 있고 어떻게 전유되는지를 파악하는 것은 매우 중요한 문제이다. 앞서 언급한 바와 같이 호미 바바Hommi Bhabha나 스튜어트 홀Stuart Hall 등의 포스트식민 이론가들에 따르면, 디아스포라 주체들이나 이주민들의 주변화 된 혼성적 경험과 문화적 혼성성이 계급, 인종, 젠더 등의 교차하는 모순적 지점을 제3의 공간성으로 전환시킴으로써 서양 및 국가 중심적 서사를 비판할 수 있는 유리한 위치성을 확보할 수 있다.[39] 그렇

것일 뿐만 아니라 서양의 식민주의적 지식 생산을 그대로 재생산한다는 점에서 문제적일 수 있다(박경환 외역, 2015를 참조할 것).

[37] 박경환, 「탈식민주의 혼성성 다시 생각하기—자서전적 문헌을 통해 읽은 미국의 초기 한인 이민자들의 초국적 주체성 1895~1940」, 『지리학연구』 40권 1호, 국토지리학회, 2006, 1~24쪽.

[38] 박경환, 위의 글, 2006, 1쪽. Jameson, Fredrick, *Postmodernism, or, The Cultural Logic of Late Capitalism*, Verso, 1991을 참조할 것.

[39] Hall, Stuart, "Cultural identity and diaspora," in J. Rutherford (ed.), *Identity, Community, Culture, Difference*, London : Lawrence and Wishart, 1990, pp.222~237. Bhabha, H., "The third space," in J. Rutherford (ed.), *Identity, Community, Culture, Differ-*

다면 오늘날처럼 안전한 투자처를 찾기 위해, 일자리를 찾기 위해, 자녀의 교육을 위해, 또는 모국에서의 폭력으로부터 벗어나기 위해 국가의 경계를 넘는 국제 이주가 과거 그 어느 때보다도 활발해진 시기에 왜 비판적인 혼성성의 정치가 흘러넘치지 않는 것일까? 경계선 위에 서 있는 또는 양쪽 모두에 동시에 소속되어 있는 주체들은 경계나 범주화 그 자체가 권력임을 인식하고, 경계나 범주화를 비판적으로 넘어서고자 하며, 궁극적으로 경계나 범주화의 권력으로부터 해방되려는 의지를 갖는다고 할 때, 과연 그 의지는 이러한 혼성적 위치성으로 인해 자동적으로 부여받게 되는 것인가, 그렇지 않다면 특수한 조건 하에서의 의도적 결과물인 것인가? 그리고 궁극적으로 로컬리티의 혼성성은 어떻게 정치적으로 전유되는 것일까? 만일 '본질적인 의미에서 존재하는 모든 것은 혼성적이고 디아스포라적이다'고 한다면 이러한 질문에 대한 탐구는 우리가 꼭 심문해보아야 할 부분이다.

로스앤젤레스는 포스트모던 도시의 전형이자 도시 내부의 수많은 분절화 된 구역들로 이루어진 모자이크 도시로서, 이러한 다양한 이주 주체들 간의 인종적, 민족적 선분들의 관계적 지리와 이 교차점에서 이루어지는 다양한 혼성성의 정치를 살펴보기에 매우 흥미로운 로컬리티를 갖고 있다.[40] 낯선 사람들 간의 마주침이 없는 도시, 도시 스프롤로 끝이 없는 도시, 수많은 민족 커뮤니티의 모자이크 도시, 자동차와 고

---

ence, ed., J. Rutherford, London : Lawrence and Wishart, 1990, pp.207~221. Bhabha, H., *The Location of Culture*, London : Routledge, 1994을 참조할 것.

40 Park, Kyonghwan and Lee, Youngmin, "Negotiating hybridity : transnational reconstruction of migrant subjectivity in Koreatown, Los Angeles", *Journal of Cultural Geography*, Vol.25, No.3, 2008, pp.254~262.

속도로가 만든 도시, 미국 서부 관문도시이자 이민자의 도시, 극적인 아메리칸 드림의 도시 등의 용어가 로스앤젤레스라는 포스트모던 도시의 로컬리티를 특징짓는다. 이는 유럽으로부터의 백인 이민자들이 기반을 구축했던 다른 미국의 도시들과는 분명 다른 역사적 궤적을 갖고 성장한 도시이다.[41]

코리아타운은 로스앤젤레스 도심의 서쪽으로 약 5킬로미터 정도 떨어진 곳에 위치한 로스앤젤레스 내 소수민족 커뮤니티 중 하나로서, 1970년대부터 소규모 자영업으로 대표되는 로스앤젤레스에 거주하는 한국계 이민자들의 최초의 정착지 이자 경제적, 정치적 수도와 같은 곳이다. 이는 두 가지 중요한 의미를 갖고 있다. 하나는 로스앤젤레스의 로컬 '한인'들의 시각에서 볼 때 코리아타운은 한국의 서울과 비교될 정도로 강한 지리적 중심성을 갖고 있다는 점이다. 이들 한인들은 로스앤젤레스 주류 사회의 시각에서 볼 때 중국 및 일본 이민자들과 마찬가지로 아시아계 이민자 중 일부이고, 이들은 다시 히스패닉 및 흑인 주민들을 포함한 유색인종 주민들이자 소수민족의 일부일 따름이다. 그런 측면에서 코리아타운은 도시 내부 구조의 위치로 볼 때에 중산층 교외지역과 대비되는 저소득층 주민 위주의 내부도시inner city의 하나이고, 도심 주변의 전이지대transition zone를 형성하는 곳으로서 재개발에 대한 기대감 등으로 주택 소유주들이 거주하기보다는 세입자들의 비중

---

41 로스앤젤레스의 로컬리티를 포스트모더니티로 재현한 로스앤젤레스 학파의 대표적인 문헌으로서 Davis, Mike, *City of Quartz : Excavating the Future in Los Angeles*, Verso, 1990; Soja, Edward, *Thirdspace : Journeys to Los Angels and other Real and Imagined Spaces*, Blackwell, 1996; Soja, Edward, *Postmetropolis : Critical Studies of Cities and Regions*, Blackwell, 2000을 참조할 것.

이 높으며, 흑인 및 라티노 주거지역과 필리핀 이주민 주거지역과 인접한 곳이다. 요컨대 코리아타운의 로컬리티는 주류 사회의 시각에서 볼 때와 한인 사회에서 볼 때가 그 공간적 의미가 극적으로 대비되는 결절에 위치한 것이다.[42]

흥미롭게도 로스앤젤레스 코리아타운의 로컬리티는 1997년 말레이시아에서 시작되었던 아시아 금융 위기 국면으로 큰 변동을 겪게 되었다. 왜냐하면 로스앤젤레스 코리아타운이 한국계 기업 및 투자자 집단의 초국적 투자뿐만 아니라 한국의 중·상류층 교육 이민자들의 개별적 차원에서의 이민 투자가 집중되고 있는 지역이 되었기 때문이다. 한국에서의 외환위기는 한국에서의 원화 자산 및 부동산이 불안전 자산임을 증명한 것이었고, 이에 따라 한국에 거주하던 상당수의 자본가와 투자자들은 (밴쿠버에서의 홍콩 투자자들과 마찬가지로) 미국 서부 일대의 대도시에 투자를 시작했다.

특히, E-2 비자라고 불리는 '소액' 투자이민자들은 대략 2억~5억 원 정도의 사업체에 대한 투자를 통해 미국 내에서 거주하면서 자녀를 교육할 수 있는 기회를 획득한다. 미국토안보부의 시민권·이민서비스국이 E-2 비자 발급에 대한 통계를 국가별로 발표하지 않는 까닭에 정확한 수치는 알 수 없지만, 코리아타운의 부동산업체들에 따르면 미국 내 현지 사업체 매입을 상담해오는 한국인들 가운데에 셋 중 하나는 E-2비자를 취득하려는 한국 국적의 사람들이다.[43] 이는 그만큼 코리

---

42 박경환, 「혼성성의 도시 공간과 정치―로스앤젤레스 한인타운에서의 탈정치화된 민족성의 재정치화」, 『대한지리학회지』 40권 5호, 대한지리학회, 2005, 473~490쪽.
43 Park, Kyonghwan and Lee, Youngmin, op. cit., pp.254~262.

로컬리티의 다중성과 관계적 지리―밴쿠버, 로스엔젤레스, 그리고 런던 101

아타운 내 부동산 시장에 있어서 현지 한인 자본이 아닌 한국으로부터의 초국적 자본 투자의 영향력이 크다는 것을 반증하는 것이다. 또한, 로스앤젤레스에 본사를 두고 있는 미국 내 최대 규모의 한인 부동산 회사인 뉴스타부동산은 이미 2003년 한국에 지사를 설립했으며, 윌셔은행Wilshire Bank, 나라은행Nara Bank, 중앙은행Center Bank 등 미국 내 한인 은행들은 한국으로부터의 부동산 중심의 개인투자와 비즈니스 사업자금의 대출을 중심으로 막대한 투자 자본을 유치하는 데에 성공했다.

그러나 코리아타운의 로컬리티는 분명 한국으로부터의 초국적 자본이 투자되는 공간으로서 의미를 갖고 있지만, 이 공간의 물적 기반과 서비스는 코리아타운을 지탱하고 있는 '로컬', 그것이 뿌리를 내리고 있는 로컬 노동시장이 없이는 불가능하다. 아이러니컬하게도 2000년대에 들어 급속히 외형적으로 성장하게 된 코리아타운에서 노동하고 있는 많은 피고용자들은 젊은 한국계 이주자들로서 이들의 상당수는 미등록 상태에 있는 것으로 확인되고 있다. 이들은 한국어와 한국 문화에 능숙하기 때문에 코리아타운 내에서 한인들이 소유한 식당, 식료품점, 코인세탁소, 청소업체 등에 고용되어 한국인 고객들을 직접 상대하는 업무를 전담한다. 한편, 젊은 한국계 노동자들과 더불어 코리아타운의 경제를 받치는 또 하나의 축은 라티노 노동자 집단이다. 이들은 멕시코를 비롯하여 과테말라, 엘살바도르 등 라틴아메리카 국가 내 저개발 지역에서 이주해온 노동자들인데, 코리아타운에서 이들은 출신 지역이나 국가와 상관없이 흔히 '멕시칸'이라고 불린다. 이들 집단은 코리아타운의 '보이지 않는 곳에서 그리고 보이지 않는 시간에' 바닥 청소부, 야간 경비원, 건물 내 시설물 관리원, 주방 내의 잡부, 주차 안내원 등으로 일하고 있다. 이들은 최저 임금 혹은 그에 못 미치는 임금을 받으며 코리아타운의 계급 피라미드에서 가장 하층을 구성한다.

많은 한인 노동자들이 미혼의 청년층임에 비해 이들 라티노 노동자들은 대부분 자녀들과 배우자를 둔 혼인가구를 구성한다. 그러나 이들은 대부분 임금이 매우 낮고 유연성이 높은 업종과 파트타임으로 근무하기 때문에, 생계비를 최소화 할 목적으로 코리아타운 내에 임대 아파트 등에 집단으로 거주하면서 2~3개의 직업을 가지고 도보로 출퇴근한다. 미국 센서스 자료를 토대로 할 때 코리아타운 핵심부의 상주인구는 대략 25만 명 정도이며 이 중 60% 가량을 라티노계 인구가 차지하고 있다. 또한, 코리아타운 내 상주인구의 가구 당 소득 중앙값은 2만 달러에 불과하며, 이는 로스앤젤레스 모든 카운티 중에서 가장 낮은 지역 중 하나이다. 이처럼 로스앤젤레스 코리아타운은 한국으로부터의 초국적 투자에 있어서 매력적인 지역이 되었지만, 동시에 코리아타운 내에 거주하는 주민들의 삶터는 매우 피폐한 상태에 있다.[44]

오늘날 코리아타운으로 불리는 지역은 원래 로스앤젤레스 주류 사회에서 윌셔센터Wilshire Center 라고 불리던 곳이었다. 윌셔센터는 19세기부터 20세기 초반에 이르기까지 로스앤젤레스 도심에 버금가는 백인 주민들의 쇼핑 및 사교 중심지였는데, 2차 세계대전을 거치면서 점차 유태인 커뮤니티의 거주 및 비즈니스 중심지로 변화했다. 왜냐하면 전쟁 이후의 막대한 부를 바탕으로 로스앤젤레스가 산타모니카와 같은 해안가 주변의 신흥 도시로 급속히 교외화가 진행됨 따라, 이곳에 거주

---

44 박경환, 「빈곤으로부터 가치 짜내는 방법−로스앤젤레스 도시재개발국에 대한 제도민족지적 비판」, 『한국지역지리학회지』 12권 2호, 한국지역지리학회, 2006, 305~322쪽.

하던 중산층이 빠른 속도로 교외로 이탈하게 되면서 공간적, 사회적으로 쇠락하게 되었기 때문이다. 그리고 1950년대부터 이곳의 지배집단이 되었던 유태인들은 도심의 봉제·의류업을 장악하면서 한 차례 공간적 융성을 주도했지만, 1970년대에 불황을 겪으면서 한국계 이민자들에게 봉제·의류업을 내어주고 교외지역으로 이탈하게 되었다. 한편, 미국은 경제조직 및 노동의 경직성이 불러온 1970년대 초반의 경제적 위기를 극복하는 과정에서 내부도시의 공간 불경제를 극복하기 위해 한국 등 아시아계 출신 이민자들을 대폭적으로 받아들이게 되었고, 한국 노동자들과 소규모 자영업자들은 바로 흑인 커뮤니티와 인접하면서도 비교적 주거 환경이 좋고 임대료가 낮은 미드윌셔를 중심으로 정착하기 시작했던 것이다.

한편, 오늘날 로스앤젤레스 대도시권 내 한인 인구의 분포를 살펴보면 코리아타운이 여전히 한인 밀집지역으로 남아있기는 하지만, 한국계 주민들의 대부분은 로스앤젤레스의 북서부 해안가 및 밸리 지역 일대, 동부의 대규모 교외 주택 단지, 그리고 남쪽으로 오렌지카운티에 분산되어 있는 여러 중산층 주택지구 등에 흩어져서 살고 있다. 이렇게 교외지역에 거주하는 한인들의 일부는 로스앤젤레스 내에서 자영업 등으로 자본을 축적한 1세대 이민자 집단이지만 또 다른 일부는 한국으로부터 교육 등을 목적으로 이주해 온 신흥 중산층 이민자들이다. 이런 맥락에서 볼 때 코리아타운 내에 거주하는 한인 인구 비율은 다른 지역에 비하여 상대적으로 높은 편이지만, 이들의 사회경제적 특성이 다른 도시 내 다른 지역에 밀집한 한인들에 비해 사회경제적으로 현저한 차이가 있음을 보여주고 있다. 코리아타운 내 빈곤율은 다른 한인 거주

지역에 비해 최소 2배 이상 높다. 코리아타운에 살고 있는 한인들의 주택소유 비율은 20% 미만이며 한인들의 자영업 비율과 평균 가구원 수가 낮다는 점은, 코리아타운의 많은 한인들이 미혼의 임금생활자로서 월세로 생활하고 있다는 점을 드러낸다.[45]

마지막으로 코리아타운의 로컬리티는 로스앤젤레스라는 도시 내부의 독특한 재개발의 관계적 지리의 일부이기도 하다. 코리아타운은 로스앤젤레스 도시 당국이 추진하고 있는 38개의 재개발구역 중 하나이다. 로스앤젤레스의 재개발을 담당하고 있는 기구는 캘리포니아 주의 재개발에 근거를 두고 설립된 로스앤젤레스 도시재개발국이다. 이 기구는 재개발구역으로 지정된 범위 내의 토지 및 건물을 독점적으로 수용, 재개발, 매매할 수 있는 독점적인 권한을 갖고 있다. 도시재개발국 주 또는 시 정부로부터 재정 지원을 받지 않는 대신 38개의 도시 내 재개발 대상 지역에서 재개발 사업 기간 동안 매년 증가하는 부동산 세금의 증가분을 독점적으로 전유한다. 이 기구의 가장 강력한 무기는 독점소유권 제도인데, 이는 토지나 건물을 소유한 개별 소유주들로부터 부동산을 낮은 가격에 수용한 후 조각난 부동산들을 대규모 재개발 프로젝트를 위한 거대한 공간으로 통합하고 이를 외부의 투자기업 혹은 투자자에게 판매하거나 임대함으로써 공간의 교환가치를 극적으로 증식할 수 있는 권력을 지칭한다. 독점소유권으로 무장한 재개발국은 지역의 '황폐함'을 제거하기 위하여 커뮤니티 외부로부터의 사적 자본을 유인하여 보다 높은 세금을 얻을 수 있는 상업용도 중심으로 재개발하는

45　위의 글, 2006, 311~312쪽.

방식을 취하고 있다. 도시재개발국은 재개발 사업에 있어서 중하층을 위한 주거지 개발 비율은 최소화하는 대신 세입 증가분의 절반 이상을 재개발 구역 내의 토지를 상업 용도로 전환하고 이의 개발을 위해 외부 자본을 유인, 지원하는 데에 사용한다.[46]

　　결국, 로스앤젤레스 코리아타운의 로컬리티는 이질적 시간들과 공간들이 상호 교차하는 복잡한 관계적 지리를 갖고 있다. 19세기 후반부터 20세기 초반까지 이곳에 정착하여 다운타운에 버금가는 부도심을 형성했던 백인 주류 집단의 역사, 2차 세계대전 이후 백인들을 대신해서 유입된 유태인 자영업자들, 그리고 1970년대 이후 또 다시 유기되고 황폐해진 도시 내부로 유입되어 온 한국인들, 그리고 1990년대 말 이후 초국적 자본의 물결과 함께 대대적인 부동산 투자를 단행해 온 한국으로부터의 초국적 투자 이민의 역사에 이르기까지 말이다. 이러한 시간적 다중성과 더불어, 코리아타운은 공간적으로 로스앤젤레스 대도시권의 대표적인 내부도시이자 부도심이고, 도시 당국이 지정한 재개발구역 중 하나이며, 로스앤젤레스 내 한인들에게는 '서울'과 같은 한인 이민 사회의 수도이며, 초국적 투자자들에게는 교육이나 사업 등의 목적으로 미국으로 진입하기 위한 관문도시인 것이다. 로스앤젤레스 코리아타운은 이러한 시·공간적으로 다중적인 선분들이 교차하는 한 지점에 형성되어 있는 공간이자 장소이며, 코리아타운의 로컬리티는 고유의 고정된 정체성을 갖고 있기보다는 복잡한 지리적 관계 속에서 한 '상황' 내지 '국면'으로 존재한다는 것을 알 수 있다.

46　위의 글, 2006, 305~310쪽.

4. 맺음말―도린 매시의 런던이야기

이제까지 로컬리티의 다중성이 어떻게 관계적 지리의 입장에서 드러날 수 있는지를 이론적 논의를 통해 그리고 밴쿠버와 로스앤젤레스의 사례를 통해서 살펴보았다. 밴쿠버와 로스앤젤레스에서의 복잡한 인종·민족집단의 관계적 지리는 초국가적 금융, 투자 네트워크, 이민과 이주, 도시 개발, 그리고 공간에 대한 재현과 장소의 정치적 산물이다. 이런 측면에서 매시는 『공간을 위하여』에서 글로벌 도시의 관계적 지리로서 런던의 세계도시성world citydom을 설득력 있게 제시한 바 있다. 아마도 매시의 '런던이라는 도시의 관계적 지리 읽기'가 위의 두 도시의 사례를 반추해 보는 데에 흥미로울 것 같다.

런던은 유럽 식민 제국의 상업 허브로 시작하여 오늘날 더시티the City로 대표되는 국제 금융 흐름의 핵심 결절 도시가 되었다. 그러나 이와 동시에 런던은 금융 및 부동산업의 활황에 대한 대가로 세계적으로 높은 임대료와 물가를 기록하고 있고, 중산층을 지탱하던 제조업 기반이 임금 수준을 감내하기 어려워 몰락했을 뿐만 아니라, 보다 작고 효율적인 정부를 지향하는 정책적 결과로 공공부문의 일자리와 공적 인프라가 문자 그대로 '누더기가 되어 버린' 상태에 놓이게 되었다.[47] 매시는 이러한 런던의 로컬리티를 이질적인 궤적들의 '충돌'이라고 표현한다. 금융 산업에 의한 런던의 지배성이 토지 가격 및 임대료의 급등을 야기하면서 제조업 부문의 고비용 구조를 낳았을 뿐만 아니라, 런던

---

[47] 도린 매시, 박경환 외역, 앞의 책, 심산, 2016, 292쪽.

의 세계 도시 만들기 산업으로 인해 제조업 부문 생산 과정의 이윤율이 지속적으로 하락하고 있고 생산 부지를 구하기도 어려우며 높은 지대를 감당할 수 없다는 것이다. 세계 금융 허브로서 런던의 성장은 결국 제조업 부문의 실업률을 대가로 이루어지고 있고, 금융 종사자들이 누리고 있는 높은 임금은 기본적인 생필품과 아울러 주택 가격 및 임대료에 큰 영향을 끼치고 있다. 따라서 공공 부문 근로자들이나 서민들이 런던에서 살아가는 것이 거의 불가능해지고 있는 실정이다. 매시는 런던 내 각 지역별 '커뮤니티 경찰'이 사실은 해당 지역 커뮤니티에 거주할 수 있는 경제적 형편이 되지 않기 때문에 원거리에서 출퇴근하고 있는 아이러니컬한 상황을 지적한다.

결국, 매시가 말하는 것처럼, '런던은 세계도시로서 성공했음에도 불구하고 상당한 지역과 주민이 빈곤과 박탈 상태에 처해 있다.'고 말할 것이 아니라 '런던은 세계도시로서 성공했기 때문에 상당한 지역과 주민이 빈곤과 박탈 상태에 처해 있다.'고 말해야 한다고 주장한다. 런던이라는 도시의 로컬리티는 금융 부문 주도의 '세계도시성'을 키워드로 하고 있지만, 런던의 '성공'이 빈곤과 박탈을 생산하는 주요 요인이라고 한다면 이러한 도시 성장의 모델에 대해 근본적인 질문을 제기해야 한다.[48] 그럼에도 불구하고 정치인, 기업인 및 전문가 집단, 금융 투자자, 부동산 소유주, 주류 미디어 등으로 이루어진 도시의 성장 연합 growth coalition은 마치 도시의 '성장'이라는 가속 페달에서 발을 뗀다면 마치 글로벌화의 흐름에서 도시가 뒤처지고 소외되어 도시가 쇠락하게

---

48 위의 책, 295~296쪽.

될 것처럼 공포감을 조성한다.

과연 더시티라는 금융 산업의 승수효과가 런던의 모든 주민들에게
양질의 일자리와 경제적 파급효과를 가져올 것인가? 그리고 얼마나 많
은 사람들이 '신산업'이라 불리는 이 새로운 경제 시스템에 편입되어
안정된 일자리와 삶터를 누리며 살 수 있는 것일까? 매시는 이러한 질
문은 도시 내부의 공간적 관계의 정치적 본질을 간과하는 것이라고 본
다. 매시는 누가 쓰레기통을 비우고, 누가 환자를 돌볼 것이며, 누가 우
리 동네의 경찰이 될 것인지에 대해 반문하면서, 결국 세계도시로서 런
던의 성공은 불가피하게도 계급적 양극화가 일상적인 경관으로 나타나
는 이중도시dual city로 귀결될 것임을 단언한다.[49] 그렇다면 중요한 것
은 도시에 대한 상상, 바람직한 도시의 미래에 대한 비전, 그리고 상이
한 지리적 관계들이 얽혀 있는 지점에서의 정치적 선택인 것이다.

우리가 갖고 있는 정치적 목적을 둘러싸고 명시적인 갈등이 벌어지고 있
다기보다는, 도시에 대한 상상들 간의 대결이 벌어지고 있다. 금융을 지지하
는 자들은 '새로운 경제'와 '낡은 경제'를 대비시킴으로써 새로운 경제가 마
치 만병치료제인 것 같은 신화에 의존한다. (역설적이게도 수 세기의 역사
를 지닌 더 시티는 '낡은' 제조업에 대비되는 '새로운' 것으로 투사된다!) 이
러한 상상에 있어서, 새로운 경제란 식탁 위의 화려한 세련된 장식물과 같으
며 나머지 인구는 이를 위한 서비스를 제공하는 역할을 담당한다. (…중

---

49 이중도시와 관련된 주요 문헌으로 Castells, Manuel, *The Informational City : Information
Technology, Economic Restructuring, and the Urban Regional Process*, Blackwell, 1989와 Mol-
lenkopf, John and Castells, Manuel, *Dual City : Restructuring New York*, Russel Sage,
1992를 참조할 것.

략…) 이는 외부의 적을 만들어 냄으로써 수사적인 방식으로 추동되는 통일성이다. 곧, 영국 내 다른 지역들은 재분배에 있어서 국가 전체 세입에서 훨씬 더 많은 몫을 할당받아 간다고 비난 받으며, 프랑크푸르트는 유럽의 금융 수도로서 언제라도 금융 기능을 앗아갈 수 있는 것으로 묘사된다.[50]

매시는 위의 글에서 로컬리티에 대한 상상은 공간적 재현을 둘러싼 문화 정치가 아니라 현실의 지리를 구성하는 아주 구체적이고 물질적인 투쟁의 일부라는 점을 보여준다. 도시에 대한 상상들 간의 대결이 펼쳐지고 있는 오늘날 많은 사람들은 공간의 다중성과 장소를 구성하는 관계적 지리에 대한 인식의 중요성을 간과한다. 공간을 단순한 표면이나 기학학적 구조로 간주하는 한 공간을 개방할 것이냐 폐쇄할 것이냐 또는 공간의 내부에 있느냐 외부에 있느냐의 질문은 무의미하다. 왜냐하면 모든 공간은 물질과 물질 간 관계를 통해서 존재하므로 물질 없는 공간이란 허구적 산물이며, 그렇기 때문에 공간에는 일반적으로 적용될 수 있는 규칙이란 존재하지 않는 것이다. 대신 매시는 "대안적인 상상에서는 위와 같이 주장되는 통일성을 거부하는 대신, 이러한 통일성 내에 도시 경제를 구성하는 다양한 부문들의 다중성과 상호의존성이 강조되고 다양성의 어긋남과 충돌이 동시에 인식된다"고 주장한다.[51] 바로 이러한 인식이 관계적 지리에 대한 인식의 출발점이다.

그러나 현실 정치에서는 사회·공간적 개방인가 아니면 폐쇄인가라는 지극히 단순한 정치적 선택이 요구된다. 그러나 결과는 모순적이다.

---

50 위의 책, 295~296쪽.
51 위의 책, 296쪽.

이는 앞서 말한 것처럼 글로벌화가 공간의 다중성과 공간의 역사성을 길들임으로써 공간 내부에서 대안적 상상을 처음부터 무력화시키려는 시도에 근거하고 있기 때문이다. 공간에 대한 이러한 기하학적, 유클리드적 상상이야말로 오늘날 글로벌화를 뒷받침하는 헤게모니적 상상이다. 매시는 줄기차게 장소 정체성의 본질은 그 장소 내외의 관계이므로 "공간과 장소에 규칙이란 없다"고 주장해 왔다.[52] 본질주의에 입각한 로컬리티의 정치는 언제나 배타적이고 반동적인 정치에 전유될 가능성을 갖고 있다. 왜냐하면 이러한 정치는 이질적인 장소들 간의 정치적 연대를 열어젖히기보다는 오히려 차단한다는 점에서 문제적이다.[53] 글로벌화 프로젝트는 공간과 장소 길들이기를 통해 번성하고 있으므로, 이에 대한 대안은 응당 공간과 장소의 풍성한 다중성과 이의 다양한 관계적 지리를 열어젖히는 것에서 찾아져야 할 것이다.

---

52 위의 글, 2016, 119~121쪽.
53 위의 글, 2016, 120쪽.

참고문헌

김병연, 「관계적 사고를 통한 상품의 지리교육적 의미」, 『대한지리학회지』 46권 4호, 대한지리학회, 2011.

박경환, 「글로벌 시대 인문지리학에 있어서 행위자-네트워크 이론(ANT)의 적용 가능성」, 『한국도시지리학회지』 17권 1호, 한국도시지리학회, 2014.

_____, 「글로벌, 로컬, 스케일-공간과 장소를 둘러싼 정치」, 『로컬리티 인문학』 5권, 부산대학교 한국민족문화연구소, 2011.

_____, 「대안 정치를 위한 공간적 상상의 재고(再考)-도린 매시(1944~2016)의 『공간을 위하여(2005)』에 대한 논평」, 『한국도시지리학회지』 19권 1호, 한국도시지리학회, 2016.

_____, 「빈곤으로부터 가치 짜내는 방법-로스앤젤레스 도시재개발국에 대한 제도민족지적 비판『한국지역지리학회지』 12권 2호, 한국지역지리학회, 2006.

_____, 「소수자와 소수자 공간-비판 다문화주의의 공간 교육을 위한 제언」, 『한국지리환경교육학회지』 16권 4호, 한국지리환경교육학회, 2008.

_____, 「탈식민주의 혼성성 다시 생각하기-자서전적 문헌을 통해 읽은 미국의 초기 한인 이민자들의 초국적 주체성 1895~1940」, 『국토지리학회지』 40권 1호, 국토지리학회, 2006.

_____, 「혼성성의 도시 공간과 정치-로스앤젤레스 한인타운에서의 탈정치화된 민족성의 재정치화」, 『대한지리학회지』 40권 5호, 대한지리학회, 2005.

박경환·류연택·심승희·정현주·서태동 역, 『지리사상사』, 시그마프레스, 2015.

박경환·백일순, 「조기유학을 매개로 한 '분절 가구 초국적 가족'의 부상-동아시아 개발국가 중·상류층 가족의 초국가적 재생산에 관한 논의 고찰」, 『한국도시지리학회지』 15권 1호, 한국도시지리학회, 2012.

박경환·이영민·이용균 역, 『공간을 위하여』, 2016, 심산(Massey, Doreen, 2005, *For Space*, Sage).

박규택, 「관계적 공간에서 결혼 이주 여성의 삶」, 『한국지역지리학회지』 19권 2호, 한국지역지리학회, 2013.

안토니오 네그리·마이클 하트, 윤수종 역, 『제국』, 이학사, 2001 (Hardt, Michael and Negri, Antonio, 2000, *Empire*, Harvard University Press).

이영민, 「서울 강남 정체성의 관계적 재구성 과정 연구-지역 구성원들의 내부적 범주화를 중심으로」, 『한국도시지리학회지』 11권 3호, 한국도시지리학회, 2008.

이재열, 「Urban Community as a Contested Practice」, 『대한지리학회지』 51권 2호, 대한지리
학회, 2016.

이희상, 「글로벌푸드 / 로컬푸드 담론을 통한 장소의 관계적 이해」, 『한국지리환경교육학회지』
20권 1호, 한국지리환경교육학회, 2011.

Bhabha, Hommi, "The third space", in J. Rutherford (ed.), *Identity, Community, Culture,
Difference*, Lawrence and Wishart, 1990.

_____, *The Location of Culture*, Routledge, 1994.

Castells, Manuel, *The Informational City : Information Technology, Economic Restructuring, and the
Urban Regional Process*, Blackwell, 1989.

Davis, Mike, *City of Quartz : Excavating the Future in Los Angeles*, Verso, 1990.

Dirlik, Arif, "Globalism and the politics of place", *Development* 41(2), 1998.

_____, "Place-based imagination : globalism and the politics of place", in R. Prazniak
and A. Dirlik (eds.), *Places and Politics in an Age of Globalization*, Rowman and
Littlefield, 2001.

Friedmann, John, "The World City Hypothesis", *Development and Change* 17(1), 1986.

Hall, Stuart, "Cultural identity and diaspora", in J. Rutherford (ed.), *Identity, Community,
Culture, Difference*, Lawrence and Wishart, 1990.

Herod, Andrew, *Scale*, Routledge, 2010.

Jameson, Fredrick, *Postmodernism, or, The Cultural Logic of Late Capitalism*, Verso, 1991.

Jonas, Andrew, Eugene McCann, Mary Thomas, *Urban Geography : A Critical Introduction*,
Wiley-Blackwell, 2015.

Knox, Paul and Taylor, Peter, *World Cities in a World System*, Cambridge University Press,
1995.

Kyonghwan, Park and Youngmin, Lee, "Negotiating hybridity : transnational recon-
struction of migrant subjectivity in Koreatown, Los Angeles", *Journal of Cultural
Geography* 25(3), 2008.

Massey, Doreen, *World City*, Polity, 2007.

Mollenkopf, John and Castells, Manuel, *Dual City : Restructuring New York*, Russel Sage, 1992.

Mitchell, Katharyne, "Hong Kong immigrants and the question of democracy : con-
temporary struggles over urban politics in Vancouver, B.C.", in G. Hamilton (ed.),

Cosmopolitan Capitalists : Hong Kong and the Chinese Diaspora at the End of the 20th Century, University of Washington Press, 1999.

_____, "Multiculturalism, or the united colors of capitalism?", *Antipode 254*, 1993.

_____, "Reworking democracy : contemporary immigration and community politics in Vancouver's Chinatown", *Political Geography* 176, 1998.

_____, "Transnational subjects : constituting the cultural citizen in the era of Pacific Rim capital", in Aiwha Ong and Donald Nonini (eds.), *Ungrounded Empires : The Cultural Politics of Modern Chinese Transnationalism*, Routledge, 1997.

_____, *Crossing the Neoliberal Line : Pacific Rim Migration and the Metropolis*, Temple University Press, 2004.

Portes, Alejandro, "Expulsions : brutality and complexity in the global economy", *Expulsions* 27(3), 2016.

Riffenburgh, Beau, *Mapping the World : The Story of Cartography*, Andre Deutsch, 2015.

Sassen, Saskia, *Cities in a World Economy*, Sage, 2011.

_____, *Territory, Authority, Rights : From Medieval to Global Assemblages*, Princeton University Press, 2008.

_____, "The global city : the de−nationalizing time and space", *Proceedings of the Wissenschaftliches Kolloquium in Bauhaus−Universität 14*, 2008.

_____, *The Global City : New York, London, Tokyo*, Princeton University Press, 2001.

Short, John Rennie, *The World Through Maps : A History of Cartography*, Firefly Books, 2003.

Soja, Edward, *Postmetropolis : Critical Studies of Cities and Regions*, Blackwell, 2000.

_____, *Thirdspace : Journeys to Los Angels and other Real and Imagined Spaces*, Blackwell, 1996.

트랜스-로컬리티*
포스트모던의 대안적 공간정치

이상봉

1. 왜 '트랜스trans'와 '로컬리티locality'에 주목하는가?

포스트모던, 즉 그것이 리오타르J. Lyotard류의 '모던에서 벗어나기'이
든, 아니면 기든스A. Giddens나 하버마스J. Habermas류의 '모던의 계승'이
든, '모던' 이후의 세계에 대한 구상이 거대한 담론을 형성한지도 꽤 오
랜 시간이 지났다. 그동안 다양한 학문분야에서 포스트모던의 다양한
양상들이 해석되고 또 새로운 대안들이 제시되어 왔다. 그 논의들이 너
무 다양하여 정리하기조차 힘들 정도이다. 하지만, 흔히 포스트모더니
즘으로 통칭되는 이러한 경향들은 대체로 근대나 근대성modernity에 대
한 성찰을 기반으로 하고 있다. 즉, 예술의 조류나 양식으로서의 넓은
의미의 포스트모더니즘이 아니라 현실의 사회구성과 관계를 맺고 나타

* 이 글은 『21세기 정치학학보』 제24집 3호(2014.12)에 게재된 필자의 동일 제목 논문을
수정·보완한 것임.

나는 포스트모더니즘은 약 300년 동안의 근대 역사의 논리적 귀결, 즉 근대성의 제도화가 낳은 부정적 산물에 대한 성찰의 결과로 볼 수 있다.[1] 특히 '구성적 접근방식'을 취하는 학자들은 포스트모더니즘을 중심화, 획일화, 비인간화 등과 같은 모더니즘의 부정적 산물에 대한 도전으로 보며, 따라서 이의 대안이 될 수 있는 새로운 가능성들을 적극적으로 모색한다. 이러한 문맥에서 볼 때 포스트모더니즘이란 근대성의 중심-주변의 이분법적 구조 속에서 주변적인 것으로 억압되고 배제되어 왔던 '로컬적인 것the local'들, 즉 감성(vs 이성), 여성(vs 남성), 차이성(vs 동질성), 소수성(vs 다수성) 등의 현상에 주목하여 근대성을 다시 쓰는 것이라고 할 수 있다.

근대성의 제도화는 국민국가를 단위로 하여 주로 이루어졌으며, 이러한 과정은 정치, 경제, 문화의 제 측면에서 따로 또는 상호관계를 형성하며 진행되었다.[2] 근대는 계몽주의라는 보편적 이념을 주창하였지만 그와 동시에 국민국가의 성립을 통해 개별주의 또한 만들어 갔다. 즉, 그 내부에 있는 구성원 모두를 평등한 시민권을 가진 동포로 간주하고 대외적으로 배타적 경계를 만들어낸 국민국가는 보편주의가 특수주의의 형식으로 나타나는 역설을 품고 있는 것이다. 여기서 근대성이 국민국가를 통해 제도화되었다는 사실은 단순히 규모scale의 차원에서만이 아니라 국민국가가 세계를 구분하고 구성하는 기본 단위unit가 됨을 의미한다. 즉, 전체세계는 주권을 가진 국가단위로 경계가 지워지고

---

1 이상봉, 「탈근대 공간의 재영역화와 로컬·로컬리티」, 『한국민족문화』 32, 부산대 한국민족문화연구소, 4쪽.
2 Smith, A. D., *Theories of Nationalism*, 2nd ed. New York : Holmes & meier, 1986, p.152.

그 국가는 내부적 동질성과 대외적 배타성의 공간으로 존재해 왔다는 의미이다. 이에 주목하면 국민국가의 영역과 경계에 있어서의 변화를 수반하는 이른바 글로벌화globalization와 로컬화localization는 전형적인 포스트모던의 현상이라고 할 수 있다.

다른 한편, 글로벌화와 로컬화는 포디즘fordism의 한계와도 밀접한 관련을 가지고 있다. 국민국가단위에서 주로 작동해온 포디즘은 근대 시스템이 자본축적을 위해 만들어낸 중요한 제도의 하나이다. 이러한 포디즘과 포디즘에 기반 한 케이즈주의적 복지국가 시스템은 1970년 대를 넘어서면서 이윤율 저하와 국가재정부족이라는 중대한 위기에 직면하였고, 이러한 자본축적의 위기에 대한 대응이 한편으로 신자유주의적 글로벌화라는 새로운 공간 창출과 다른 한편으로 지방분권이라는 지방으로의 재정부담 전가로 나타났기 때문이다. 즉, 포디즘에서 포스트포디즘으로의 조절양식 변화가 확장된 대안적 공간규모를 필요로 하게 되면서, 글로벌화와 로컬화로 일컬어지는 공간구성의 변화를 초래한 것이다.

글로벌화와 로컬화의 동시 진행, 이른바 글로컬라이제이션glocalization의 양상을 유심히 살펴보면, 이는 '경계border'와 '단위unit'라는 두 가지 측면에서 중요한 공간구성의 변화를 내포하고 있음을 알 수 있다. 따라서 트랜스-로컬리티trans-locality는 공간구성의 변화양상을 잘 드러내는 용어이자 현상이라고 할 수 있다. 트랜스라는 용어가 '경계에 대한 재고'나 '경계 넘기'의 새로운 방식을 의미한다면 단위로서의 로컬리티에 대한 관심은 국민국가의 상대화와 공간 스케일의 중층적 재구성을 의미한다고 할 수 있기 때문이다.

우선 경계의 측면에서 보면, 근대 국민국가 체제는 국가의 영역을 구획하는 경계를 토대로 성립하였다. 경계는 쉽게 넘나들 수 없고, 동질성(주체)과 배타성(타자)을 나누는 선이었다는 점에서 '장벽'의 의미를 강하게 드러내었다. 또한 경계에 가까이 갈수록, 즉 국민국가의 중심에서 멀어질수록 주변적인 것으로 인식되었다. 따라서 경계는 변방이었다. 하지만 글로벌화는 이러한 경계를 넘나드는 물자와 사람의 이동을 증가·확산시킴으로써 경계에 대한 새로운 인식과 의미부여의 계기를 제공하였다. 경계가 '장벽'이 아닌 '통로'로, 경계지대가 '변방'이 아닌 '교류지대'로 인식될 가능성이 탐구되면서 경계에 대한 다양한 재해석과 재사유가 나타나게 된 것이다.

단위의 측면에서 보면, 글로컬라이제이션은 세계를 구성하는 기본 단위이자 배타적 주권을 가진 완결된 정치공동체로서의 국민국가, 즉 국가의 유일성이 상대화되는 계기가 된다. 글로벌화와 로컬화는 국민국가의 경계를 넘거나 국민국가의 내부에 새로운 공간을 만드는 방식으로, 이른바 탈영역화를 수반하기 때문이다. 유일한 공간구성의 단위이던 내셔널(국가) 공간은 이제 글로벌 공간, 로컬 공간 등과 함께 다원적이고 중층적인 공간을 구성하는 하나의 요소로 인식된다. 또한 이 같은 국민국가의 상대화는 단지 공간구성의 측면에서 만이 아니라, 학문 연구의 방법론에 있어서도 중요한 변화를 수반한다. 즉, 근대 이후 인문학과 사회과학 연구의 주류를 이루던 '방법론적 국가주의methodolo-gical nationalism'의 함정에서 벗어나는 계기를 제공한다.

공간의 측면에 주목하면, 포스트모던적 양상들의 의미는 보다 명확하게 파악된다. 근대의 계몽적 시간·공간 인식은 객관적(동질적) 시간과 절대적 공간에 기초한다. 모더니티의 핵심 개념인 계몽적 신화는 시간을 사회적 시간으로부터 분리시키고, '기계적 시간(시계시간)'을 절대시한다. 그리고 공간은 이러한 기계적 시간에 의해 계측되고 등분된다. 즉, 비연속적이고 다양성을 가지던 공간은 이제 '기하학적이고 연속적인P. Bourdieu' 균질의 공간으로 바뀐다. 또한 근대의 균질적 공간은 시간화된 공간이다. 즉, 시간의 흐름을 '진보'로 연결시키는 근대의 '진보주의'와 결합하면서, 공간들의 차이는 진보라는 시간 축에 따라 배열된 시차의 문제로 포섭된다. 후진적인(차이의) 공간은 따라잡기를 통해 선진적인(동질의) 공간이 될 수 있다는 것이다. 여기서 주목할 것은 이러한 절대적 시간과 균질적 공간이 국민국가에 의한 통합과 영역화에 부합하여 확산되어 왔다는 점이다.[3]

글로벌화는 시간-공간적 변화와 관련해 흔히 두 가지 가능성으로 언급된다. 그 하나는 글로벌화에 의한 세계의 축소가 균질적인 공간을 국민국가의 경계를 넘어 확산시키고, 이것이 감각적 질적 시간(사회적 시간)마저 다시 한 번 삼켜버리고 말 것이라는 것이며, 다른 하나는 국민국가를 넘어 공간의 균질화를 확산시키는 힘이 차이를 지닌 로컬공간들과 격렬하게 교착하면서 다양성과 차이라는 가치에 대한 새로운 인식, 즉 차이의 공간이나 혼종의 공간에 대한 관심으로 이어질 것이라는 것이다. 전자, 즉 균질화된 공간이 사회적 시간을 삼켜버리는 것이나 후자 즉, 차이와 혼종의 공간이 지닌 가치에 새롭게 주목하는 것 모두 공간에 대한 새로운 관심과 인식을 토대로 하고 있다. 글로컬화에 따른

3 　요시하라 나오키, 이상봉·신나경 역, 『모빌리티와 장소—글로벌화와 도시공간의 전환』, 심산, 2010, 44쪽.

공간구성의 변화가 공간에 대한 새로운 인식, 즉 '공간적 전환spacial turn'으로 이어진 것이다. 이제 공간은 단순한 균질적 공간이 아니라 '관계적 공간Urry'으로서 존재한다. 공간을 관계적 공간으로 파악한다는 것은 공간의 물질성과 혼종성을 중시하며, 공간을 주어진 것이라기보다는 생성되는 수행적 과정으로 바라봄을 의미한다.[4] 그리고 '공간적 전환'이 가진 또 하나의 중요한 의미는, 공간의 변화와 재구성의 관점에서 바라볼 경우 다양한 포스트모던적 양상들에 대한 보다 풍부하고 정확한 해석이 가능하다는 데서 찾을 수 있다. 우리가 트랜스-로컬리티라는 공간정치', 즉 경계의 재고와 단위의 변화에 주목해야 하는 것도 이러한 이유에서이다.

2. 트랜스의 의미 − 의미의 전유와 경계의 재구성

1) 명명전략으로서의 트랜스

포스트모던 담론이나 글로벌화 등에 대한 논의에서 자주 접할 수 있는 용어 가운데 하나가 접두어 '트랜스trans'이다. 트랜스는 특정 현상을 적절하게 설명하거나 해석하기 위해 사용하게 된 용어이기도 하고, 특정의 가치나 질서를 구현하기 위해 의도적으로 사용하는 일종의 전략이기도 하다. 즉, 전자가 기존의 용어들로는 적절히 설명하기 힘든 새로운 현상의 발생이 선행하고 이를 사후적으로 해석한다는 소극적

---

4   Urry, J., *Mobilities*, Cambridge : Polity Press, 2007.

의미를 지닌다면, 후자는 변화하는 질서에 개입하여 특정 가치의 지향이나 권력(: 공간)의 재구성을 도모한다는 의미에서 하나의 '명명전략'이라고 할 수 있다.

트랜스라는 용어는 신조어가 아니다. 따라서 용어가 가진 현상에 대한 설명력은 기존에 이 용어가 가진 의미에서 비롯한다. 트랜스의 사전적 의미를 살펴보면, 이는 '넘어서', '횡단하여', '지나서', '다른 쪽으로', '초월하여' 등의 의미를 가진 접두어이다. 공간과 관련해서는 주로 '가로지르고', '초월하고', '경계를 통과하는 과정'을 나타내며, 동사의 접두어로는 전이하고, 침투하고, 위반(변형)하는 것을 나타낸다. 혼자서는 사용되지 않는 접두어기에 뒤에 이어지는 어간에 따라 구체적인 의미는 조금씩 달라지지만 대체로 횡단, 초월, 위반(변형)의 의미를 내포하고 있다. 즉, 트랜스는 종단(위계적)이 아닌 횡단(수평적)을 지향하며, 선험적인 것을 넘어서는 다른 지점을 추구하고, A를 B로 바꾸는 변형의 의미를 드러낸다.[5]

트랜스의 번역어로는 '횡단', '초超', '탈脫' 등이 있지만, 이들 각각이 트랜스의 전체적인 의미를 다 드러내지는 못한다. 맥락에 따라 필요한 의미만을 부각시킬 수 있을 뿐이다. 따라서 trans-를 횡단-이나 초-또는 탈-이라고 일률적으로 번역하는 것은 그것이 지닌 다양한 의미를 제대로 드러내지 못하고 의미를 제약하는 결과를 가져올 수 있다. 초-라고 번역할 경우 경계를 넘나드는 이동의 의미가 약화되고, 횡단-이라고 번역하면 국가를 넘는 광범위한 스케일의 의미가 살아나지 않는

---

5 조윤경, 「접두어 'trans-'의 인문학적 함의—탈경계 인문학 연구를 위한 개념 고찰을 중심으로」, 『탈경계인문학』 3(3), 2010, 8쪽.

다. 그리고 탈-이라고 번역할 경우, '벗어나기' 또는 '이후'라는 의미의 포스트post와 의미가 중복된다. 따라서 trans의 한국어 발음인 트랜스라는 용어를 그대로 가져와 쓰는 것도 적절한 번역어가 나타나기 이전까지는 의미 있는 선택이 될 수 있다. 트랜스와 유사하게 주체들 간의 상호관계를 나타내는 기존의 용어들로는 인터-inter-, 멀티-multi- 등의 접두어가 있다. 사전적 의미로 이들을 구분해 보면, 인터-가 서로 대등한 두 주체간의 상호관계나 쌍방향성을 상정하고, 멀티-가 다중심성, 열거, 공존, 상대주의 등을 지향한다면, 트랜스-는 총체적 공동체를 상정하고 그 안의 요소들이 서로 깊이 간섭하고, 침투하고 영향을 미치면서 개별 요소들의 변화와 공동체의 아이덴티티의 변화를 함께 일으킨다고 본다.

트랜스가 주로 사용되는 용례를 중심으로 그 의미를 좀 더 깊이 파고들어 보자. 우선 트랜스내셔널transnational은 인터내셔널international과 어떻게 다른가? 세계가 국민(주권)국가로 구성되어 있는 체제에서 이들 국가들 간의 주권적 경계가 명확히 유지된 채 이루어지는 상호관계를 흔히 인터내셔널(: 통상 국제로 번역)이라고 한다. 여기서 인터는 대등한 복수 주체(국가)의 경계가 훼손됨이 없이 이루어지는 쌍방향적 상호관계를 주로 의미하고 있다. 이에 비해 트랜스내셔널의 트랜스는 주체와 경계가 침투 또는 변형되는 과정을 동반하는 관계를 나타낸다. 즉, 관계를 통해 경계가 허물어지기도 하고, 주체가 변형되기도 하는 결과를 상정한다. 트랜스내셔널의 개념 정의를 시도한 바 있는 옹A. Ong은, 이 개념의 의미망은 어간인 내셔널이 아니라 접두어인 트랜스에서 찾아야 하며, 여기서 트랜스는 횡단하는transversal, 과정적인transactional, 번역의

translational, 위반하는transgressive 등의 의미를 포괄하는 합성어로 이해해야 한다고 지적한 바 있다.[6]

트랜스컬처럴transcultural이라는 용어 또한 인터컬처럴이나 멀티컬처럴과는 구분되는 의미를 지닌다. 인터컬처럴이나 멀티컬처럴은 문화주체의 독자성을 인정한 채 이들 문화들 간의 상호관계에 주목하는 문화적 상대주의의 의미를 강하게 내포하고 있다. 특히 국민국가와 관련해서는 국가 단위의 민족문화라는 틀을 그 전제로 삼고 있으며, 여기서 인터컬처나 멀티컬처는 이들 민족문화들 간의 섞임이라기보다는 공존을 주로 의미한다. 이에 비하여, 트랜스컬처럴은 문화주체들 간의 비대칭적인 관계와 이들 관계에 의한 주체문화의 변화, 즉 문화의 혼종화를 포함하는 포스트모던적인 용어라고 할 수 있다. 이와 관련하여, 김연수는 쿠바의 역사를 트랜스컬처레이션Transculturation의 역사라고 본 오르띠스F. Ortiz의 논지를 소개하면서, 그가 쿠바의 문화를 유럽문화, 아프리카문화, 라틴아메리카문화 사이의 비대칭적인 관계 속에서 복잡한 상호작용이 일어난 결과로 보고 있으며, 이러한 상호작용을 제대로 포착하기 위해 트랜스컬처레이션이라는 새로운 개념을 도입하였다는 점을 밝히고 있다.[7] 그가 제시한 트랜스컬처레이션이라는 개념에서 접두어 트랜스의 의미는 서구문화와의 상호작용 속에서 만들어진 쿠바문화의 차이, 즉 문화의 혼종화 과정을 잘 표현하고 있다는 것이다. 나아가 오르띠스의 트랜스컬처레이션이라는 개념에는 유럽 주류문화에 대한

6　Ong, A., *Flexible Citizenship : The Cultural Logics of Transnationality*, Durham : Duke University Press, 1999, pp.4~7.
7　김연수, 앞의 글, 32쪽.

비판의식도 내포되어 있다. 즉, 경계를 무너뜨리며 유입되는 문화 속에서 새로운 혼종문화를 만들어가면서도 기존의 문화정체성을 던져버리지 않고, 외압으로부터 자유로운 정체성을 찾는다는 것이다. 이러한 트랜스의 이중적인 특성은 글로벌화가 만들어내는 문화접변, 즉 경계 넘나들기의 방식을 설명하는데 매우 적절하다. 트랜스컬처럴이란 문화가 경계를 넘으면서 그 경계의 일부를 해체하기도 하고, 문화적 혼종의 새로운 형태를 만들어 내기도하며, 그럼에도 경계가 가진 고유한 의미를 망각하지 않는, 그러한 양상을 나타내기 때문이다.

이처럼 트랜스라는 명명전략은 기존의 근대성의 개념 틀, 즉 2분법적 경계구분으로는 제대로 설명하기 힘든 새로운 현상을 해석하고, 이를 통해 대안적 전망을 제시하기 위한 개념적 시도이다. 따라서 포스트모던의 양상들과 관련이 깊다. 이와 관련하여, 유럽 중심주의에 근거한 모더니즘을 강하게 비판하는 뒤셀E. Dussel은 모더니티에 접두어 트랜스를 붙여 보다 적극적인 의미를 부여한다. 즉, 트랜스모더니티transmodernity는 포스트모더니티를 넘어서는 개념이라고 주장한다. 그의 설명에 따르면, 포스트모더니티에서 '포스트'는 근대적 이성에 대한 넘어서기일 뿐 유럽 중심주의를 넘어서는 것은 아니다. 즉 "포스트모더니티는 인류가 글로벌 차원에서 근대화할 때만 포스트모던의 유럽이나 미국과 똑같은 '문화적 상황'에 도달할 수 있다고 전제하고 있기 때문에 유럽 중심주의에 대해 문제를 제기할 수 없다."[8] 이에 비해 트랜스모더니티는 유럽 근대성이 배제해 왔고 또 포스트모더니티에서도 제대로 자리

---

8   Dussel, E., "World System and 'trans'-Modernity", *Nepantla : Views from South* 3(2), Duke University Press, 2002, p.233.

하지 못하는 복수문화muticulture들의 자리를 마련한다. 여기서 접두어 트랜스가 갖는 의미는 "근대성에 의해 무의미하고 야만적인 것으로, 그리고 비문화로, 미지의 불투명한 타자성으로 배제되고 부정되고 무시된 것이면서 동시에 야만적이고 문명화되지 못하고 저발전적이며 열등한 것으로 평가된 것을 발판으로 삼는 도약을 뜻한다."[9]

2) 의미의 전유와 경계의 재구성

이 같은 접두어 트랜스가 내포한 포스트모던 또는 탈중심(: 탈식민)주의적 성격은 포스트라는 용어를 근대의 이분법적·배타적 경계를 해체하려는 다양한 새로운 시도들을 의미하는 것으로 전유appropriation하게끔 한다. 이와 관련하여, 엡슈타인M. Epshtein은 트랜스컬처를 민족, 젠더, 직업 등에 의해 다양하게 구획된 문화의 경계선을 가로질러 발전하는 새로운 문화의 형태로 정의하면서, 인공과 자연, 시학과 미학 등과 같은 기존의 분과학문 간의 경계를 넘어 새로운 관점과 장르의 가능성을 모색하고자 하는 학문을 '트랜스인문학transhumanities'이라고 명명하고 있다.[10] 여기서 트랜스는 물리적·영역적 경계를 넘나드는 현상만이 아니라 근대의 중심주의나 분과주의가 만들어낸 다양한 비물리적·인식적 경계들을 해체하려는 일련의 경향을 의미하는 것으로 전유된다.

또한, 트랜스의 의미에 대한 적극적인 탐구와 전유는 경계의 역할과

---

9   ibid, p.234.
10 조윤경, 앞의 글, 10쪽.

의미에 대한 재고를 촉구한다. 국민국가와 같이 영역성을 기반으로 한 공간구성에서 영역의 안과 밖을 나누는 경계는 매우 중요한 요소이다. 트랜스는 이러한 국민국가의 경계를 넘나드는 물자(문화)와 인간의 흐름을 포착하여 이에 의미를 부여하기 위해 사용한 용어라는 점에서, 트랜스적 상황의 확산은 경계의 무력화로 이어진다고 해석될 수도 있다. 그렇다면 트랜스는 종국적으로 경계의 해체를 지향하는가? 꼭 그렇지만은 않다. 경계가 해체된 이후의 새로운 공간구성은 어떤 모습을 나타낼 것인가를 생각해보면 답이 나온다. 대안이 없는 상태에서의 경계의 해체는 무질서와 무책임으로 귀결되기 십상이기 때문이다. 따라서 경계가 가진 긍정적 의미를 포함하여, 경계의 문제는 보다 신중하게 다뤄질 필요가 있다. 엄밀히 말하자면, 트랜스적 상황이 약화시키거나 해체하려는 것은 국민국가가 만들어낸 배타적 경계이지 경계 그 자체가 아니다. 해체되어야 하는 것은 국민국가의 배타적·이분법적 경계이며, 경계는 횡단과 교섭 그리고 새로운 혼종의 출현을 허용하는 방식으로 새롭게 구성되어야 한다. 즉, 경계는 해체되기보다는 재구성되는 것이다.

그렇다면, 트랜스가 지향하는 경계의 재구성이란 어떤 것인가? 경계의 재구성은 경계의 '질적' 변화와 '스케일' 변화를 동시에 수반하는 것으로 파악할 수 있다. 우선, 경계의 질적 변화란 경계가 가진 '장벽'으로서의 성격, 즉 배타성의 약화나 해체를 의미한다. 즉, 경계는 다양한 차이들에 의해 나누어진 영역구획으로 존재하지만 그러한 영역들 간에 서로 넘나드는 것을 허용하는, 이른바 '네트워크'에서의 경계가 되어야 한다. 네트워크는 공간의 연결성connectivity과 관계성relationality을 강조하는 개념이다. 배타적 경계는 경계를 넘어서는 차이들을 동질화시키거나 배제하는 일종의 '거름 장치'의 역할을 하지만, 네트워크에서의 경계는 차이들이 횡단하면서 만들어내는 혼종의 가능성을 허용한다. 또한 네트워크는 배타적 경계를 약화·해체시키는 것만이 아니라 새로운 영역과 경계를 바탕으로 행위자들을 영역과 묶어주는 역할도 한다.

다음으로, 경계의 스케일 변화란 경계 지워진 공간의 단위가 다원화·중층화 됨을 말한다. 즉, 국민국가를 단위로 한 경계(국경)가 점차 약화되는 대신 다양한 스케일의 경계가 새롭게 등장한다. 유일·유력하던 국민국가 공간은 이제 중층적 공간 가운데 하나로 상대화된다. 즉, 국민국가를 국가를 넘어서는 스케일인 글로벌 공간과 국가 하위 스케일의 로컬 공간 등과 경합하는 중층적 공간 가운데 하나로 인식하게 된다. 이러한 공간 스케일에 대한 상대주의는 서로 다른 스케일의 공간들이 가진 상대적 특징은 물론, 이들 간의 관계를 유동성과 고착성이라는 상대적인 관계 속에서 파악할 수 있게 해 준다. 한편, 경계의 스케일은 물리적 차이에 의해서만 나누어지는 것은 아니다. 글로벌화는 종래의 중심-주변 도식이나 생산-소비 도식만으로는 파악할 수 없는, 다양한 차원의 문화가 이접적disjunctive으로 중첩되는 장들을 새롭게 만들어내고 있다. 아파두라이A. Appadurai는 이러한 경향을, 에스노경관ethnoscape, 미디어경관mediascape, 테크노경관technoscape, 파이낸스경관financescape, 이디오경관ideoscape이라는 다섯 가지 흐름이 만들어내는 인식상의 지형으로 재구성하고 있다.[11] 글로벌화의 흐름 속에 실로 다양한 스케일에 의한 새로운 경계가 형성되고 작동할 수 있음을 잘 드러내고

---

11 Appadurai, A., *Modernity at Large : Cultural Dimensions of Globalization*, Univ. of Minnesota Press, 1996, pp.45~47.

있다고 하겠다.

국경을 넘나드는 대표적인 존재인 이주민을 통해 이러한 경계의 의미를 재고해 보자. 국민국가의 배타적 경계는 이들 이주민에게 경계의 '이탈자'냐 아니면 '편입자'냐 라는 이분법적 선택을 강요한다. 자국의 영역을 벗어난 이주민을 국민국가의 경계 확대를 통해 포섭해 내기 위한 이른바 '탈영토화deterritorialization'의 전략이나, 자국의 영역 내에 새롭게 편입해온 이주민에게 새로운 영역성을 부여하는 이른바 '재영토화reterritorialization'가 그것이다. 하지만 이주민을 바라보는 트랜스적 시각은 모국과 이주국을 분리해서 보지 않는다. 오히려 양자가 횡단적으로 연결되어 있으며, 그러한 연결이 어떤 양상으로 나타나고, 나아가 어떤 결과를 초래하는지에 더욱 관심을 갖는다. 국경을 넘는 이주란 폐쇄된 두 지역의 차이를 취하거나 아니면 버리는 선택적 형태가 아니라, 트랜스적 경계로 연결된 두 지역의 차이를 적절하게 융합하는 혼종성의 실천이라고 볼 수 있기 때문이다.

3. 로컬리티의 재인식 – '스케일'과 '관계'의 관점에서

1) 스케일의 관점에서

로컬은 주로 '전체 체제단위의 하부에 위치하는 국지적인 영역'을 의미하는 말로 문학, 역사학, 정치학, 지리학 등의 학문분야에서 흔히 지역(적) 또는 지방(적)이라는 용어로 번역되어 사용되고 있으며, 논자에 따라 그 의미의 확산과 전유가 다양하게 이루어지고 있다.[12] 그리고 이러한 로컬의 가치나 속성을 주로 의미하는 로컬리티¹ᵒᶜᵃˡⁱᵗʸ라는 용어 또한 국지성, 장소성, 주변성, 현장성, 소수성, 다양성 등 다양한 의미를 내포하고 있다. 잠시 논의의 수준을 조금 좁혀 스케일(규모 / 단위)의 관점에서 로컬 또는 로컬리티라는 개념을 생각해 보자. 스케일은 지정학의 핵심적 개념으로, 세계의 공간적 구성 원리를 이해하기 위해 주로 사용되어 왔다. 즉, 세계는 본질적으로 근린지구, 도시, 국가, 지역, 세계 등과 같이 위계적으로 구분되고 고착된 일련의 스케일에 근거하여 구성된 것으로 인식하였다. 이러한 스케일의 관점에서 보면, 로컬은 글로벌이나 내셔널 등의 스케일에 대비되는 상대적·대타적인 의미, 즉 글로벌-리저널-내셔널-로컬이라는 서로 다른 공간 스케일의 위계적 층위로 구성되는 공간질서에서 내셔널의 하부에 존재하는 국지적 스케일에 해당한다고 할 수 있다.

근대성은 국민국가라는 스케일의 형성과 발전을 통해 제도화되었으며, 그 과정에는 강력한 중심화·동질화의 메커니즘이 작동하였다. 즉, 국민국가를 기반으로 한 근대적 공간질서에는 근대성의 이분법적 중심주의가 그대로 관철되었다. 여기서 국가는 하나의 완결된 전체를 구성하고, 로컬은 그 하부에 포섭된 국지적 영역으로 존재한다. 또한 국가는 중심 / 보편 / 자본 / 주체의 상징적 공간이 되고, 로컬은 주변 / 특수 / 노동 / 타자의 공간이 되었다. 추상적이고 동질적인 국민국가의 가치들이 만들어지는 과정에서 로컬의 다양한 소수성의 가치들은 포섭되거

---

12 이상봉, 「인문학의 새로운 지평으로서의 '로컬리티 인문학' 연구의 전망」, 『로컬리티 인문학』 1, 부산대 한국민족문화연구소, 2009, 48쪽.

나 배제되었다. 세계는 자기완결적인 다수의 국가들로 구성되었으며, 로컬은 그러한 국가의 하위영역으로, 국가와 로컬은 수직적·위계적 권력관계에 놓여있었다.

이러한 근대성의 공간구성에 변화를 초래한 것은, 이른바 '분권화'와 '글로벌화'라고 불리는 공간구성의 변화이다. 우선, 분권화의 흐름에 대해 살펴보면, 1970년대 이후 지속적으로 확산되고 있는 분권화의 경향은 국가단위의 대의제 민주주의가 인민주권의 원리 실현과 공공서비스 제공이라는 본래적 기능을 제대로 수행하지 못한다는 비판에서부터 나타났다. 즉, 다수의 사람들이 정치로부터 소외되는, 이른바 '대표의 불균등성'은 정치권력의 정당성 위기로 다가왔고, 이를 해결하기 위한 방편의 하나로 제시된 것이 분권화를 통한 참여 민주주의의 확산이라고 볼 수 있는 것이다. 또한 공공서비스의 제공을 핵심으로 하던 케인즈주의적 복지국가가 비효율성과 재정 위기라는 한계에 직면하면서 그 해결책으로 분권화를 추진하였다. 복지국가 정책은 집권적이고 비대한 관료기구에 의해 추진되었으며, 관료기구가 가진 비효율성과 재정부담의 증가는 복지정책의 한계로 이어졌기 때문이다. 이처럼 케인즈주의적 복지국가가 기능부전에 빠진 이유 가운데 하나로 집권적 관료기구가 가진 비효율성에 주목하게 되면서, 분권적 자치를 그 대안으로 삼게 된 것이다. 이러한 점에서, 분권화란 국가 기능의 하향분해, 즉 중앙정부가 다양한 지역의 문제를 일괄적으로 처리하기 보다는 권력의 분산을 통해 로컬 스케일로 결정권을 이양하는 것이 효율적일 것이라는 논리에 기반해 있다. 이를 다른 각도에서 보면, 국가가 더 이상 감당하기 힘든 로컬의 문제를 로컬 스케일에 떠넘기고자 하는 측면도 적지 않다.

다음으로 글로벌화의 흐름에 대해 살펴보자. 글로벌화는 국민국가의 경계와 영역을 넘는 교류의 확산을 의미한다는 점에서 포스트모던 공간 구성의 변화를 가시적으로 가장 잘 드러낸다. 글로벌화라는 현상은 오래 전부터 있어 왔지만, 특히 1990년대 이후 본격화된 이른바 신자유주의적 글로벌화는 근대의 지배적 생산원리인 포디즘의 쇠퇴와 밀접하게 관련되어 있다. 표준화와 효율성을 앞세운 포디즘은 소품종 대량생산을 위한 국민국가 단위의 산업사회 관리 시스템이었다. 이러한 포디즘적 관리체제는 자본의 이윤율 저하와 함께 1970년대가 지나면서 이미 한계에 직면하게 된다. 한계에 직면한 포디즘 체제는 IT기술의 발달과 함께 전개되는 공간구성의 재편, 즉 '시-공간의 압축D. Harvey'을 통해 포스트-포디즘으로의 전환의 계기를 찾게 된다. 여기서 시간의 압축은 생산의 가속화와 소비 회전기간의 단축을 가리키며, 공간의 압축은 수송 및 커뮤니케이션 기술의 진보에 의해 물자나 정보의 공간적 이동거리가 축소된 것을 의미한다. 이러한 시-공간의 압축은 자본의 유연성과 가동성을 증대시킨다. 즉, 자본은 유리한 생산거점이나 소비시장을 찾아 세계를 돌아다니게 되는 것이다.[13] 따라서 포디즘에서 포스트-포디즘으로의 전환의 중요한 특징은 소품종 대량생산에서 다품종 소량생산으로, 시스템의 경직성에서 유연성으로, 생산 중심에서 소비중심으로의 이동을 의미한다고 할 수 있다. 글로벌화를 수반하는 자본의 이 같은 새로운 축적양식은 고착되어 있던 국제적·위계적 공간질서의 약화를 초래했다. 즉, 글로벌화의 확산에 따른 시-공간의 압축으로, 한편으로는 공간

---

13 Harvey, D., *The Condition of Postmodernity*, Oxford : Basil Blackwell, 1989, pp.284~307.

의 균질화가 국민국가를 넘어 진행되고, 다른 한편으로는 단축된 자본의 회전 기간과 더욱 다양화된 소비 패턴의 등장으로 표준화·대량화를 통한 생산의 효율적인 관리보다 소비자의 기호에 맞는 다양한 상품개발과 변화에 대한 유연성이 요구되게 된 것이다. 이처럼 글로벌화는 국가 공간을 넘나들며 다양한 로컬들을 자본의 이익에 맞게 새롭게 재편하려는 힘을 동반한다. 여기서 국가의 보호 틀에서 벗어나 직접 글로벌화의 파도를 맞게 된 로컬은 두 가지 가능성에 동시적으로 직면하게 된다. 그 하나는 글로벌화가 추동하는 공간의 동질화이며, 다른 하나는 동질화의 틈새에서 작은 차이가 가진 의미조차 더욱 크게 보이는 이른바 '동질화의 역설'이다. 물론 로컬이 가진 차이가 소비되는 방식은 입장에 따라 서로 다를 수 있다. 자본은 작은 차이조차 적극적으로 활용하여 자본의 이익을 추구하고자 하는 반면 신자유주의적 글로벌화에 저항하는 세력들은 차이를 지닌 로컬을 대항의 거점으로 삼고자 한다. 여기서, 중요한 사실은 그 어떤 입장을 취하던 로컬(리티)에 대한 관심이 이전에 비해 훨씬 커졌다는 점이다. 즉, 글로벌화에 따른 공간구성의 변화는 로컬(리티)에 대한 관심 증대로 이어졌다고 할 수 있다. 문제는 글로벌과 내셔널은 로컬에 어떤 영향을 미치며 또 로컬은 글로벌과 내셔널에 어떻게 대응해야 하는가?라는 점이다.

최근 들어, 스케일의 정치 또는 스케일에 관한 담론이 포스트모던 공간연구에서 중요한 의미를 지닌 것으로 논의되고 있다. 이는 글로벌화와 로컬화를 수반하는 포스트모던의 공간구성 변화가, 기존의 글로벌-내셔널-로컬 스케일 간의 국제적·위계적 관계를 다원적이고 중층적인 새로운 관계로 바꾸어가고 있기 때문이다. 글로벌 자본과 권력이 국민국가의 경계를 뚫고 로컬공간에 직접 영향을 미치고, 로컬에 기반 한 일상적·실천적 활동들이 국가권력으로부터 상대적인 자율성을 가지면서 글로벌한 연대를 만들어가는 등 다양한 스케일들 간의 권력관계가 요동치고 있다. 이러한 상황에서, 스케일의 정치는 이러한 스케일의 형성(생산)과 변화(재생산)에 주목하여 포스트모던의 본질과 의미에 다가가려는 중요한 시도이며, 그러한 시도의 중심에는 로컬(리티)에 대한 새로운 관심이 자리하고 있다.[14]

2) 관계의 관점에서

글로벌화와 로컬화에 따른 공간구성 변화의 의미는 다양한 스케일 간의 다원적·중층적 배치에서만이 아니라, 이들 스케일 간의 관계, 즉 새로운 관계 맺기 방식을 통해 더욱 잘 파악할 수 있다. 새로운 공간구성에서 말하는 스케일의 중층성이란 스케일 간의 상대적 자율성과 해소될 수 없는 고유한 차이의 인정을 전제로 성립한다. 즉, 각 스케일 간에는 하나의 스케일이 다른 스케일을 흡수하거나 강제함이 없이 각각 고유한 특성과 의미를 보유하고 있어야 한다. 즉, 모던의 공간구성이 국민국가 공간의 유일성·독자성을 바탕으로 형성되었다면, 새로운 공간구성에서는 글로벌과 로컬 공간이 국민국가 공간이 대체할 수 없는

---

[14] Brenner, N., "The Urban Question as a Scale Question : Reflections on Henri lefebvre, Urban Theory and the Politics of Scale", *International Journal of Urban and Regional Research* 24(2), 2000, pp.373~375.

스케일적 가치와 의미를 지닌다. 실제로 글로벌 스케일은 경제나 환경의 영역에서, 내셔널 스케일은 정치나 군사안보의 영역에서 그리고 로컬 스케일은 문화나 일상적 실천의 영역에서 다른 스케일에 비해 상대적으로 유용한 분석 틀을 제공한다. 테일러P. J. Taylor가 잘 지적한 바와 같이, 글로벌적인 것은 실재적real, 국민국가는 이념적ideological, 로컬은 경험적experienced 가치에 각기 친화적인 스케일이라고 볼 수 있기 때문이다.[15]

각 스케일이 가진 자율성이나 독자성과 함께, 새로운 공간구성의 관계적 특징을 잘 드러내는 것이 바로 네트워크이다. 네트워크란 영역(또는 행위자)들이 상호 위계적이거나 고착적인 관계를 맺고 있는 것이 아니라 서로 유연하고 개방적인 관계로 연결되어 있음을 나타내는 용어이다. 네트워크에는 중심이 따로 없고 다만 결절들nodes이 있을 뿐이다. 따라서 네트워크 체제는 어떠한 중심적 권위도 필요로 하지 않는다. 여기서, 로컬이 네트워크의 기본단위인 결절을 이루는, 로컬 중심의 네트워크 체제에서는 하나의 로컬과 글로벌하게 편재하는 다른 로컬들 사이에 즉자적인 관계를 형성한다. 즉, 로컬을 글로벌에 연결해주는 국민국가라는 매개가 더 이상 중요하지 않다. 네트워크상의 모든 로컬들이 결절을 통해 글로벌 네트워크에 직접 연결되고 또 네트워크의 목표 달성에도 기여할 수 있기 때문이다. 따라서 네트워크에서는 결절 단위의 역할이 중요하다. 주목해야 할 점은, 모던의 공간구성이 국민국가를 주요 단위unit로 삼아 형성되었다면, 네트워크로 이루어진 새로운 공간구

---

15 Taylor, P. J., "A Materialist framework for political geography", *Transactions of the Institute of British Geographers* 7, 1982, pp.15~34.

성에서는 로컬 공간이 유력한 결절의 단위가 된다. 로컬공간은 네트워크에서 결절이 요구하는 특성을 잘 갖추고 있기 때문이다.

네트워크 공간구성에서 각 결절 단위들은 개방적이고 관계적인 특성을 지닌다. 즉, 글로벌 시대에 행위자들의 주된 활동공간으로서의 단위공간은, 글로벌 스케일과 로컬 스케일을 넘나들며, 공간의 지리적 근접성보다는 연결성과 관계적 위상이 더욱 중요한 의미를 지니게 된다. 또한 결절 단위들은 고유성과 독자성을 갖출 필요가 있다. 다른 단위들과 구분되면서도 포섭되거나 배제되지 않는 자율성을 지녀야 한다. 이러한 단위공간은 장소성 또는 장소정체성과 깊게 관련되어 있다. 로컬공간은 사람들의 일상을 통한 사회적 관계가 발생하고, 생산관계가 구체화되며, 정체성의 생산–유통–소비가 이루어지는 경험적·실천적 공간이라는 점에서 네트워크의 단위공간에 부합한다. 글로벌 시대에, 동질성을 확산해 가는 흐름의 공간space of flows에 대항하여, 장소정체성의 형성은 일상적 삶이 전개되는 로컬공간을 중심으로 이루어지는 경향이 두드러지고 있다.[16] 여기서 로컬공간은 '주체가 호명되는 공간'으로서의 의미를 갖는다. 즉, 새로운 네트워크적인 공간구성에서 장소정체성의 원천인 로컬공간은 단순한 행정적 하부단위나 공공서비스가 공급되는 말단의 영역만이 아니다. 로컬공간은 이제 주체들의 삶이 구성되는 상대적으로 자율적이고 완결된 단위공간으로 인식되어야 한다. 글로벌화의 흐름 속에서 우리가 사는 일상의 터전을 중심으로 우리의 삶을 재편하려는 시도가 다름 아닌 '아래로부터의 로컬화localization from below'이다. 그리고 로컬은 그러한 글로벌한 네트워크의 관계가 이루어

---

[16] Castells, M., *The Rise of the Network Society*, Oxford : Blackwell, 1996, pp.423~428.

지는 결절단위이며 그 실제 현장인 것이다.

1980년대 중반 초미의 관심사로 떠올랐던 영국의 로컬리티 연구는 포스트시대에 로컬공간이 가진 의미의 변화를 실질적으로 잘 드러낸다. 로컬리티 연구가 대두하게 된 배경에는, 산업구조나 국가정책 등의 거시적인 변화가 일상의 단위인 도시공간이나 로컬리티에 영향을 미쳐, 사람들이 일상에서 공간적 변화를 직접 실감하게 되었다는 점이 중요한 계기로 자리하고 있다. 이후 의욕적으로 전개된 일련의 로컬리티 연구들은 분권화와 글로벌화의 맥락에서 작동하는 로컬공간의 의미 변화를 잘 드러내고 있다. 즉, 로컬 공간이 글로벌이나 내셔널 스케일에 의해 복속되거나 수동적으로 영향을 받는 것이 아니라 고유성과 상대적 자율성을 가진 공간임이 강조되었다. 즉, 로컬은 자신의 정치·경제·사회·문화·역사적 고유성을 바탕으로 글로벌화와 분권화의 흐름에 능동적으로 대응할 수 있는 자율적인 공간 스케일이라는 것이다. 이 같은 로컬공간의 고유성과 상대적 자율성에 대한 강조는 로컬(리티)과 다른 공간 스케일과의 연계에 대한 관심으로 이어진다. 1990년대로 접어들면서 로컬을 단위로 한 네트워크에 대한 연구들이 나타났으며, 그 대표적인 것의 하나가 다음 절에서 언급할 '행위자-네트워크 이론Actor-Network Theory'에 대한 관심이다. 이제 로컬(리티)은 폐쇄적이고 고착된 공간이 아니라 서로 다른 스케일의 공간들이 중층적으로 상호 관계를 맺고 있는 네트워크 속에서 새롭게 구성된다.[17]

---

[17] Murdoch, J., "The spatialization of politics : Local and national actor-spaces in environmental conflict", *Transactions of the Institute of British Geographers* 20(3), 1996, pp.361~362.

4. 트랜스로컬리티의 의미와 실천

1) 스케일 / 차이의 정치─로컬 가치의 재발견

국민국가의 배타적 영역성에 대한 도전, 즉 글로벌화와 로컬화라는 공간구성의 변화는 근대적 공간질서의 해체 또는 약화를 이끈다는 점에서 전형적인 포스트모던 현상이다. 일반적으로 포스트모더니즘은 근대성에 대한 성찰에서 비롯하여 기존의 근대적 세계관을 비판하고 새로운 대안을 모색한다. 특히 가치 또는 태도로서의 포스트모더니즘은 사유체계의 근본적인 전환을 통해 현실의 변화를 포착하여 새롭게 해석하고자 한다. 즉, 본질주의, 중심주의, 거대서사, 총체성 등의 관점을 버리고 혼종주의, 중심성의 해체, 구체성의 실천 등의 관점에서 현상들의 동질성보다 차이에 주목할 것을 요구한다. 이러한 인식의 전환은 각 지역(로컬)들이 가진 차이와 특이성에 주목하는 새로운 공간인식, 즉 '포스트모던 공간론'의 대두로 이어졌다. 포스트모던 공간론은 모던 공간론이 그동안 배제해 왔던 다양한 요소들을 다시 호출한다. 와프B. Warf는 이러한 특징을 잘 지적하고 있는데, 그에 의하면, 포스트모던 공간론은 총체적 획일성에 대신하여 차이를 지닌 복합성을, 공간에 대한 시간의 우월성을 대신하여 시간과 공간의 상호맥락성을, 인과성에 대신하여 우연성을, 그리고 지식의 비판적 기능을 강조하는 4가지 핵심적 요소를 지닌다.[18]

시야를 현실적 또는 현상적으로 나타나는 공간구성의 변화로 옮겨

---

18 Warf, B., "Postmodernism and the localities Debate", *Tijdschrift voor Economische en Sociale Geografie* 84(3), 1993, pp.163~164.

보자. 여기서는 서로 스케일을 달리하는 글로벌화와 로컬화라는 이중적 양상이 두드러진다. 즉, 국민국가의 배타성에 대한 도전은 국가를 넘는 글로벌 수준에서만이 아니라 국가 하위의 로컬 수준에서도 이루어지고 있는 것이다. 이러한 포스트모던 공간변화의 이중성을 제대로 포착하기 위해서는, 앞서 살펴본 트랜스적 '특성'과 로컬 '스케일'의 결합에 주목할 필요가 있다. 로컬 스케일에 기반 한 트랜스 현상을 통해 보편적 동질화(글로벌)와 개별적 차이(로컬)가 형성되는 구체적인 과정이 잘 드러나기 때문이다. 말하자면, 포스트모던 공간구성의 주된 특성은 트랜스적 특성에 의해 연결된 로컬(리티) 단위의 네트워크, 즉 트랜스-로컬리티라고 할 수 있다.

앞장에서 살펴본 바와 같이, 근대적 공간의 경계는 차이를 배제하거나 동질화하는 기능을 한다. 하지만 포스트모던 공간의 경계는 차이를 인정하는 경계, 즉 서로 넘나드는 경계를 지향하며, 이러한 경계 넘나들기가 만들어내는 새로운 공간은 차이가 허용되고 또 혼종을 생산한다. 주지하다시피 근대적 공간은 성, 계급, 인종 등에 근거한 다양한 차이들(: 소수성)을 억압하면서 형성되었다. 권력에 의한 차이의 억압이 경계를 통한 공간적 분리, 즉 '경계 짓기'를 통해 현실화되었던 것이다. 이것이 이른바 '권력의 공간화'이자 '차이의 공간화'이다. 이러한 차이의 공간화는 단지 물리적 공간에만 머물지 않고 의식의 공간으로까지 점차 확대된다. 또한 지배 권력은 경계 내부에 존재하는 다양한 차이들을 동질화의 전략을 통해 끊임없이 포섭하고자 한다. 하지만 결국 차이들은 주변화 되거나 배제되기 일쑤이다. 지배 권력은 차이를 인정하고 받아들이는 것이 아니라 동질적인 공간을 만들어가기 위해 이러한 차이들을 이용하기 때문이다.

이처럼 차이의 공간화 전략이란 권력의 필요에 의해 다양한 차이에 따른 새로운 경계를 만들기도 하고 또 동질성을 기반으로 그 경계를 확장하기도 하는 끊임없는 권력적 과정이며, 그 결과가 위계적 · 억압적인 근대의 공간질서이다. 이분법적 경계 짓기가 만들어내는 이러한 위계적 · 억압적 공간질서를 타파하기 위해서는 우선 다양한 차이들이 동질화되기 이전의 본래적 가치, 즉 로컬리티의 재발견과, 그것이 경계를 넘나들면서 만들어내는 '혼종성'의 인정이 필요하다. 다양한 차이에 대한 인정 투쟁, 즉 '차이의 정치politics of difference'는 동일성의 가치가 작동하는 현실적 기반인 동질적 국가공간에 대한 의심에서 비롯되기 때문이다. 차이의 공간화 전략에서 알 수 있듯이, 공간은 권력과 자본의 힘이 작동하는 통제의 장이면서 동시에 권력의 통제에서 벗어나기 위한 투쟁의 장이기도 하다. 공간은 가변적이며, 기존의 권력관계를 유지하거나 또는 그러한 권력관계를 바꾸려는 정치적 투쟁은 모두 공간을 대상으로 삼아 이루어진다. 그 과정에서 공간의 스케일을 재조직하거나 재구성하려는 시도들이 생겨난다. 이와 같이 권력의 유지나 획득을 위해 공간 스케일을 생산하고 변형하려는 일련의 정치적 과정을 '스케일의 정치 Politics of Scale'라고 할 수 있다. 차이와 장소성의 가치가 발현되는 장으로서의 로컬 스케일을 생산하려는 시도는 차이의 정치와 스케일의 정치의 결합, 즉 로컬 스케일의 생산을 통해 차이의 정치를 실현하려는 시도에 다름 아니다. 국민국가의 경계를 거스르는 다양한 경험과 실천을 통해 형성된 혼종의 공간인 '디아스포라적 공간Diasporic space'이나 배타적 경계의 어느 한쪽으로의 포섭을 거부하는 제3의 공간인 '사이 공간Space in between' 또는 '역공간Liminal space'에 대한 새로운 관심은 이러한 경향의 반영이라고 할 수 있다.

스케일의 정치에서는 기존의 스케일들을 주어진 것이나 고착적인 것으로 보지 않는다. 이보다는 생산과 재생산을 반복하는 유동적 과정과 스케일 간의 관계 변화에 주목한다. 스케일의 지속적인 생산과 재생산은 상이한 장소들 간에 경계를 형성하여 차이를 만들거나 그러한 차이에 기반 하여 새로운 스케일을 만드는 과정으로 보기 때문이다. 이런 점에서 글로벌화와 로컬화는 스케일을 통한 자본주의의 공간적 조절과정, 즉 스케일의 정치의 일환으로 볼 수 있다. 국민국가 스케일에서 행해지던 자본축적을 위한 조절이 점차 그 효율성을 잃어가면서 대안적 공간 스케일이 필요하게 되었고, 그것이 글로벌화와 로컬화라는 형태로 나타났기 때문이다. 이러한 정치적 전략이 바로 '스케일 뛰어넘기s-cale jumping'이며, 이는 스케일의 확대(글로벌화)만이 아니라 축소(로컬화)까지 포함하는 전략이다.[19] 또한 스케일의 정치에서 중요한 것은, 특정 스케일의 생산과 재생산만이 아니라, 서로 다른 스케일 간의 관계 맺기 방식의 변화이다. 근대적 공간구성이, 동심원이 밖으로 확산되는 방식으로, 로컬-내셔널-리저널-글로벌의 스케일이 위계적으로 중첩되는 관계를 그 특징으로 한다면, 포스트모던의 공간구성은 로컬-내셔널-리저널-글로벌 등의 서로 다른 스케일들이 각기 고유의 영역과 서로 겹치는 영역을 따로 가지면서, 중층적으로 자리하는 관계를 그 특징으로 한다. 이러한 스케일 간의 관계 맺기에 주목한다면, 스케일 뛰어넘

---

19 Miller, B., *Geography and Social Movements*, Minneapolis MN : University of Minnesota press, 2000, p.18.

기는 영역의 확장이나 축소만이 아니라 관계 맺기를 통해서도 이루어 짐을 알 수 있다. 즉, 스케일 간의 연대를 통해서도 스케일 뛰어넘기가 가능하다.

이러한 가능성을 콕스K. Cox는 '의존의 공간spaces of dependence'과 '연대의 공간space of engagement'이라는 두 개념을 통해 잘 설명하고 있다. 여기서 의존의 공간이란 행위자들이 의존하고 있는 일상의 사회관계들이 미치는 공간적 범위, 즉 로컬 공간을 가리키며, 특정의 공간이 다른 공간과 차이를 드러내는 단위로 이해될 수 있다. 한편, 이러한 의존의 공간은 동질화의 힘으로 의존의 공간을 끊임없이 해체하고자 하는, 내셔널 공간이나 글로벌 공간과 같은, 보다 넓은 사회적 관계 속에 존재한다. 여기서 의존의 공간이 자신을 억압하거나 해체하고자 하는 보다 큰 스케일에 효과적으로 대응하기 위해서는 또 다른 의존의 공간에 있는 행위자들과의 연계와 네트워크 형성이 필요하다. 콕스가 말하는 연대의 공간이란 이러한 연계와 네트워크가 형성되는 공간적 범위를 말한다. 이 같은 연대를 통한 스케일 뛰어넘기는 로컬의 장소 의존적인locally dependent 가치를 보존하거나 기존의 공간질서를 재편하기 위한 저항전략으로 매우 유용하며, 네트워크의 시각에서 스케일을 새롭게 바라볼 수 있게 한다.[20]

---

[20] Cox, K. R., "Spaces of Dependence, Spaces of Engagement and the Politics of Scale, or : Looking for Local Politics", *Political Geography*, 17(1), 1998, p.7.

2) 대항-글로벌화-로컬연대의 실천

신자유주의적 글로벌화에 대항하는 다양한 장소 기반의 운동들이 글로벌한 스케일에서의 연대를 중요한 실천 전략으로 삼고 있는 것은 이러한 맥락에서 이해될 수 있다. 신자유주의적 글로벌화가 강요하는 자본의 논리가 장소에 기반 한 일상의 삶과 사회적 관계를 피폐화시킬 때, 그러한 글로벌화에 대항하는 저항운동은 구체적인 일상의 실천과 관계를 맺고 발생하게 된다. 여기서 로컬에서의 저항운동이 신자유주의적 글로벌화라는 강력한 권력에 효과적으로 대응하기 위해서는, 보다 큰 스케일의 생산이라는 목적을 위해 분절되어 이루어지고 있는 저항운동들 간의 연대를 강화할 필요가 있다. 신자유주의적 글로벌화에 대항하여 대안적인 글로벌 공간 스케일을 창출하고자 하는 대항-글로벌화Counter-Globalization가 모색되는 것이다. 따라서 저항의 거점으로서의 로컬(∶장소) 또한 토착적이거나 고정된 범주가 아니라 네트워크를 통해 글로벌에 이어지는 공간이 된다. 장소와 일상에 기반 한 대표적인 풀뿌리 저항운동인 차파티스타 운동이 인터넷 네트워크를 활용하여 글로벌한 차원에서의 연대와 지지를 이끌어 낸 것은, 로컬에 기반 한 글로벌 연대 운동의 좋은 사례가 된다.

글로벌화와 로컬화는 동시적이며 상호 관련된 현상으로 이해되고 있지만, 서로 공간적 스케일을 달리하고 있기 때문에 양자를 단순히 혼합한 의미의 글로컬라이제이션이라는 용어로는 그 관계를 제대로 설명하기 힘들다. 이와 관련하여 라탐A. Latham은 글로벌과 로컬이 관계 맺는 방식을 '사회·공간적 네트워크'로 이해해야 한다고 주장한다.[21]

'행위자-네트워크 이론Actor-Network-Theory'을 바탕으로 하여, 로컬이라는 행위자가 글로벌한 네트워크를 형성해나가는 과정에 주목해야 한다는 것이다. 네트워킹이란 중심이 없고 그래서 중심적 권위 또한 필요로 하지 않는다. 그것은 로컬과 글로벌 사이의 즉자적인 관계이다. 네트워크상의 결절점인 로컬은 장소에 기반하고 있음과 동시에 다른 로컬들에 연계되어 있다. 로컬은 네트워크를 통해 확장될 수도 있고 각자가 네트워크의 목표에 기여할 수도 있다. 그리고 네트워크는 대면적인 동시에 가상적이다. 그것은 지리적 공간과 웹상의 공간 둘 다에 연결되어 있다. 지리적 공간은 주로 행위 주체들이 생활하며 그 의미를 발견하는 곳이고, 가상의 공간은 글로벌한 권력의 힘이 작동하기 쉬운 곳이다. 권력, 부, 정보를 집중시키는 글로벌화의 지배적인 과정들이 가상의 공간에서 더욱 힘을 발휘한다면, 인간적인 경험과 의미는 여전히 대면적인 공간에 그 기반을 두고 있다.

글로벌화를 단순한 현상이 아니라 담론이나 실천의 차원에서 인식하면, 그 대척점으로서의 로컬화 또한 다양한 의미를 품게 된다. 즉, 로컬은 글로벌화의 파고에 의해 상실될 위기에 직면해 있는 '가치 있는 그 무엇'을 지닌 공간이며, 나아가 이러한 가치를 지키기 위해 글로벌화에 대항할 수 있는 마지막 보루와 같은 긍정적인 의미를 지니게 된다. 실제로 로컬(리티)에 대한 관심 증대는 1990년대 이후 가속화된 글로벌화에 대한 반응의 하나로서 나타났다. 즉, 글로벌화에 의해 추동되

---

21 Latham, A., "Retheorizing the Scale of Globalization : Topologies, Actor-Networks and Cosmopolitanism", Herod, A. & Wright, M. eds., *Geographies of Power : Placing Scale*, Oxford : Blackwell, 2002, p.131.

는 세계의 균질화가 다양한 로컬적인 가치들을 모두 없애버릴지도 모른다는 우려에 대한 반응이 차이와 다양성의 원천으로서의 로컬에 대한 새로운 관심으로 표출된 것이다. 이 같은 관점에서, 딜릭A. Dirlik은 로컬을 글로벌 자본이 만들어내는 유동공간이나 서구문화 중심의 문화적 획일화에 대항하는, '저항의 위치site of resistance'로 규정하고 있다.[22] 글로벌 금융자본의 지배와 문화의 서구화를 극복하기 위해서는 로컬공간에 기반 한 장소의 정치가 필연적이라는 것이다. 여기서 로컬이 대안적 공간구성의 기반이 될 수 있다고 해서 이를 무비판적으로 미화해서는 안 된다. 국민국가 공간에서 작동하던 중심과 주변간의 차별과 배제는 로컬 내부에서도 여전히, 아니 더욱 심화되어 작동하고 있기 때문이다. 따라서 로컬리티를 대안적 가치로 자리매김하기 위해서는 이에 대한 철저한 성찰과 비판이 선행되어야 한다. 또한 막연하고 추상적인 가능성과 전략으로만 이를 추앙하기보다는 로컬 기반의 인식과 실천이 만들어내는 다양한 현실적 성과들과 함께 고려되어야 한다.

저항 또는 대안으로서의 로컬공간에 대한 제대로 된 인식을 위해서는 서구 선진국이나 자본 중심의 이른바 '위로부터의 글로벌화globalization from above'가 아니라 로컬의 고유성과 실천에 기반 한 이른바 '아래로부터의 글로벌화'에 대한 이해가 필요하다. 트랜스로컬리티translocalities의 개념화를 시도한 아파두라이가 말하고 있는 '풀뿌리 글로벌화grass-roots globalization'의 의미 또한 로컬에 기반 하여, 그러한 로컬과의 연대

---

22 Dirlik, A., "The Global in the Local", Wilson. R. & Dissanayake eds., *Global/Local : Cultural Production and Transnational Imaginary*, Durham : Duke University Press, 1996, p.35.

를 통해 결속되거나 결속되어야 하는 글로벌 범주에 대한 적극적 모색에 다름 아니다. 신자유주의적 글로벌화에 대항하는 실천적 연대운동들은 반자본주의, 인권, 빈곤, 여성, 이주, 난민 등 신자유주의적 자본의 논리가 만들어 낸 구체적인 현실의 문제들에 주로 기인하지만, 이러한 문제들은 대다수 로컬의 삶에서 인식적으로 공유 가능하다는 점에서 연대의 중요한 계기가 마련된다. 아피아A. Appiah가 말한 바와 같이, 로컬들은 '삶의 서사가 공유되는shared life narratives', 상호 연대 가능한 공간들이기 때문이다.[23]

로컬과 글로벌이 서로 관계를 맺는 방식은 일률적으로 정의할 수 없다. 지향점이나 문제영역에 따라 관계 맺기의 전략이 달라질 수 있기 때문이다. 널리 알려진 '글로벌하게 사고하고 로컬에서 행동하라Think Globally, Act Locally'는 슬로건은, 환경운동 등에서 그 유용성이 언급되고는 있지만, 글로벌한 가치의 실현을 위한 로컬 단위에서의 실천을 강조하고 있다는 점에서, 앞서 언급한 '위로부터의 글로벌화'에 부합하는 발상이다. 여기에는 글로벌한 것은 보편적이고 전체적이며 이념적인 반면 로컬한 것은 특수하고 부분적이며 실천적인 것과 연관되어 있음을 나타내고 있다. 하지만 네트워크에 있어서 글로벌과 로컬의 관계는 전체와 부분의 관계만으로 수렴되지는 않는다. 로컬적인 문제의식을 상호 공유함으로써, 연대를 통해 글로벌하게 이를 실천해 가는 것도 가능하며 또한 필요하다. 여기서는 로컬에 기반 한 문제의식(: 로컬지식)을 다른 로컬들에 어떻게 이해시키는가가 중요하다. 이처럼 네트워크에서

---

23 Appiah, A., *Ethics of Identity*, Woodstock : Princeton University Press, 2007, p.267.

는 필요에 따라 사고하는 것과 행동하는 것의 위상이 다양한 형태로 전개될 수 있다. 즉, 글로벌과 로컬의 상호관계는 사고하는 주체(글로벌)와 행동하는 대상(로컬)이라는 식으로 고정되어서는 안 된다. '로컬하게 사고하고 글로벌하게 행동하라Think Locally, Act Globally'는 역발상 또한 가능하고 필요하며, 이는 '아래로부터의 글로벌화'에 부합하는 발상이다. 장소정체성과 현실의 사회관계에 뿌리를 두면서 로컬하게 사고하고, 권력의 원천이 존재하는 글로벌에서 실천적으로 행동하는 것이 필요하기 때문이다.

3) 방법론적 국가주의의 극복

포스트모던의 공간구성을 트랜스로컬리티라는 개념으로 파악하는 또 다른 의미는, 이러한 시도가 기존의 '방법론적 국가주의'에서 탈피하여 어떤 새로운 해석과 전망을 제시할 수 있는가? 라는 점에서 찾을 수 있다. 말하자면 트랜스로컬은 트랜스내셔널과 어떻게 다른가? 라는 문제이다. 로컬을, 국민국가의 내부에 존재하는 하위영역으로서, 국가에 포섭되고, 국가에 의해 매개되는 것으로 인식하는 국가 중심적 사고에서는, 트랜스로컬 또한 트랜스내셔널의 구체적인 형태, 즉 국가적 가치가 실현되는 구체적 현장locale의 하나일 뿐이다. 가치나 이념을 지향하는 모든 활동들이 구체적인 장소나 현장에 기반 하여 이루어질 수밖에 없다는 점에서, 트랜스내셔널의 관계 또한 로컬 단위의 현장에서 이루어지고 있다. 따라서 트랜스로컬과 트랜스내셔널을 단순히 스케일의 차이만으로 나눈다면 굳이 양자를 구별할 의미는 크게 줄어든다고 보아야 한다.

따라서 트랜스의 의미와 로컬리티가 가진 독자성에 주목한다면, 트랜스로컬과 트랜스내셔널은 현상을 바라보는 시각이나 가치 지향 등 다양한 관점에서 구분되어야 한다. 우선 내셔널이 폐쇄적이고 고정적이며 추상적·이념적인 가치를 지향한다면, 로컬은 개방적이고 가변적이며 구체적·실천적인 가치를 지향한다. 따라서 트랜스내셔널은 국경을 넘나드는 다양한 현상을 설명하면서도 끊임없이 국민국가의 탈영토화와 재영토화에 집착한다. 이에 비해 트랜스로컬은 경계 넘나들기가 초래할 경계의 변화를 두려워하거나 억압하지 않는다. 또한 경계 넘나들기의 구체적인 경험과 실천에 주목함으로써, 기존의 국가중심의 사고가 가려오던 다양한 현상들을 새롭게 드러내고, 이를 통해 방법론적 국가주의의 극복을 시도한다.

트랜스로컬리티가 가진 의미와 유용성은 국민국가의 경계를 뒤흔드는 대표적인 존재인 이주(민)의 양상에 대한 해석에서 부분적으로 확인할 수 있다. 국민국가의 경계를 넘는 이주는 더 이상 이민, 즉 경계의 이탈과 새로운 경계로의 진입이라는 개념만으로는 설명하기 힘들다. 이주는 경계로 나누어진 국민국가의 어느 한쪽을 버리고 다른 한쪽을 선택하는 것이 아니라, 양쪽을 넘나들면서 양쪽 모두에 관계하고, 양쪽의 차이를 새로운 혼종으로 만들어내는 실천이라고 볼 수 있다. 따라서 이러한 이주가 만들어내는 실천적 의미를 제대로 포착하기 위해서는 먼저 이주를 바라보는 국가주의적 시선에서 벗어날 필요가 있다. 국민국가 체제가 여전히 힘을 발휘하는 현실의 공간질서에서, 경계 넘나들기는 국경, 즉 국가적 경계를 중심으로, 국가의 통제 하에 주로 이루어지지만, 이주가 만들어내는 구체적인 삶과 경험은 로컬의 장소에 기반한 다양한 서사들을 새롭게 만들어내고 있다.

이주의 주체들은 구체적인 장소에서의 삶과 경험을 통해 트랜스의 의미를 실천한다. 즉, 트랜스로컬의 삶을 살아간다. 이들은 상상적 이념적 공동체로서의 국가보다는 경험적 실천적 공동체로서의 로컬에 깊게 관계되어 국민국가에 포섭되지 않는 트랜스로컬의 공간을 만들어 간다. 식민지체제가 만들어낸 대표적인 디아스포라인 재일코리안 연구를 통해 연구방법론으로서의 트랜스로컬이 가진 의미를 확인해 보자. 필자는 근대 국민국가 체제의 전형적인 산물인 디아스포라를 역설적으로 국민국가 체제를 허무는 이른바 '해방의 언설'로 새롭게 자리매김하려는 최근의 시도들이, 국민국가의 중심성을 비판하면서 등장한 로컬리티 연구의 시각 및 전망과 꽤 닮아있다는 점을 논구한 바가 있다.[24] 여기서 특히 트랜스로컬의 관계에 주목하여 이주자들을 바라볼 경우, 분석단위와 분석시점 그리고 지향가치라는 3가지 측면에서 기존의 트랜스내셔널의 관점과는 다른 새로운 전망을 제시할 수 있다. 우선 분석단위의 측면이란 추상화되고 이념화된 국민국가(단위)의 가치가 아니라 구체적인 경험과 실천에 주목할 수 있는 로컬을 분석의 단위로 삼아야 한다는 것이며, 분석시점의 측면이란 어디에 거주하던 홈 랜드와의 연계를 전제로 논의가 시작되는 기존의 기원지 중심이 아니라 실질적인 삶이 이루어지는 생활공간을 중심으로 이주자를 바라볼 경우, 이주자와 현지인의 일

---

24 이상봉, 「디아스포라와 로컬리티 연구―재일코리안을 보는 새로운 시각」, 『한일민족문제연구』 18, 2010, 117쪽.

상을 통한 공생이 이루어지는 디아스포라적 공간이 논의의 중심으로 자리한다는 것이다. 그리고 지향가치의 측면이란 근대성의 동질성의 가치 지향에서 벗어나 디아스포라적 경험과 실천이 만들어내는 다양성과 혼종성에 새로운 의미를 부여할 수 있다는 것이다.[25]

트랜스로컬에 기반 한 해석이 기존의 트랜스내셔널의 관점이 포착하지 못하거나 왜곡한 다양한 현상들을 새롭게 드러낼 수 있다는 점 또한 방법론으로서의 트랜스로컬리티가 가진 유용성의 하나이다. 일본 오사카의 이쿠노生野구에 자리한 재일코리안 집주지에 대한 연구에 따르면, 이들 이주민이 형성하고 있는 초국가적 관계망은 흔히 한일 간의 트랜스내셔널한 관계로 설명되고 있지만, 실질적으로는 트랜스내셔널의 관점으로는 포섭하거나 설명하지 못하는 트랜스로컬한 관계망이 경험적으로 구축되어 있다. 즉, 주로 제주도 출신인 이들 이주민들은 자신들이 떠나온 제주도의 마을과 현재 살고 있는 지역 사이에서 다양한 인적, 문화적, 경제적 연계를 형성하고 있으며, 이를 통해 로컬에 기반 한 문화적 혼종을 실천하고 있다.[26] 이러한 트랜스로컬한 관계망의 형성이 반드시 오랜 시간에 걸친 반복적인 경험을 통해서만 형성되는 것은 아니다. 이영민은 서울 압구정과 LA 한인타운간의 자녀교육방식(보습학원)을 매개로한 트랜스로컬리티의 실천을 분석하고 있다.[27] 여기서 그는, 한국의 강남과 미국의 패어팩스 카운티를 오가며 형성된 트랜스

---

25 위의 글 119쪽.
26 이상봉, 「디아스포라적 공간으로서의 오사카 코리안타운의 로컬리티」, 『한일민족문제연구』 22, 한일민족문제학회, 2012, 107쪽.
27 이영민, 「한국인의 교육이주와 트랜스로컬 주체성—미국 패어팩스 카운티를 사례로」, 『한국도시지리학회지』 15(1), 한국도시지리학회, 2012.

로컬의 연계는 트랜스내셔널의 관점에서는 해석될 수 없다고 본다. 강남과 패어팩스는 각기 한국과 미국으로 수렴될 수 없으며, 실제로 이들은 양 지역을 오가며 구체적인 횡단의 네트워크를 만들어내고 있기 때문이다. 또한 그는 확장된 가족주의와 국가주의가 국경을 넘어 새로운 장소에 구체적으로 착근되는 방식을 잘 설명하고 있다. 여기서는 가족주의나 국가주의가 주된 흐름을 형성하고 있지 않으며, 오히려 트랜스로컬 주체는 가족과 국가를 하나의 자원으로 활용하여, 자신들의 삶의 공간에서 트랜스로컬의 관계망을 만들어간다는 것이다.

참고문헌

김연수, 「접두어 'trans-'의 의미와 탈경계 인문학 연구에 관한 소고」, 『탈경계인문학』 3(3), 2010.

요시하라 나오키, 이상봉·신나경 역, 『모빌리티와 장소-글로벌화와 도시공간의 전환』, 심산, 2010.

이상봉, 「탈근대 공간의 재영역화와 로컬·로컬리티」, 『한국민족문화』 32, 부산대 한국민족문화 연구소, 2008.

_____, 「인문학의 새로운 지평으로서의 '로컬리티 인문학' 연구의 전망」, 『로컬리티 인문학』 1, 부산대 한국민족문화연구소, 2009.

_____, 「디아스포라와 로컬리티 연구-재일코리안을 보는 새로운 시각」, 『한일민족문제연구』 18, 2010.

_____, 「디아스포라적 공간으로서의 오사카 코리안타운의 로컬리티」, 『한일민족문제연구』 22, 2012.

이영민, 「한국인의 교육이주와 트랜스로컬 주체성-미국 패어팩스 카운티를 사례로」, 『한국도시 지리학회지』 15(1), 2012.

조윤경, 「접두어 'trans-'의 인문학적 함의-탈경계 인문학 연구를 위한 개념 고찰을 중심으로」, 『탈경계인문학』 3(3), 2010.

Appadurai, A., *Modernity at Large : Cultural Dimensions of Globalization*, Univ. of Minnesota Press, 1996.

Appadurai, A., "Grassrooots Globalization and the Research Imagination", Appadurai ed., *Globalization*, Duke University Press, 2001.

Appiah, A., *Ethics of Identity*, Princeton University Press, 2007.

Brenner, N., "The Urban Question as a Scale Question : Reflections on Henri lefebvre, Urban Theory and the Politics of Scale", *International Journal of Urban and Regional Research* 24(2), 2000.

Castells, M., *The rise of The Network Society*, Blackwell. 1996.

Cox, K. R., "Spaces of Dependence, Spaces of Engagement and the Politics of Scale, or : Looking for Local Politics", *Political Geography*, 17(1), 1998.

Dirlik, A., "The Global in the Local", Wilson. R. & Dissanayake eds., *Global/Local : Cultural Production and Transnational Imaginary*, Duke University Press, 1996.

Dussel, E., "World System and 'trans'—Modernity", *Nepantla : Views from South* 3(2), Duke University Press, 2002.

Harvey, D., *The Condition of Postmodernity*, Basil Blackwell, 1989.

Latham, A., "Retheorizing the Scale of Globalization : Topologies, Actor—Networks and Cosmopolitanism", Herod, A. & Wright, M. eds., *Geographies of Power : Placing Scale*, Oxford : Blackwell, 2002.

Miller, B., *Geography and social movements*, Minneapolis University of Minnesota press, 2000.

Murdoch, J., "The spatialization of Local and national actor—spaces in environmental conflict", *Transactions of the Institute of British Geographers* 20(3), 1996.

Ong, A., *Flexible Citizenship : The Cultural Logics of Transnationality*, Duke University Press, 1999.

Smith, A. D., *Theories of Nationalism*, 2nd ed, Holmes & meier, 1986.

Taylor, P. J., "A Materialist framework for political geography", *Transactions of the Institute of British Geographers* 7, 1982.

Urry, J., *Mobilities*, Polity Press, 2007.

Warf, B., "Postmodernism and the localities Debate", *Tijdschrift voor Economische en Sociale Geografie* 84(3), 1993.

사이공간으로서 로컬리티*
수행적 관계성, 미결정성, 관계적 스케일의 정치

박규택

1. 로컬리티 새로운 시각

로컬리티 연구는 '지금now, 여기here'의 존재와 인식 그리고 실천의 상호 관계성을 고찰한다. '지금, 여기'로서 로컬리티[1]는 내적 힘들의 활동에 의해 그리고 '지금'이 아닌 '과거와 미래', '여기'가 아닌 '저기'에서 작동하는 외적인 힘들과의 상호관계 속에서 생성·변화한다. 특히

---

* 이 글은 박규택, 「사이공간으로서 로컬리티－수행적 관계성, 미결정성, 관계적 스케일의 정치」, 『한국도시지리학회지』 19(3), 2016에 게재된 것임을 밝힌다.
1 로컬리티는 특정한 (비)물리적 속성 혹은 기준들, 자본, 노동, 사회 조직과 제도, 문화, 경관 등에 의해 구획된 로컬 공간(성) 혹은 장소(성)으로 정의될 수 있으며, 이에 근거하여 도시 전체 혹은 도시 내의 일부분이 로컬리티로 설명 혹은 해석될 수 있다. 본 연구는 이러한 정의에 근거하여 로컬리티를 고찰하지 않는다. 대신에 로컬리티는 인간을 포함한 생명체의 존재와 활동의 기반인 '지금, 여기'의 시간과 공간으로 정의됨에 따라 인문학과 사회과학 그리고 자연과학의 관점에서 종합적이고 체계적으로 이해될 수 있으며, 이것을 위한 개념적 틀을 수립하는 것이 연구의 목적이다.

20세기 중반이후 초국가적 자본, 신자유주의, 정보·통신 기술의 발전에 의해 급속하게 진전되고 있는 지구화는 국민국가 체제 하에서 형성된 로컬리티를 혼종적인 새로운 형태, 즉 글로컬리티glocality, 트랜스로컬리티translocality, 글로네이컬glonacal 등으로 변화시키고 있다.[2] 이와 같은 로컬리티의 변화에 근거하여 본 연구는 두 가지 관점에서 로컬리티의 존재와 인식과 관련된 문제를 제기하고, 이에 대한 대안, 즉 사이공간으로서 로컬리티의 개념적 틀을 제시하고자 한다.

첫 번째 문제는 로컬리티의 존재와 인식을 내재적 본질론, 선험론, 이원론, 환원론으로 설명 혹은 해석하는 데 있다. 이러한 문제 제기는 서구의 근대성, 합리성 그리고 과학적 객관주의와 밀접하게 관련되어 있다. 본질론 혹은 선험론에 의하면, 로컬리티는 인간의 인식과 행위, 사회·문화·정치·경제의 조직과 제도와 관련 없이 본질적이고 선험적으로 존재한다. 이원론은 로컬리티를 다양한 형태의 이분법으로 설명 혹은 해석하고 있다. 로컬리티는 객관과 주관, 물질과 관념, 글로벌과 로컬, 거시와 미시, 보편과 특수, 필연과 우연, 구체와 추상의 이분법으로 이해되고 있다. 이에 토대를 두고 로컬리티와 연관된 다양한 개념적 작업들, 절대와 상치 위치, 분리와 결합, 고정화와 유동화, 경계, 관계망, 공간화 등이 논의되고 있다.

1980년대 후반~1990년대 초 지구화와 국가(혹은 지역, 도시) 재구조화와 관련지어 수행된 영국의 로컬리티 연구locality studies를 고찰한 Sayer(1991)

---

2 박경환, 「대안 정치를 위한 공간적 상상의 재고(再考)-Doreen Massey(1944~2016)의『공간을 위하여』(2005)에 대한 논평」,『한국도시지리학회지』19(1), 한국도시지리학회, 2016; 박규택, 「'Glonacal' 관점에서 본 한국 화교학교-대구화교중학교의 사례」,『한국도시지리학회지』19(2), 한국도시지리학회, 2016.

는 로컬리티를 일련의 이원론적 개념과 방법론으로 탐구하고 있음을 비판하고, 이에 대한 대안으로 로컬리티의 연구목적에 따라 상이한 유형의 형이상학이 적용되어야 함을 주장하였다. 환원론에 의하면, 다양한 힘들의 상호작용에 의해 생성·변화하는 로컬리티는 특정한 힘으로 설명 혹은 해석한다. 예를 들면, 환원론은 이념, 조직, 제도, 관습, 물질에 기반을 둔 '로컬 노동시장'의 로컬리티를 자본의 논리 혹은 자본과 노동의 관계로만 이해한다. 이러한 방식은 로컬 노동시장을 형성·변화시키고 있는 (초)국가, 가부장제도, 인종차별, 로컬 문화의 힘을 자본 혹은 계급관계로 환원시키고 있다. 본 연구가 제시하는 개념적 틀인 사이공간으로서 로컬리티는 본질론 혹은 선험론, 이원론, 환원론에 의한 로컬리티 이해를 근본적으로 비판한다.

두 번째 문제는 지구화의 진전, 신자유주의의 확산, 인터넷과 가상공간에 기반을 둔 정보·통신기술의 발달에 따라 나타나는 새로운 형태의 혼성적 로컬리티, 즉 글로컬리티, 트랜스로컬리티, 글로네이컬을 본질론, 이원론 그리고 환원론으로 여전히 설명 혹은 해석하는 데 있다. '글로컬리티'는 인간의 인식과 실천, 사회·정치·경제 조직과 제도, 정보통신 기술의 발전과 무관하게 선험적이고 본질적으로 존재하는가? 이것은 글로벌화와 로컬화의 이분법으로 설명 혹은 해석하는 것이 타당한가? 그리고 '글로컬리티'는 글로벌화 혹은 로컬화로 환원 가능한가? 세 가지 질문에 대해 대답은 회의적이기 때문에 새로운 설명 혹은 해석의 틀이 정립될 필요가 있다.

본 연구는 두 가지 문제 제기에 토대를 두고, 로컬리티, 특히 혼성적 로컬리티의 존재와 인식 그리고 실천과 관련하여 대안적 개념 틀로 '사이공간으로서 로컬리티'를 제시하고자 한다. 이것은 지구화, 신자유주의, 국민국가의 재구화 등의 특정한 맥락 혹은 조건 하에서 이루어지는 수행적 관계성, 미결정성, 스케일 정치에 기반을 두고 있다.

2. 사이공간으로서 로컬리티의 개념적 틀
—맥락성, 수행적 관계성, 과정성

사이공간으로서 로컬리티는 '지금, 여기'의 로컬리티를 본질론, 선험론, 이원론, 환원론이 아닌 특정한 맥락 속에서 이루어지는 수행적performative 관계와 생성과 변화의 과정으로 설명 혹은 해석할 수 있는 개념적 틀이다. 여기서 수행적 관계는 상이한 (비)물질적 힘power이 접촉 혹은 충돌하면서 상호 영향을 주고받는 것을 의미한다. 예를 들면, 자본, 노동, 정책, 문화, 부동산, 주택의 다양한 요인들에 의해 일어나고 있는 대도시 중심의 쇠퇴 현장인 '지금, 여기'의 로컬리티는 수행적 관계로 이해될 수 있다. 즉, 쇠퇴하는 대도시 중심부에서 상이한 형태의 힘들, 부정적 서사 혹은 이미지(신문 기사, 광고 등), 도심에 거주하는 저소득층의 일상적 활동, 소위 '도심 불량지구'에 대한 자본과 정부가 결탁한 재개발 혹은 재생 정책은 서로 충돌하면서 갈등을 일으키는 과정 속에서 상호영향을 주고받는 수행적 관계성이 나타난다. 본 연구에서 '행위 혹은 실천'이 아닌 '수행'의 용어를 사용하는 이유는 '모든 것들, 즉 언어, 기호, 이미지, 제도, 조직, 관습, 몸, 자연적 혹은 인공적 물질은 상호 관계적활동 속에서 상호 영향력을 발휘한다'는 의미를 강조하기 위함이다. 그리고 지구화, 신자유주의, 국가의 재구조화 등의 맥락 속에서 이루어지는 상이한 힘들 간의 수행적 관계성은 고정되고, 특정한 법칙에 따르지 않는 역동적이고 중층적인 생성과 변화의 과정으로 이해되어야 한다.

맥락성, 수행적 관계성, 생성과 변화의 과정에 기반을 둔 사이공간으로서 로컬리티의 개념적 틀을 논의하기 전에 하나의 예를 들고자 한다. 로컬(인천), 국가(한국) 그리고 세계와 복잡하고 역동적인 상호관계 속에서 작동하고 있는 인천국제공항이다. 공항 자체 혹은 도시와 공항의 관계를 유동, 고정, 일시적 체류의 관점으로 그리고 유동과 유동하지 않은 힘들의 관계적 정치로 고찰한 연구가 있다.[3] 인천국제공항은 인천과 한국의 사회·정치·경제, 물질, 여행객 혹은 방문객의 인식과 실천 등의 다양한 힘들의 복잡하고 중층적인 상호 관계적 작동, 즉 수행적 관계 속에서 지속적으로 변화하고 있다. 이러한 인천국제공항이 본질론, 선험론, 이원론, 환원론으로 설명 혹은 해석된다면 이에 대한 여러 가지 의문들[4]이 제기될 수 있다.

2001년에 개항한 인천국제공항[5]은 인천에 속해 있지만 한국을 대표하고, 인적·물적 그리고 문화와 정보의 교류 측면에서 세계와 연결된 열려있는 다층적 공간이자 특정한 장소의 특성을 지니고 있다. 사이공

---

3 Hannam, K. Sheller, M. and Urry, J., Editorial : mobilities, immobilities and moorings, *Mobilities*, 1(1), 2006; Adey, P., If mobility is everything, then it is nothing : towards a relational politics of (im)mobilities, *Mobilities*, 1(1), 2006.

4 인천국제공항은 시·공간을 초월한 본질론 혹은 선험론으로 설명 혹은 해석할 수 있는가? 인천국제공항을 존재와 인식, 미시와 거시, 객관과 주관, 구체와 추상, 필연과 우연 등의 이분법으로 나누어 이해될 수 있는가? 마지막으로 인천국제공항은 특정한 힘들, 즉 물질 혹은 관념, 정치·경제 혹은 사회·문화 등을 시장 혹은 정부의 논리와 같은 하나의 힘으로 환원시켜 설명 혹은 해석될 수 있는가?

5 인천국제공항은 인천보다 한국, 동북아 그리고 세계화를 지향하는 장기 전략을 수립해야 한다고 주장하는 연구가 있다.(신태진·김지희·이윤철, 2016)

간의 관점에서 볼 때, 인천국제공항은 인천의 행정과 사회·경제·물질 공간에 속함과 동시에 인천을 초월한 한국과 세계와 접촉하고 있는 중층적이고 역동적으로 작동하는 관계 공간이다. 또한 인천국제공항은 고정화immobility와 유동화mobility의 이분법으로 설명하기 어려운 두 가지 모두에 속하는 수행적 관계성을 보이는 사이공간이다. 즉, 공항건물과 부대 시설물, 활주로는 인천의 특정 공간에 위치해 고정되어 있지만, 항공기, 이용객, 화물은 인천과 전국으로 그리고 세계로 나가고 들어오기 때문에 유동적이다. 특히 항공기 이용객은 공항건물 내부에 혹은 활주로의 비행기 내에 일시적으로 머무른 뒤 이동하기 때문에 고정화 혹은 유동화 가운데 하나의 논리로만 설명하기 어렵다. 공항, 항구, 정류장은 출발과 도착 혹은 고정과 유동의 이분법적 구분과 인식이 아닌 두 가지 힘이 동시에 작동하는 지대 혹은 지점, 즉 사이공간으로 이해될 필요가 있다. 인천국제공항은 고정된 공간 혹은 유동적 공간인가? 그렇지 않으면 고정된 공간임과 동시에 유동적 공간인가? 이에 대한 해답은 인천국제공항을 어떠한 관점으로 이해할 것인가에 의존한다. 공항건물과 활주로의 측면에서 인천국제공항은 인천의 물리적·행정적 공간에 위치한 고정된 공간이다. 그러나 지속적으로 이동하는 승객, 방문객, 비행기, 화물의 관점에서 인천국제공항은 유동공간이다. 마지막으로 고정공간이자 유동공간인 인천국제공항의 유지와 변화는 인천에 한정시킬 수 없는 한국과 세계의 정치·경제 상황, 공항과 항공에 관련된 조직과 제도, 출입국 관리법 등의 거시적 힘들과 상호관계 속에서 이루어지고 있다.

인천국제공항의 사례에서 보았듯이 사이공간으로서 로컬리티는 다양한 힘들이 복잡하고 역동적으로 상호관계를 맺음으로 인해 생성·변화한다. 이와 관련하여 제기되는 하나의 질문은 '인간과 생물, (비)물질 그리고 시간과 공간들이 어떻게 중층적이고 역동적으로 상호관계하면서 다양한 형태의 사이공간으로서 로컬리티가 만들어지고 변화하는가?'이다. 사이공간으로서 로컬리티의 수행적 상호관계성은 세 가지 매개체,[6] ① 언어(문자와 말), 기호, 이미지, ② 조직, 제도, 관습, ③ 몸, 자연적 물질과 건조환경(인공물)에 토대를 두고 있다. 즉, 특정한 맥락 속에서 이루어지는 이들 세 가지 매개체 간의 수행적 관계에 의해 상이한 형태의 사이공간으로서 로컬리티가 생성되고 변화한다.(그림 1)

첫째, 언어, 기호, 이미지의 매개체를 통해 상이한 서사, 담론, 재현의 공간이 생성된다.[7](그림 1) 그러나 서사, 담론, 재현에만 의존하는 공간은 물질적 공간의 구성요소들, 즉 입지, 거리, 정착(고정), 이동(유동), 경계, 영토, 장소 등을 비유적으로만 사용하여 만들어진 것이다. 즉, 공간의 물질적 요소들의 은유를 통해 상상가능한 모든 양식의 공간들, 존재와 존재하지 않음이 동시성을 갖는 공간, 고정과 이동의 동시적 공간, 자유롭게 결합하고 분리되는 언어 혹은 상상의 공간이 만들어질 수 있다.

---

6   기술, 특히 교통과 정보·통신 기술도 사이공간으로서 로컬리티의 생성과 변화에 있어 매개체 역할을 수행한다. 그리고 다른 매개체들, 언어, 기호, 이미지, 제도, 조직, 관습, 몸, 물질은 무대 혹은 용기의 역할과 상호관계 속에서 능동성을 발휘한다. 즉, 사이공간으로서 로컬리티는 이들 속에서(in), 이들을 통해서(through) 그리고 이들에 의해서(by) 생성되고 변화한다.

7   이들 공간 내부에서도 상이한 서사, 담론, 재현이 접촉 혹은 충돌하는 영역 혹은 지점에 사이공간 혹은 사이공간이 생성되고 변화한다. 이 점에 관해서는 논문의 초점을 맞추기 위해 논의하지 않는다.

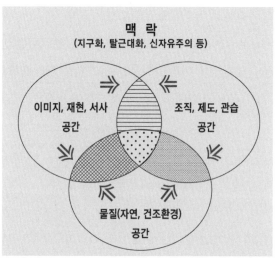

〈그림 1〉 상이한 매개체 간의 수행적 관계성에 의한 사이공간으로서
로컬리티

둘째, 조직, 제도, 관습을 매개체로 다양한 유형의 공간이 생성되며, 또한 이들이 서로 충돌하면서 변화가 일어난다.(그림 1) 이러한 공간도 앞서 서술한 서사, 담론, 재현의 공간과 같이 물질과 관계되지 않으면 물리적 공간 요소들의 비유에만 의존해야 할 것이다. 예를 들면, 중심과 주변의 이분법적 조직과 제도의 공간, 경쟁적이고 수평적인 시장과 독점적이고 수직적인 정부의 공간은 물질과 관계되지 않으면 물질적 공간 요소들을 비유적으로만 활용하고 있다. 즉, 국가 혹은 로컬 자본시장, 중앙 혹은 지방 정부의 제도와 조직은 물리적 공간과의 직접적 관계 속에서 혹은 물리적 공간의 비유 속에서만 존재하고 인식된다.

셋째, 인간의 현상학적 몸 그리고 자연적·인공적 물질을 매개한 육체적 혹은 물질의 공간이 생성·변화한다.(그림 1) 서구의 근대적 이성

(합리성)과 과학에 토대를 둔 본질론, 선험론, 이분법, 환원론에 의한 공간은 인문·사회·자연적 현상 혹은 실체와 독립적으로 존재하며, 언제나 분리와 결합이 가능한 것으로 보았다. 이러한 근대적 공간론은 유클리디언 기학학, 뉴턴 물리학, 칸트의 선험론에 기반을 두고 있다. 즉, 근대적 공간은 텅 비어 있고,[8] 인간의 정서와 인식 그리고 자연적·인공적 물질과 독립적이며 절대적 존재로 인식되었다. 이러한 공간의 존재와 인식은 근대 인문학과 사회과학의 이념, 철학, 이론, 방법론에 지대한 영향을 미쳤다. 그러나 근대 공간론은 비유클리디언 기하학, 상대성 이론, 양자 이론에 의해 그리고 포스트구조주의, 네트워크 이론, 비재현론에 의해 근본적으로 비판을 받고 있으며, 대안으로 관계적 공간론 혹은 위상학적 공간론이 대두되었다. 이들 이론에 근거한 공간은 더이상 인문·사회와 자연 현상 혹은 실체와 분리되지 않는 다양한 힘들 간에 작동하는 상호관계 속에서 생성·변화한다.

서사와 재현, 조직과 제도 그리고 몸과 물질을 매개로 형성된 상이한 공간들이 접촉 혹은 충돌함에 따라 다양한 형태의 사이공간으로서 로컬리티가 생성된다.(그림 1) 서사와 재현의 공간과 몸과 물질의 공간이 만나는 지점에서 사이공간으로서 로컬리티가 생성되고 변화한다. 이러한 유형의 사이공간으로서 로컬리티는 서사와 재현의 의미, 상상력, 권력 그리고 물질의 힘 간에 이루어지는 수행적 관계에 의해 구체화된다. 이는 바슐라르의 물질적 상상력 그리고 객체의 생애주기the life cycle of

---

8 텅 빈 공간은 수학적 기호에 토대를 두고 있다. 공간은 점(point)과 선(line)의 일차원 공간으로, 면(area, surface)의 이차원 공간 그리고 구(sphere)의 삼차원 공간으로 개념화되었다. 이 개념은 세 개의 기호(x, y, z)를 통해 그리고 유클리디언 기학학의 재현을 통해 추상적이고 보편적·초월적 특성을 지닌 근대 공간이론을 수립하였다.

objects를 통해 이해할 수 있다.[9] 홍성호(1992)에 의하면, 바슐라르의 물질적 상상력은 물질과 문학적 상상력이 분리되어 있지 않고 상호 밀접하게 관련되어 있다. 다음은 물질세계와 인문학적 상상력이 서로 얽혀 상호작용하고 있음을 기술하고 있다.

바슐라르는 과학적 인식이 추구하는 객관성이 '몽상'이라는 인간의 심적 현상에 의해 필연적으로 제한받을 수밖에 없다는 사실을 깨닫고, 인식론적 장애물로서의 이 심적 현상을 지배하는 상상력을 본격적으로 연구하게 된다. (…중략…) 그는 특히 인간의 상상력이 자연의 물질세계 속에 깊이 뿌리박혀 있는 것임을 강조하며 이러한 상상력을 물질적 상상력이라고 이름 붙이게 된다.[10]

(바슐라르에 의하면) 인간의 상상력의 세계는 과학의 세계를 전적으로 배제하지 않는다. 상상력의 세계는 과학의 세계와 다른 질서에 의해 작동하는 다른 층위의 세계이고, 우리의 삶을 구성하는 또 다른 핵심요소이다. 과학과 상상력, 이 두 세계는 서로 병치되어 있는 상태로 평행선을 달리는

---

9 곽광수 역, 『공간의 시학』, 민음사(Bachelard, G., 1958, *La Poetique de L'espace*, Universitaires de France Press), 1993; 홍명희, 「과학과 상상력의 중첩성」, 『비교문화연구』 34, 서울대 비교문화연구소, 2014; 홍성호, 「바슐라르의 물질적 상상력과 흙의 이미지」, 『대한건축학회지』 36(3), 대한건축학회, 1992; Corvellec, H., Sustainability objects as performative definitions of sustainability : The case of food-waste-based biogas and biofertilizers, *Journal of Material Culture*, 21(3), 2016; Dominguez Rubio, F., On the discrepancy between objects and things : an ecological approach, *Journal of Material Culture, 21(1)* 2016; Gell, A., Vogel's Net : Traps as artworks and atworks as traps, *Journal of Material Culture*, 1(1),1996, Star, S.L., This is not a boundary object : reflections on the origin of a concept, *Science, Technology & Human Values*, 35(5), 2010.
10 홍성호, 위의 글, 62쪽.

것이 아니라 서로 중첩된 상태로 서로가 서로에게 영향을 주고 받는다.[11]

Gell(1996)은 예술 작품과 그 대상 사이에 이루어지는 구별 양식을 고찰하였다. Gell은 단순히 물질이 예술 작품으로 전시될 수 있음을 동물을 잡기 위해 만들어진 덫animal traps을 예로 들었다. 예술 대상으로서 덫은 덫이 인간과 동물 간의 관계를 보여주는 인간의 아이디어 혹은 의도를 내포하고 있기 때문이다. Dominguez Rubio(2016)는 Gell의 주장을 발전시킨 생애주기life cycle의 개념을 통해 물체things의 변화를 고찰하였다. 즉, 객체object는 단순한 물질이 아닌 물체와 인간의 가치, 의미, 권력 간에 이루어지는 수행적 관계 속에서 구별되고 변모한다. 즉, 물체와 객체의 구별 혹은 변모는 물체와 인간 간의 상호관계 속에서 구체화되고, 생명체처럼 주기적으로 순환한다. 예를 들면, 나무를 원료로 만들어진 종이 혹은 책은 나무의 성질과 인간이 부여한 가치, 의미, 권위 간의 상호 관계적 활동에 의해 객체와 물체 사이를 주기적으로 순환한다. 인공물인 종이는 자본주의 시장체제 하에서 수행되는 인쇄기술, 사용과 교환가치, 의미, 권위에 의해 책, 공문서, 상품 포장지, 한지공예품 등의 다양한 객체로 전환된다. 그리고 이들은 각자의 사용가치, 상품성, 의미와 권위의 수행성이 상실되면 폐기물이라는 단순한 물체로 전환되어 자연으로 돌아가거나 박물관의 소장품으로 혹은 재활용 예술작품의 재료로 활용되어 이전과는 다른 객체로 전환된다. 물질적 상상력과 객체의 생애주기에 대한 서술과 같이 서사와 상상력을 매개

---

11 홍명희, 앞의 글, 95쪽.

한 공간과 물질을 매개한 공간의 접촉 지점에 위치한 사이공간으로서 로컬리티는 두 공간이 분리되거나 어느 하나로 환원되지 않고 밀접한 상호 관계적 활동을 통해 생성되고 변화한다.

조직과 제도 공간과 물질 공간이 접촉 혹은 충돌하는 지점에 다른 형태의 사이공간으로서 로컬리티가 생성된다.(그림 1) 즉, 중앙정부, 사회·경제의 조직과 제도, 그리고 물리적 공간에 뿌리를 내리고 있는 주민의 일상적 삶과 생태계가 만나고 지점에서 사이공간으로서 로컬리티가 생성되고 변화한다. 이와 관련된 사례는 이명박 정부의 국가 독점적 권력 하에서 추진된 소위 '4대강 사업'이다. 여러 지역사회와 상이한 생태계를 관통하여 흐르는 낙동강은 중앙과 지방 정부, 시민사회, 주민, 지역 생태계 등과 복잡하고 역동적인 상호관계를 맺고 있다. 낙동강이 국가하천으로 지정되어 국가의 독점적 이념(가치) 혹은 계획에 의해 이용됨에 따라 특정 장소에 토대한 주민의 삶과 생태계는 파괴 혹은 변형되고 있다. 소위 '홍수조절', '식수의 안전한 확보', '지속가능한 생태계 보전과 개발' 등의 화려한 이념 혹은 언어적 수사 하에서 추진된 '4대강 사업'에서 국가의 독점적 지배 권력, 중앙과 지방 정부의 조직과 제도, 시민사회, 주민, 지역 생태계 등이 상호 충돌하는 과정에서 다양한 형태의 수행적 관계성이 구체화되었고, 이를 통해 사이공간으로서 로컬리티가 생성·변화되었다. 로컬 사람의 삶과 터전, 지방자치제도, 지역의 다양한 생태계를 충분히 고려하지 않고 단지 '국가하천'이라는 법적(제도적)인 명분하에 국가는 단기간에 독점적으로 실행한 '4대강 사업'은 보의 안전성, 안전한 식수, 하천 오염, 지역 생태계 변형 혹은 파괴, 강 주변의 농경지 피해 등과 관련한 다양한 갈등을 유발시키고 있다. 이러한 형태의 사이공간으로서 로컬리티는 도심 재생사업, 도시의 오랜 된 건축물 보호, 불량주택지구 개선사업 등의 많은 사례를 통해 이해될 수 있다.

마지막으로 서사와 재현의 공간, 조직과 제도의 공간, 물질의 공간 간에 이루어지는 수행적 관계에 의해 사이공간으로서 로컬리티가 생성·변화한다.(그림 1) 이것은 자동차, 사람, 사물이 일상적으로 교차 혹은 접촉하는 지점과 그 주변의 사례를 통해 이해될 수 있다. 즉, 삼거리 혹은 사거리는 다양한 힘들 간의 수행적 관계성에 의해 생성되고 변화하는 사이공간으로서 로컬리티로 이해될 수 있다. 첫째, 이미지와 언어의 관점에서 볼 때, 사거리와 그 주변은 다양한 이념, 정보, 의미를 내포한 수많은 광고물, 현수막, 영상물 등이 수시로 교체되면서 이미지 혹은 재현의 공간이 생성·변화되고 있으며, 시민 혹은 주민들은 버스나 자동차로 혹은 걸어서 이들 공간을 반복적이고 일상적으로 이동하면서 영향을 받는다. 둘째, 물질적 요소인 주변 건축물, 도로, 인도의 분리대, 횡단보도와 신호등, 이동하는 차량, 일시적으로 인도를 점유한 노점상, 횡단보도를 이동하는 사람들이 접촉하는 과정을 통해 복잡하고 역동적인 물리적 공간이 생성된다. 이 공간은 건축물, 도로, 분리대, 횡단보도와 신호등, 노점상 등에 의해 고정된 특성을 지님과 동시에 도로와 차량 그리고 사람들의 이동을 통해 외부와 연결되면서 유동적 혹은 개방적 특성을 지니고 있다. 그리고 신호의 규칙을 준수하는 혹은 위반하는 차량과 사람, 공적 공간인 인도 혹은 도로의 일부를 일시적으로 사적으로 점유·이용하는 노점상과 이를 단속하는 경찰에 의해 생성되고 변화하는 물리적 공간과 사회적(제도적) 공간은 합법과 불법이 혼합된 유동적 관점으로 이해될 필요가 있다. 셋째, 다양한 (탈)로컬적 제도, 즉 건축법, 도로 및 차량 교통법, 처벌 혹은 질서 유지와 관련된 법규, 보험 법규, 광고 혹은 홍보물 규제등이 상호 마찰을 일으키면서 제도적 공간이 생성·변화한다. 결론적으로 교통과 사람 그리고 물질 이 일상적으로 접촉하는 지대인 삼거리 혹은 사거리와 주변은 세 가지 유형의 공간으로 분리시켰지만 실질적으로 이들 공간은 상호 관계 속 에서 형성되는 혼합성과 역동성을 지닌 사이공간으로서 로컬리티로 이 해될 필요가 있다.

3. 미결정성 ─사이공간으로서 로컬리티 생성·변화의 잠재성

사이공간으로서 로컬리티는 언어와 기호 그리고 이미지, 조직과 제도 그리고 관습, 몸과 물질을 매개로 다양한 형태의 공간들, 즉 서사와 재 현의 공간, 조직과 제도의 공간, 물질의 공간이 서로 접촉 혹은 충돌하 는 지점에서 중층적이고 역동적으로 생성·변화한다. 그리고 이것은 지 구화, 신자유주의, 국민국가의 재구조화 등의 맥락과 상호관계를 맺고 있다. 즉, 특정한 맥락 하에서 작동하는 사이공간으로서 로컬리티는 상 이한 매개체를 통해 만들어진 공간들 간의 수행적 관계 속에서 생성· 변화하는 과정으로 이해될 수 있다. 여기서 사이공간으로서 로컬리티가 본질적으로 혹은 선험적으로 주어져 있거나 고정되어 있지 않고 어떻게 혹은 왜 중층적이고 역동적으로 만들어지고 변화하는지를 고찰한다.

사이공간으로서 로컬리티의 생성과 변화는 상이한 힘들이 만나는 지점 혹은 경계에서 일어나는 미결정성에 기인한다. 일반적으로 상이한 힘들이 만나는 지점 혹은 영역은 미결정성의 특성을 보이며, 이는 전이성liminality과 공백void의 개념을 통해 이해될 수 있다.[12] 전이성은 기존의 이념, 지식, 인식과 행위 양식, 제도, 관습, 권력을 부정함과 동시에 새로운 가치와 지식체계 그리고 인식과 실천 양식, 대안적 조직과 제도 등이 정립되지 않는 모호하고 혼돈의 성질을 의미한다. 따라서 전이성 상태에서는 기존의 모든 것들을 지속시키거나 저항 혹은 단절시킬 수 있고, 나아가 새로운 대안들, 가치, 인식과 행동 양식, 지식, 조직, 제도를 모색할 수 있다. van Gennep(1960)에 의해 고안된 전이성 개념은 Turner(1969)에 의해 정교하게 다듬어졌다.

전이성 혹은 전이적 인간의 속성은 반드시 모호하다. 왜냐면 이러한 조건과 사람들은 정상적으로 문화적 공간 내부의 상태와 위치를 정하는 분류의 관계망으로부터 벗어나거나 빗나가기 때문이다. 전이적 실체(entities)는 여기도 없고 저기도 없다(neither here nor there); 그들은 법, 관습, 관례, 의례에 의해 할당되고 배열되는 위치들(positions) 사이(betwixt and between)에 있다. 그들의 애매하고 미결정적인 속성은 사회적·문화적 전환(transitions)을 위해 의례적 행위를 수행하는 많은 사회에서 매우 다양한 상징으로 표현된다. 따라서 전이성은 흔히 죽음, 태아(胎兒), 비가시성, 어두움, 양성애자(bisexuality), 황무지, 태양의 일식 그리고 달의 월식에 비유되고 있다.[13]

---

12 심재관, 2012; 서용순, 2006; 하진숙, 2015; Turner, 1969.
13 Turner, *The Ritual Process : Structrue and Anti-Structure*, Aldine Transaction, London, 1969, p.95.

전이성이 나타나는 물리적 혹은 제도적 공간은 해안가, 산정, 공항을 들 수 있다. 예를 들면, 해안선은 바다와 육지가 맞닿아 경계가 불분명하며, 여기서 사람들은 해방과 두려움, 안정과 불안정의 전이적 체험을 한다. 그리고 이러한 체험은 일상으로 돌아온 사람들의 인식과 행동을 변화시킬 수 있다. 공항은 고정성과 유동성 혹은 출발과 도착이 교차하는 지점으로 두 곳 모두에 동시에 그 어느 곳에도 속하지 않는 전이성을 지니고 있다. 이러한 특성을 경험한 방문객 혹은 여행객은 자신들의 기존의 관념들, 즉 다양한 인종과 언어 혹은 이념과 지식체계를 이분법 혹은 자기중심성이 아닌 상호 관계성에 의한 새로운 인식과 행동 양식을 추구하는 변화를 보이기도 한다. 사람, 언어, 물질, 공간, 시간 간의 상호 관계적 작동에 의해 만들어지는 전이성 혹은 이것의 체험을 잘 보여 주는 것이 공연 예술이다.

탈춤은 마을 사람들이 자유롭게 모여드는 공터나 장터에서 연희되던 놀이이다. 공터나 장터는 무대와 객석을 구분하는 인공적인 장치 없이 열려있기 때문에 공연 과정에서 수시로 변이가 일어난다. 탈춤에서 공간의 변이는 두 가지 양상으로 나타나는데, 하나는 공연의 현장인 물리적 공간이 변하는 경우이고, 다른 하나는 극중 공간과 외부 공간이 뒤섞이면서 놀이의 사태가 변하는 경우이다. (…중략…) 공연이 진행되면서 연기자와 관객 사이에 끊임없는 상호작용이 일어나고, (…중략…) 무대와 객석, 가상과 현실이라는 경계가 무너져 버린다. 연희자와 관객 사이에 자동적인 피드백 고리가 형성되면 정서적으로 강한 밀착감과 에너지 전이를 느끼게 되고, 어느 순간 '일상세계로부터 벗어나 공연으로의 건너감'이라는 전이 체험을 하게 된다.[14]

사이공간으로서 로컬리티의 전이성과 이것의 체험은 특정한 장소 혹은 로컬을 일시적으로 점유·이용하는 노점상을 통해서 이해될 수 있다. 노점상들은 '불법'과 '합법'이라는 논리적 정의, 제도화된 법률, 로컬 사람들(주민, 이웃)의 인식과 행위 간의 불일치로 만들어진 사이공간으로서 로컬리티에 위치하게 되고, 여기서 전이성을 체험한다. 이러한 체험을 통해 노점상은 기존의 논리, 법률, 인식과 행위 양식을 넘어선 생존권, 공간의 공공성, 로컬인의 삶에 토대한 시민권 등을 주장하고, 이를 구체화시키기 위한 (탈)로컬적인 조직과 연대를 모색하기도 한다. 노점상은 공적 공간인 도로, 광장, 공터를 일시적으로 점유하여 사적 이윤을 추구함에 따라 불법적 행위로 간주되고 있다. 이에 관해 두 가지 의문이 제기될 수 있다. 하나는 '도로, 광장, 공터를 누가 혹은 무엇이 그리고 왜 / 어떻게 공적 공간과 사적 공간의 이분법으로 명확하게 구분 혹은 분할할 수 있는가?'에 관한 질문이다. 도로, 광장의 공간 혹은 장소는 국가 혹은 정부가 독점적으로 소유하고 분할할 수 없는 사회성과 역사성 더 나아가 모든 생명체의 존재와 활동의 토대이다. 즉, 국가 기관은 도로, 광장, 공터의 일부분을 일시적으로 점유하고 이용하는 노점상을 '법률적 근거'에만 의존하여 '불법'이라고 명명하고, 철거시키기도 한다. 그러나 노점상이 사회 혹은 인간 생존의 관점에서 '불법'으로 단정하기 어렵다. 다른 하나는 '로컬 사람들은 노점상을 불법과 합법의 이분법이 아닌 저소득층이 자신의 생계를 유지하기 위해 도로, 광장을 임시적으로 점유하여 이용하는 주민 혹은 이웃으로 인식

---

14 하진숙, 「탈춤의 불확정적 형식과 상호 수행성의 관계」, 『무용예술학연구』 52, 2015, 135쪽.

하고, 판매하는 물건을 구입한다. 즉, 주민 혹은 시민은 노점상을 불법으로 인식하기도 하지만 자신들의 이웃이며, 가난한 사람들이 생계를 유지하는 수단으로 인식하기도 한다. 또한 노점상이 판매하는 물건들은 불법적으로 거래되는 상품이 아닌 값싼 상품으로 혹은 직접 생산한 상품으로 구입되고 있다. 위에서 제기한 두 가지 의문을 종합하면, 노점상은 언어, 제도, 인간의 인식과 행위, 시간과 공간이 상호 접촉 혹은 충돌하는 지점인 사이공간으로서 로컬리티에 위치해 있으며, 여기서 '불법'과 '합법'에 관한 경계의 모호성으로 인해 전이성이 나타난다. 그리고 노점상은 사이공간으로서 로컬리티의 전이성 체험을 통해 기존의 법, 인식, 행동 양식을 넘어선 새로운 대안을 추구하기도 한다.

바디우Badiou에 의하면, 공백은 상황 혹은 맥락 속의 비정합적 상태이다.[15] 공백은 집합론의 여러 특성들 가운데 공집합empty set 개념에 토대를 두고 있다. 공집합은 어떠한 원소도 갖고 있지 않은 유일한 집합이며, 크기와 원소가 없다. 이것은 모든 집합에 속함과 동시에 어느 집합의 원소를 갖지 않는 독특한 성질을 지니고 있다. 따라서 사이공간으로서 로컬리티 미결정성을 이해하는 데 도움을 줄 수 있다. 다음은 공백 속에서 존재, 사건 그리고 주체화의 관계를 기술하고 있다.

바디우의 주저인 『존재와 사건』은 일자(一者) 없는 다수의 존재론으로부터 출발하여 사건의 돌발과 주체의 성립으로 나아간다. 이 과정의 출발점은 무엇인가? 그것은 바로 상황 속에서의 공백의 존재이다. (…중략…)

---

15 알랭 바디우, 조형준 역, 『존재와 사건』, 새물결, 2013.

존재는 일자가 아니다. 오히려 그것은 불안정성으로 특정져지는 공백을 그 기초로 삼는다. (…중략…) 모든 새로운 존재의 출현은 이 공백을 통과한 것이라고 볼 수 있다. (…중략…) 공백은 '역사적 상황' 안에서 언제든 나타날 수 있다. 만약 상황에 존재하고 있는 어떤 다수의 항목들이 상황 상태의 셈에 포함되지 않는다면, 다시 말해 상황 상태에 의해 존재하지 않는 것, 가치 없는 것으로 취급된다면 이 다수를 구성하는 항목들은 사실상 공백으로서 상황에 존재하는 것이다. (…중략…) 사건이란 (…중략…) 상황 안에서의 공백의 출현이다. 사건은 언제나 국지적(local)이다. 사건은 어떤 특정한 상황 속한 자리(장소 혹은 위치)에서의 사건인 것이다. 사건은 (특정한) 사건의 이름을 통해 호출된 공백으로 구성되는 것 이상도 이하도 아니다. 바디우의 사건은 하나의 상황 속에서의 공백의 출현으로 인해 일자 구조가 파열되는 과정이다.[16]

공백의 예로 원근법을 들 수 있다. "원근법은 그림 안의 이성이다. 왜냐하면 원근법은 세계의 그림을 일목요연하게 질서지우기 때문이다. 그리하여 (라캉 미술관의 유령들의) 저자는 원근법에 입각한 그림을 진리의 이름으로 공백을 틀어막는 거세된 이미지로 본다."[17] 원근법은 화가로 하여금 '열린 혹은 모든 가능한 세계'를 '원근법에 의한 하나의 닫힌 혹은 완성된 이미지'로 전환시키는 장치이다. 이것은 세계를 인식하고 표현하는 무수한 방법들 가운데 하나이며, 자연적으로 주어진 것이 아

---

16 서용순, 「바디우 철학에서의 공백의 문제」, 『라깡과 현대정신분석』 8(2), 한국라깡과현대정신분석학회, 2006, 99~100쪽.
17 정지은, 「공백의 윤리학을 통한 이미지의 정신분석」, 『라깡과 현대정신분석』 17(1), 한국라깡과현대정신분석학회, 2015, 189쪽.

닌 학습을 통해 습득된다. 따라서 열린 세계에 대한 원근법적 그림 혹은 이미지는 언제나 비정합적인 공백을 포함하고 있다. "공백의 존재는 (기존의) 상황상태에 커다란 위협이 아닐 수 없다. 하나로-셈하기를 근본적으로 교란시키는 공백은 상황의 통일성을 파괴하는 지점까지 나아갈 수 있기 때문이다. (…중략…) 사건은 공백의 돌발적인 출현이고, 해석적 개입을 통하여 그것을 선언적으로 명명함과 동시에 이전 상황의 '정상성'은 파괴되기 시작한다."[18] 서사, 재현, 이미지, 규범, 제도, 몸, 물질의 상이한 힘들이 접촉 혹은 충돌하면서 만들어진 사이공간으로서 로컬리티는 공백의 특성을 포함하고 있다. 즉, 두 가지 이상의 상이한 힘들이 접촉하여 생성된 로컬리티의 공간은 설명 혹은 해석을 거부하는 비정합적인 공백의 특성을 지니고 있으며, 이로 인해 갈등이 발생하며 상황에 따라 창조성, 즉 기존의 것과 다른 새로운 인식과 행동양식, 제도, 지식, 물질성이 생성되기도 한다.

4. 수행적 관계 스케일의 정치

'지금, 여기'의 로컬리티 내부와 '지금이 아닌 과거와 미래' 그리고 '여기가 아닌 저기'의 로컬리티 외부의 (비)물질적 힘들이 중층적이고 역동적으로 얽혀서 작동함에 따라 새로운 관계적이고 혼종적인 스케일, 글로컬리티glocality, 트랜스로컬리티translocality, 글로네이컬리티glonacality이 생성되고 있다.[19] 중층적이고 역동적인 관계 스케일의 형성과 작동은

---

18 서용순, 앞의 글, 104쪽.

1980년대 이후 진행된 지구화, 신자유주의, 정보·통신 기술의 발달로 인해 국민국가 체제의 위기와 재구조화와 밀접하게 관련이 되어 있다. 즉, 독점적 권력에 기초한 국민국가 체제 내에 위치한 로컬리티는 국가의 정치·사회·경제에 절대적으로 제약을 받을 수밖에 없었다. 그러나 자본, 지식, 정보 기술에 토대한 자본의 지구화, 신자유주 이념, 인터넷과 가상공간은 국민국가 체제와 질서를 변화시켰다. 이로 인해 기존의 로컬리티는 자본, 노동력, 지식과 정보, 문화 등을 매개로 초국가적인 혹은 지구적인 관계 활동을 증가시킴에 따라 빠르게 변화하고 있다. 따라서 새로운 로컬리티는 내부와 외부의 다양한 (비)물질적 힘들의 중층적이고 역동적인 관계적 활동에 의해 생성되고 있다. 여기서 관계적 스케일은 로컬리티와 이를 초월한 네이션넬리티와 글로벌리티와의 상호 관계적 작동에 기반을 두고 있다. 그리고 관계적 스케일의 정치는 이들 간의 모순 혹은 충돌에 의해 발생하는 갈등 혹은 저항 나아가 창조적 활동이다. 관계적 스케일로서 로컬리티는 계층적 혹은 수직적 관계로 이미지화시킬 수 있다.(그림 2) 그리고 이것은 상이한 공간 스케일 간의 수행적 관계 속에서 작동하는 수직과 수평 그리고 이들의 혼성 이미지로 표현할 수 있다.(그림 3) 후자의 경우, 특정한 형태의 수행적 관계 스케일은 선험적으로 혹은 객관적으로 주어지지 않고, 사이공간으로서 로컬리티의 생성과 변화 과정 속에서 구체적으로 나타날 것이다. 예를 들면, 로컬리티와 글로벌리티 간의 상호작용에 의해 만들어지는 글로컬리티가 계층, 수평, 혼성의 특성들 가운데 어떠한 모습으로 구체화될 것인 지는 맥락성, 수행적 관계성 그리고 생성과 변화의 과정성에 의해 결정된다.

19 박경환, 앞의 글; 박규택, 앞의 글.

스케일은 로컬리티를 구분 혹은 범주화할 할 때 혹은 로컬리티와 다른 공간들, 국가, 초국가, 지구와 관계를 맺는 매개적 장치이다. 매개 장치로서의 스케일은 공간의 구성 요소들, 위치, 경계, 이동, 관계, 영토 등과 밀접하게 관련되어 있다. 스케일은 위치를 혹은 경계를 표시하는 장치인가? 스케일은 크기 혹은 영토를 표시하는 장치인가? 스케일은 고정 혹은 유동하는가?

사이공간으로서 로컬리티 스케일은 매개 장치와 수행적 관계성 관점에서 고찰될 수 있다. 단순한 물리적 공간의 규모로서 스케일, 즉, 이웃, 도시, 농촌, 지역, 국가, 대륙, 세계의 분류 혹은 구획은 국민국가에 토대를 근대 지리학이 수립된 이후에 지속적으로 사용되어 왔다. 그러나 물리적 공간, 언어와 기호 그리고 이미지에 토대한 인문학적 공간, 정치·경제·사회·문화 공간이 혼합된 될 경우, 스케일을 소수의 독립된 형태로 개념화시키는 작업은 쉽지 않을 뿐만 아니라 많은 비판에 직면한다. 상이한 형태의 공간들을 연결 혹은 결합시키기 위한 장치로 위상학적 관계[20] 스케일을 제시할 수 있다. 이것의 예로 는 세계를 선진국과 후진국으로 구분하고, 전자를 후자의 발전 모형으로 이해하는 근대화 이론을 들 수 있다. 또 다른 예는 세계의 다양한 형태의 국가들 혹은 지역들을 중심부와 주변부로 나누고, 이들 간에 수행되는 불균등한 교환으로 인해 지배와 종속의 관계가 지속되고 있다는 종속이론이다. 그리고 고정적이고 이분법적인 종속이론을 동적모형으로 만든 세

---

20 위상학적 관계 스케일은 공간 요소들 가운데 위치와 상태(혹은 배열)의 관계에 초점을 두고 있다. 따라서 이것은 물리적 위치·거리·이동·경계·형상 등을 세밀하게 고려하지 않는다. 하나의 예는 지하철 노선의 관계망을 표시한 안내도이다. 즉, 지하철 안내도은 역들의 위치와 배열 관계 혹은 연결망을 간략하게 표시한 위상학적 관계 지도이다.

계체제이론은 자본주의 세계를 중심부-준주변-주변부로 분류·명명하였다. 세계체제이론에 의하면, 1960년대 이후 한국은 '개발도상국'으로 명명되었고, 준주변부에 위치하게 되었다.

지리학 내에서 정치경제학적 스케일 논의를 처음으로 시작한 Taylor(1982)는 자본주의 생산양식과 공간의 관계를 '경험'에 토대한 도시(미시규모, micro scale), '이념'에 토대한 국가(중간규모, meso scale) 그리고 실재에 토대한 지구(거시규모, macro scale)의 '3중 스케일 구조three-scale structure' 이론을 제시하였다. 이후 자본주의의 축적체제 혹은 계급관계의 변화, 자본의 세계화, 신자유주의, 국가 혹은 지역(도시)의 위기와 재구조화 등과 관련된 정치경제학적 스케일 연구들이 상당히 진전되었다. 특히 Smith(1990)는 다중 스케일, 즉 집, 이웃, 지역, 국가, 세계의 스케일을 연구하였고, 이들 스케일 간의 갈등 관계를 스케일의 정치politics of scale로 보았다. 그리고 Marston(2000)은 스케일이 정치경제적 요인들을 넘어 성, 가부장제도 등의 사회적 힘들의 작동에 의해서도 생산·유지될 수 있음을 주장하였다.

1990년대 이후 정치경제적 스케일은 포스트구조주의와 관계론에 의해 비판을 받게 되었다. 전자는 스케일의 존재와 인식이 서사, 담론, 재현과 어떠한 관계가 있는지를 고찰하면서, 양자 간의 지속적인 불일치와 불화를 주장하였다. 즉, '로컬리티' 스케일의 존재 자체와 이들의 서사, 담론, 재현 간에 항상 불일치 혹은 공백이 발생하며, 이로 인해 양자 간에는 갈등 혹은 저항의 스케일 정치가 일어난다. 후자는 스케일을 서사, 재현, 정치·경제·사회적 조직과 제도, 관습, 물질의 힘들 간의 상호 관계적 활동에 의해 생성되고 변화하는 것으로 이해하고 있다. 포스트구조주의는 언어, 기호, 이미지를 매개로한 서사, 담론, 재현 그리고 이들 간의 일어나는 갈등 정치의 관점으로 로컬리티 스케일의 존재와 인식을 고찰한다. 즉, 로컬리티 스케일은 서사, 담론, 재현을 통해서 만들어지고 변화한다. 이와 관련하여 두 가지 의문이 제기될 수 있다. 첫째, 로컬리티 스케일이 존재한다면, 이것은 서사, 담론, 재현을 통한 인식체계와 일치하는가? 앞서 서술하였듯이 둘 사이에 언제나 불일치 혹은 갈등이 존재한다. 둘째, 서사와 재현을 매개한 스케일은 다른 매개 수단들, 조직과 제도, 관습, 물질에 의해 생성·변화하는 로컬리티 스케일과 어떠한 관계가 있는가? 이들은 직접적으로 관계 맺거나 혹은 비유적 방법으로 관계를 맺는다. 서사, 담론, 재현의 관계 맺기 방식과 같이 이들 관계성도 언제나 불일치 혹은 공백이 발생한다. 따라서 포스트구조주적 관점에서의 로컬리티 스케일은 언제나 문제점이 발생한다. 그러나 포스트구조주의가 로컬리티 스케일에 기여한 점은 서사, 담론, 재현, 이미지의 수행성이다. 즉, 제도와 조직 그리고 물질과 관계를 맺지 않는 언어, 기호, 이미지에만 의존하는 로컬리티 스케일의 서사, 담론, 재현이 생산되어 지속적으로 사용 혹은 인용됨에 따라 수행성이 발휘되고, 나아가 수행성의 효과 혹은 영향이 제도와 조직 혹은 물질에 반영된다. 그리고 로컬리티 스케일과 다른 스케일 간의 관계에 관한 상이한 서사, 재현, 이미지는 이들 간에 갈등과 협상이 일어날 수 있으며, 이를 수행적 스케일의 정치politics of performative scale로 볼 수 있다.

관계적 로컬리티 스케일은 서사와 재현, 조직과 제도, 관습, 물질 간의 관계적 수행에 의해 생성·변화로 이해될 수 있다. 이것은 상이한 힘들 간에 작동하는 지배와 종속, 갈등, 타협, 창조의 복잡하고 역동적

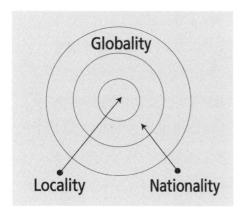

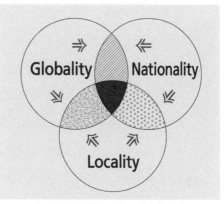

〈그림 2〉 계층(수직)적 스케일에 의한 로컬리티 위상 〈그림 3〉 수행적 관계 스케일에 의한
(사이공간으로서) 로컬리티의 위상

과정의 정치를 통해 구체화된다. 또한 관계적 로컬리티 스케일은 '계층
적인 지배와 종속' 혹은 '수평적인 자율, 경쟁'의 이분법이 아닌 '두 가
지 모두 그리고 어느 곳도 아닌' 사이의 관점으로 이해될 필요가 있다.
이것은 상이한 힘들 간에 일어나는 수행성에 초점을 둔다.[21]

관계적 스케일은 상이한 힘들이 중층적으로 교차함에 따라 발생하
는 지배와 종속, 갈등, 협상, 창조를 초점을 둔 스칼라 정치scalar politics
에 많은 관심을 보인다. 여기서 스칼라 정치는 상이한 스케일이 아닌
특정한 하나의 스케일에 다양한 힘들이 접촉함에 따라 일어나는 생성
과 변화의 과정을 고찰한다. 입지존재론site ontology 혹은 행위자연결망
이론 Actor-Network Theory, ANT에서 스케일은 관계론과 스칼라 정치의
관점으로 스케일을 논의하고 있다.[22]

21 Kaiser & Nikiforova, The performativity of scale : the social construction of scale
    effects in Narva, Estonia, *Environment and Planning D : Society and Space* 26(3), 2008;
    Moor, Rethinking scale as a geographical category : from analysis to practice, *Progress in
    Human Geography* 32(2), 2008; MacKinnon, Reconstructing scale : towards a new scalar
    politics, *Progress in Human Geography* 35(1), 2011.

서사와 재현, 조직과 제도, 몸과 물질의 수행적 관계에 의해 생성되어 변화하는 사이공간으로서 로컬리티는 수직(계층), 수평(평등), 혼종의 특성에 토대를 둔 관계적 스케일과 스칼라 정치에 의해 효과적으로 이해될 수 있다. 그러나 현실적으로 자본, 정치, 사회가 다양화하면서 세련된 방식으로 '지배와 종속' 혹은 '포함과 배제'의 현상이 지속되고 있기 때문에 정치경제학적 스케일과 이와 연관된 정치는 여전히 유효하다. 따라서 사이공간으로서 로컬리티의 스케일은 관계론과 정치경제학적 관점이 결합된 방식으로 이해될 필요가 있다. 아래 인용문은 로컬리티 스케일에 관한 두 개의 관점을 결합해야 하는 지에 대한 이유를 간접적으로 서술하고 있다.

들뢰즈는 미시적이고 분자적인 다양한 단위의 파시즘들이 (개별적 혹은 집단적 인간) 욕망의 흐름을 철저히 봉쇄하기보다는 강렬한 탈주의 선을 스스로 만든 후 이를 가차 없이 파괴와 죽음의 흐름으로 전환시킨다고 본다. 따라서 파시즘이 위협적인 것은 전체주의적 권력의 가시적인 폭력 때문이라기보다 사회적 암세포와도 같은 분자적이고 미시정치적인 메카니즘에 의해 대중의 욕망을 왜곡시키는 마력을 가지고 있기 때문이다. (…중략…) 자본주의 정치는 물리적 폭력에 의존하던 과거의 전제군주 사회와 달리 탈 코드화하고 탈영토화된 욕망의 흐름을 직장, 학교, 가족 등과 같은 장치를 통해 재영토화시킨다. 뿐만 아니라 자본에 호명당한 화려한 광고매

---

22 박규택, 「혼성적・실천적 스케일로서 로컬리티」,『로컬리티 인문학』12, 부산대 한국민족문화연구소, 2014; Marston, Jones & Woodward, Human geography without scale, *Transactions of the Institute of British Geographers* 30(4), 2005.

체를 통해 우리의 소비욕구를 끊임없이 조장하는 오늘날의 자본주의 사회는 전례없는 탈영토화와 탈코드화를 통해 무의식적 욕망의 흐름을 해방시키면서, 다른 한편 탈영토화된 욕망의 흐름을 포획하여 자본주의 현실원칙에 철저하게 예속시키기 때문에 파시스트적 요소가 뚜렷하다.[23]

5. 개념적 틀의 정치화 필요성

인간을 포함한 생명체의 존재와 활동의 토대인 '지금, 여기'의 로컬리티는 지구화, 신자유주의, 국민국가의 재구조화, 정보·통신 기술(인터넷, 가상공간)의 발달로 인해 급속히 변화하고 있다. 이러한 변화는 지구적 혹은 초국가적 도시화, 글로컬리티, 트랜스로컬리티 등의 새로운 개념을 통해서 이해될 수 있다. '지금, 여기'의 로컬리티는 '지금이 아닌 과거와 미래' 그리고 '여기가 아닌 저기'와의 중층적이고 역동적인 상호관계 속에서 생성·변화한다. 로컬리티 내부와 외부에서 작동하는 상이한 힘들의 관계는 본질론, 선험론, 이분법 그리고 환원론으로 설명 혹은 해석되면서 많은 비판을 받았다. 이것을 극복하기 위한 방안으로 로컬리티의 개념적 틀로 사이공간으로서 로컬리티가 제시되었다. 이틀은 지구화, 신자유주의, 국민국가의 재구조화의 맥락 하에서 이루어지는 수행적 관계성과 생성·변화의 과정 그리고 이와 관련된 미결정성과 관계적 스케일 정치에 토대하고 있다.

---

23 사공일, 「들뢰즈와 권력의 정치」, 『인문과학』 23, 서울대 인문학연구소, 2011, 46쪽.

사이공간으로서 로컬리티는 세 가지의 유형의 매개체, ① 서사, 재현, 이미지, ② 조직, 제도, 관습 그리고 ③ 몸, 물질(자연, 건조환경) 간의 수행적 관계 활동에 의해 생성·변화한다. 이것은 두 단계로 나누어 이해될 수 있다. 첫 번째, 상이한 매개체의 활동을 통해 각각의 공간이 형성된다. 즉, 언어, 기호, 이미지를 매개한 서사와 재현의 공간이 그리고 조직과 제도를 매개로 조직과 제도의 공간이 만들어진다. 두 번째, 서사·재현의 공간 그리고 조직과 제도의 공간이 접촉 혹은 충돌하는 지점site 혹은 장field에서 사이공간으로서 로컬리티가 생성되고 변화한다. 사이공간으로서 로컬리티는 지구화, 신자유주의, 국가 재구조화의 맥락 하에서 다양한 매개체를 통해 만들어진 상이한 공간들 간의 수행적 관계성에 의해 생성되고 변화한다.

사이공간으로서 로컬리티는 어떻게 중층적이고 역동적으로 생성·변화하는지에 관한 의문이 제기될 수 있다. 이 질문은 사이공간으로서 로컬리티의 미결정성을 통해 이해될 수 있다. 일반적으로 미결정성은 상이한 힘들이 충돌하는 과정에서 만들어지고, 모호성, 불확실성, 변화의 잠재성을 내포하고 있다. 이는 전이성 혹은 공백의 개념을 통해 깊이 이해될 수 있다. 즉, 전이성 혹은 공백은 모든 것에 속함과 동시에 어느 곳에도 속하지 않은 특성을 보인다. 이러한 특성으로 인해 전이성 혹은 공백은 모든 가능성을 내포하고 있다. 예를 들면, 사적 이윤을 추구하는 자본과 공공복지를 목적으로 정부의 정책이 충돌하는 지점에 형성된 전이성 혹은 공백은 모든 가능성, 즉 자본이 정부를 혹은 정부가 자본을 지배하는 상태, 자본과 정부가 갈등하고 협상하는 상태, 자본도 정부도 아닌 시민이 지배하는 상태, 자본과 정부 그리고 시민이 수평적으로 협력하는 상태를 포함하고 있다. 이들 가능성은 특정한 맥락 속에서 작동하는 행위자들 간의 상호관계 속에서 구체화될 것이다.

상이한 매개체들의 결합 혹은 충돌로 만들어지는 사이공간으로서 로컬리티는 미결정적 상태에 놓이게 되며, 여기서 역동적인 변화가 일어난다. 하나의 예를 보자면, 국가 혹은 대도시의 사회·경제·공간 구조의 변화에 따라 나타나는 도심부의 쇠퇴는 실업과 범죄의 증가, 주택 및 하부시설의 노후화, 저소득층 증가, 자본투자 회피 등의 문제를 일으키고, 이를 해결하기 위해 자본과 정부 중심의 도심 재생 혹은 재개발 사업이 추진된다. 따라서 쇠퇴하는 대도시의 중심부는 상이한 힘의 공간들이 충돌하면서 만들어진 사이공간으로서 로컬리티로 볼 수 있으며, 미결정성이 나타난다. 여기서 모든 것들이 가능하게 된다. 자본 혹은 정부 주도의 도심 재생 혹은 재개발 사업이 진점됨에 따라 저소득층은 도심 외곽으로 추방되거나 도심 속에서 더욱 열악한 환경 속에서 살아 갈 것이다. 혹은 자본, 정부, 시민(주민)의 수평적 협력에 의해 도심의 쇠퇴를 막고, 시민중심의 삶의 공간으로 전환시킬 수 있다. 쇠퇴하는 대도시의 중심부가 상이한 잠재적 상태들 가운데 구체적으로 어떠한 방향으로 진전될 것인가는 다양한 힘들 간에 작동하는 수행적 관계에 의해 결정될 것이다.

사이공간으로서 로컬리티는 관계론적 스케일을 매개로 생성·변화되고 있다. 관계론적 로컬리티 스케일은 '수직적(계층적)인 지배와 종속' 혹은 '수평적이고 자율적인 경쟁'의 이분법이 아닌 '두 가지 모두 그리고 어느 곳도 아닌' 사이의 관점으로 이해될 필요가 있다. 이것은 수직(계층)과 수평 그리고 이들의 혼합된 특성에 토대를 둔 수행적 관계론 혹은 스칼라 정치를 통해 이루어질 수 있다.

지구화, 신자유주의, 정보·통신기술의 발전으로 인해 국민국가 체제 속에 위치하였던 로컬리티가 다양한 형태로 변화하고 있다. 본 연구는 새로운 형태로 변화하는 로컬리티를 종합적이고 체계적으로 이해하기 위해 사이공간으로서 로컬리티의 개념적 틀을 제시하였다. 이것은 많은 사례 연구의 과정과 결과를 통해 수정·보완되어야 한다. 그리고 사이공간으로서 로컬리티와 관련된 후속 작업으로 상호 관계적 주체(화), 로컬리티의 능동적 행위성, 위상적 공간과 지형적 공간의 관계에 관한 연구가 진행될 것이다.

참고문헌

가스통 바슐라르, 곽광수 역, 『공간의 시학』, 민음사, 1993.

박경환, 「글로벌 시대 인문지리학에 있어서 행위자-네트워크 이론(ANT)의 적용 가능성」, 『한국 도시지리학회지』 17(1), 한국도시지리학회, 2014.

_____, 「대안 정치를 위한 공간적 상상의 재고(再考)-Doreen Massey(1944~2016)의 『공간을 위하여』(2005)에 대한 논평」, 『한국도시지리학회지』 19(1), 한국도시지리학회, 2016.

박규택, 「혼성적·실천적 스케일로서 로컬리티」, 『로컬리티 인문학』 12, 부산대 한국민족문화연 구소, 2014.

_____, 「'Glonacal' 관점에서 본 한국 화교학교-대구화교중학교의 사례」, 『한국도시지리학회 지』 19(2), 한국도시지리학회, 2016.

이가림, 「물질적 상상력과 역동적 상상력-바슐라르의 시학」, 『시와 시학』 20, 시와시학사, 1995.

이영민·이용균·이현욱, 「중국 조선족의 트랜스이주와 로컬리티의 변화 연구-서울 자양동 중국 음식문화거리를 사례로」, 『한국도시지리학회지』 15(2), 한국도시지리학회, 2012.

정지은, 「공백의 윤리학을 통한 이미지의 정신분석」, 『라깡과 현대정신분석』 17(1), 한국라깡과 현대정신분석학회, 2015.

알랭 바디우, 조형준 역, 『존재와 사건』, 새물결, 2013.

사공일, 「들뢰즈와 권력의 정치」, 『인문과학』 23, 서울대 인문학연구원, 2011.

서용순, 「바디우 철학에서의 공백의 문제」, 『라깡과 현대정신분석』, 8(2), 라깡과현대정신분석학 회, 2006.

신태진·김지희·이윤철, 「인천국제공항 장기전략 수립 방향성에 관한 연구」, 『한국항공경영학 회지』 14(3), 한국항공경영학회, 2016.

홍명희, 「과학과 상상력의 중첩성」, 『비교문화연구』 34, 서울대 비교문화연구소, 2014.

하진숙, 「탈춤의 불확정적 형식과 상호 수행성의 관계」, 『무용예술학연구』 52, 한국무용예술학회, 2015.

홍성호, 「바슐라르의 물질적 상상력과 흙의 이미지」, 『대한건축학회지』 36(3), 대한건축학회, 1992.

Adey, P. If Mobility is everything, Then it is Nothing : towards a relational politics of (im)mobilities, *Mobilities* 1(1), 2006.

Hannam, K. Sheller, M. and Urry, J. Editorial : mobilities, immobilities and moorings, *Mobilities* 1(1), 2006.

Corvellec, H. Sustainability objects as performative definitions of sustainability : The case of food-waste-based biogas and biofertilizers, *Journal of Material Culture* 21(3), 2016.

Dominguez Rubio, F. On the discrepancy between objects and things : an ecological approach, *Journal of Material Culture* 21(1), 2016.

Gell, A. Vogel's net : traps as artworks and artworks as traps, *Journal of Material Culture* 1(1), 1996.

Kaiser, R. and Nikiforova, E. The performativity of scale : the social construction of scale effects in Narva, Estonia, *Environment and Planning D : Society and Space* 26(3), 2008.

MacKinnon, D. Reconstructing scale : towards a new scalar politics, *Progress in Human Geography* 35(1), 2011.

Marston, S.A. The social construction of scale, *Progress in Human Geography* 24, 2000.

Marston, S.A., Jones, J.P. and Woodward, K. Human geography without scale, *Transactions of the Institute of British Geographers* 30(4), 2005.

Moore, A. Rethinking scale as a geographical category : from analysis to practice, *Progress in Human Geography* 32(2), 2008.

Sayer, A. Behind the locality debate : deconstructing geography's dualism, *Environment and Planning A* 23(2), 1991.

Smith, N. *Uneven Development : Nature, Capital and the Production of Space,* Basil Blackwell, Oxford, 1990.

Star, S.L. This is not a boundary object : reflections on the origin of a concept, *Science, Technology & Human Values* 35(5), 2010.

Taylor, P.J. A materialist framework for political geography, *Transactions of the Institute of British Geographers* 7, 1982.

Turner, V. *The Ritual Process : Structrue and Anti-Structure,* Aldine Transaction, London, 1969.

van Gennep, A. *The Rites of Passage,* The University of Chicago Press, 1960.

모빌리티 패러다임*
장소의 재인식과 사회관계의 재구성

이상봉

1. 왜 '모빌리티'가 중요한가?

글로벌화의 확산과 함께 '모빌리티Mobility'[1]가 사회의 변화를 읽는 중요한 키워드로 대두하고 있다. 물론 '이동'이라는 문제는 '정주'와 함께 오래 전부터 인간 삶이나 사회현상을 설명하는 중요한 요소로 여겨졌으며, 모빌리티 또한 오랜 시간을 거치면서 점차 발전해 왔다는 점에서 이는 최근에 갑자기 나타난 새로운 현상은 아니다. 하지만 전자 · 정보통

---

* 이글은 『대한정치학회보』 25권 1호(2017.2)에 게재된 필자의 논문 「모빌리티의 공간정 치학―장소의 재인식과 사회관계의 재구성」을 수정 · 보완한 것임.

1 Mobility는 이동성이라고 번역되기도 한다. 하지만 '이동성'이라는 말은 이미 고착화된 용례가 있는 데다 학문적 개념어로서의 Mobility가 갖는 다양한 의미를 나타내는 데는 한계가 있다. 따라서 이글에서는 '모빌리티'라는 용어를 그대로 사용한다. 존 어리의 저서 Mobility 의 번역서가 『모빌리티』로 소개되어 있는 점도 참고하였다.

신 기술의 발달에 힘입은 최근의 모빌리티 증대는 이전의 그것과는 맥락과 차원을 달리한다는 점에서 새삼 주목을 끌고 있다. 즉, 모빌리티가 사회변화나 발전의 단순한 결과가 아니라 그러한 변화를 이끌고 또 성격지우는 중요한 요인이 되고 있다는 점에서, 이에 대한 정확한 이해 없이는 사회변화를 제대로 읽기 힘들다는 주장이 힘을 얻고 있다.

모빌리티에 주목하여 사회현상을 새롭게 보는 관점, 이른바 '모빌리티 패러다임mobility paradigm'[2]은 사회공간의 안팎을 넘나드는 다양한 이동에 주목하여, 우선 '모빌리티'가 가진 특성을 파악하고, 이를 통해 그 속에 내재한 다양한 정치적 관계들을 해석하며, 나아가 이러한 모빌리티가 생산·재생산하는 사회관계를 전망하고자 하는 새로운 분석 틀이라고 할 수 있다. 특히 인간 삶에 있어서의 정주와 장소정체성의 의미에 천착해온 로컬리티 연구의 관점에서 보면, 모빌리티의 증대가 야기한 최근의 변화는 기존의 인식들에 대한 중대한 도전으로 여겨질 수 있다. 이하에서 살펴보겠지만, 여기서 말하는 모빌리티는 단순히 물리적 이동이나 이주 그 자체만을 의미하는 것이 아니라 그것을 통해 생겨나는 다양한 관계들의 의미와 실천을 포함하고 있다. 따라서 모빌리티 연구는 공간의 이동이나 이주와 관련된 정치와 권력에 관한 연구, 즉 공간정치학의 개입을 필요로 한다.

이러한 문제제기와 시각을 바탕으로, 이글에서는 모빌리티의 급격한 증대가 사회공간과 사회관계의 재구성에 미치는 영향을 로컬리티, 특히 장소의 의미 변화와 관련시켜 분석하고자 한다. 일반적으로 모빌

---

2 이에 관해서는 각주 11 참조.

리티 증대가 인간 삶에 미칠 영향에 대해서는 비관적 전망이 적지 않으며 특히 로컬공간의 관점에서는 더욱 그러하다. 하지만 이러한 비관적 우려가 커지는 만큼 역설적으로 로컬의 장소에 기반 한 대항논리나 운동도 그 의미를 더해가고 있다. 모빌리티가 획기적으로 증대되는 추세 속에서, 경계나 장소의 의미와 이에 기반 한 사회 공간 및 사회관계가 어떻게 재구성되고 있으며, 모빌리티 패러다임은 이와 관련하여 어떠한 새로운 해석과 전망을 제시할 수 있을 것인가? 이것이 이글의 문제제기이자 궁극적인 연구목적이다.

2. 모빌리티 패러다임 – 사회공간을 읽는 새로운 틀

1) 이동(성)과 정주(성)의 문제

최근의 급격한 사회변동을 사회공간의 관점에서 바라보면, 모빌리티의 획기적 증대가 그 가운데 자리하고 있음을 알 수 있다. 하비D. Harvey가 '시·공간 압축time-space compression'이라고 적절히 표현했듯이, 과학기술의 발전과 더불어 모빌리티가 급격하게 증대하면서 공간의 거리는 줄어들고 시간은 단축되고 있다. 그에 의하면, 이러한 변화는 모빌리티의 증대를 추동력으로 삼은 자본주의의 변화와 관련되어 있다. 즉, 시·공간 압축은 포디즘과 케인스주의에 기반 한 자본주의가 초래한 축적위기를 자본의 공간적 범위 확대와 회전시간 가속화speed-up, 즉 유연적 축적을 통해 해결하고자 하는 시도라 할 수 있으며, 이는 모

빌리티의 획기적 증대, 즉 공간을 자유로이 넘나드는 순간성과 즉시 통신의 가능성에 의해 촉진된다.[3]

여기서 모빌리티는 단순한 물리적 이동을 나타내는 '무브먼트move-ment'와는 구별된다. 크레스웰T. Cresswell의 설명에 따르면, 무브먼트는 시간의 경과에 따른 공간의 변화, 즉 '시간의 공간화spatialization of time'이자 '공간의 시간화temporalization of space'를 의미하며, 여기서 공간은 '위치'라는 추상적인 의미를 가진다. 이에 비해 모빌리티는 이러한 무브먼트에 사회적 의미를 부여하여 해석하는 것으로, 여기서 공간은 단순한 '위치'가 아니라 사회적 의미를 가진 이른바 '장소'가 된다.[4] 따라서 모빌리티란 특정 장소에서 특정 장소로의 이동이라는 사회적 의미를 가진 개념이라고 할 수 있다.

이처럼 사회적 이동을 의미하는 모빌리티의 개념은 정주(: 정주주의)라는 대비되는 개념과의 관계 속에서 파악되어 왔다. 정주주의란 인간은 본질적으로 특정 지역에 머물러 사는 존재라는 점을 사고의 기본으로 삼는 것을 말한다. 인간이 오랜 수렵·유목생활을 거친 후 농경문명을 이루면서 정주를 시작한 이래, 이는 인간 삶의 주된 방식이었으며 따라서 정주주의는 인간의 본질과 관련한 사고에서 주류적 위치를 차지해왔다고 할 수 있다. 이러한 정주주의 사고는 하이데거M. Heidegger의 '거주함Wohnen' 개념과 깊은 관련이 있다.[5] 하이데거가 말하는 '거주함'은 특정한 장소에서 만족감이나 편안함을 느끼며 머물거나 살아

---

3 데이비드 하비, 구동회 역, 『포스트모더니티의 조건(*The Condition of Postmodernity : An Enquiry into the Origin of Cultural Change*)』, 한울, 2008, 335쪽.
4 T. Cresswell, *On the Move*, Routledge, 2006, p.4.
5 M. Heidegger, *Basic Writings* ed. by D. Farrell Krell, Routledge, 1993, p.361.

가는 것을 의미하며 여기에는 '뿌리내리는 것'이라는 감각이 중요하게 작용한다. 즉, 거주는 인간이 특정한 장소에 결합되고 고정되는 방식이며, 이는 '존재 한다Dasein'라는 것과 등치되는 인간의 실존적 조건이라 할 수 있다. 따라서 정주주의에 의하면, 장소는 인간 존재의 공간화이며 이러한 '거주함'이 불안정할 경우 인간의 실존과 정체성에 심각한 위기가 초래된다.

정주주의는 진정성을 갖는 특정한 장소와 이를 구획하는 경계를 중시한다. 즉, 하이데거가 말한 '뿌리내리는 것'이란 일정한 영역을 둘러싸는 경계를 만들어 다른 곳으로는 대체할 수 없는 그곳만의 닫힌 관계성(∴장소성)을 가진 특정한 장소를 구축하는 것을 의미한다. 알다시피, 경계와 닫힌 관계성을 강조하는 이러한 정주주의는 국민국가를 중심으로 한 근대적 공간인식의 중요한 토대가 되었다. 이러한 점에서 보면, 근대적 공간이 가진 배타성, 폐쇄성, 동질성이라는 속성은 정주주의와 그 궤를 같이하며, 따라서 이에 대한 비판은 정주주의에 대한 비판과 일맥상통한다.

그런데 모빌리티의 급격한 증대는 정주주의에 심각한 도전을 제기한다. 모빌리티의 증대에 따른 시·공간의 압축은 거주함에 근거를 둔 지역성locality이나 지연적 유대 등의 가치를 약화시키고, 이에 대비되는 유목주의nomadism의 사고에 힘을 더하는 경향이 있기 때문이다. 물론 정주주의가 모빌리티 자체를 부정하는 것은 아니다. 다만 모빌리티 또한 인간 삶의 중요한 요소이지만 정주주의는 이를 본질이 아니라 정주와의 관계 속에서 나타나는 부차적인 것으로 파악한다. 즉, 인간은 본질적으로 어딘가에 정주하려는 성향을 가지고 있으며 이동은 일시적이

고 예외적인 상태라는 것이다. 알다시피, 근대국민국가는 이러한 정주
주의의 사고를 바탕으로 성립하였으며 이의 확립을 위해 줄곧 노력해
왔다고 할 수 있다.

이에 비해, 모빌리티의 증대를 배경으로 삼아 관심을 끌고 있는 유목
주의는 인간은 본질적으로 이동하는 존재라고 보아 '정주'나 '고정'보
다 '이동'이나 '유동'을 중시한다. 즉, 유목주의는 정주주의가 중시하는
'영역'과 '경계'의 의미를 달리 해석하며, 경계 외부가 가진 차이에 의
미를 부여하여 이러한 경계를 해체하고자 한다. 따라서 유목주의에서
는 각 개인과 사회가 가진 모빌리티가 무엇보다 중요시 된다. 인간이
특정 지역에 정착하는 것은 끊임없는 이동의 과정에서 나타나는 일시
적인 것에 불과하며 고정적인 것이 아니라고 보기 때문이다. 따라서 각
지역들은 장소성이나 지역성과 같은 고정적인 특징에 따라 파악될 것
이 아니라 들고 나는 횟수나 그 속도 등과 같은 이동의 관점에서 서로
구별되어야 한다고 본다.[6] 하지만 이러한 유목주의 역시 정주주의가
강조하는 장소를 이동과 무관한 것으로 보지는 않는다. 즉, 이동은 장
소를 전제로 하여 특정 장소와 장소를 연결하는 것이라고 보아 양자는
불가분의 관계에 있다고 이해한다. 따라서 정주주의와 유목주의의 차
이는 정주와 이동 가운데 어느 것을 더 본질적인 것으로 보는 가에 있
다고 할 수 있다. 정주와 이동이 함께하는 인간의 삶 속에서 어느 것을
본질적인 것으로 보는 가는 중요한 문제이며, 이에 따라 삶이나 사회현
상에 대한 해석과 지향점이 크게 달라질 수 있다. 특히, 장소, 경계, 영

6　大橋昭一, 「モビリティー・パラダイム論の展開ーモビリティ資本主義論の提起ー」, 『観
　光學』 3, 和歌山大学, 2010, 13쪽.

역 등 사회공간을 규정하는 핵심 개념어들의 용법과 의미는 크게 달라진다.

유목주의는 근대성의 토대가 된 정주주의에 대한 강력한 안티테제로서 등장하였다는 점에서 태생적으로 포스트모던의 대안적 사고와 연결된다. 즉, 유목주의는 탈구조주의나 탈식민주의와 같이 근대성을 성찰하는 포스트모더니즘 계통의 학자들이 주목하는 핵심 주제이다. 현대판 유목민이라 할 수 있는 국제이주자들의 삶에 주목하여, 거기서 사이공간, 혼종성, 차이의 정치 등과 같은 포스트모던적 가치들을 발견하고자 하는 최근의 일련의 연구경향들은 이를 잘 드러낸다. 이 글에서 다루는 모빌리티에 주목하는 사고 역시 이러한 경향에 부합한다는 점에서 한편으로는 유목주의의 논지에 힘을 더한다고 할 수 있다. 하지만 다른 한편으로 이러한 사고는 유목주의와는 다른 새로운 해석을 시도하고 있다. 그 이유는 모빌리티에 주목하는 사고가 정주냐 이동이냐의 양자택일적 관점이 아니라, 이동이 야기하는 정주의 의미 변화라는, 양자의 변증법적 관계에 주목하고 있기 때문이다.

2) 경계와 장소에 대한 새로운 인식

모빌리티의 급속한 증대는 '뿌리내리는 것'이라는 정주주의의 사고와 이에 기반 한 영역성, 즉 경계와 장소에 대한 새로운 인식을 촉구한다. 이와 관련하여, 어리J. Urry는 모빌리티의 증대가 야기한 시간과 공간의 새로운 경험을 '순간적 시간instantaneous time'이라는 개념을 통해 설명한다.[7] 즉, 과학기술의 발전에 힘입어 점차 이동의 속도는 빨라지고 공간적 거리가 축소되어 왔지만, 최근의 정보와 통신기술은 나노초의 속도로 순식간에 공간을 뛰어 넘기 때문에 시간의 '순간성instantaneity'이 강화된다는 것이다. 이러한 순간적 시간 속에서는 물리적 거리나 내셔널, 로컬 등과 같이 규모나 영역에 의해 구별되는 공간적 차이가 지닌 의미가 크게 약화되고, 이는 나아가 심리적·관념적인 거리나 경계의 해체로도 이어지게 된다.

이러한 시·공간의 변화를 전형적으로 드러내는 것이 글로벌화라 할 수 있다. 글로벌화란 모빌리티의 증대에 따른 시·공간의 압축과 확장으로 국민국가의 영역성이 글로벌한 규모로 탈-재영역화되는 것으로 볼 수 있기 때문이다. 이와 관련하여 어리는 글로벌화를 '영역region으로서의 사회'라는 메타포가 '네트워크와 유동체로서의 글로벌한 것'이라는 메타포로 치환되는 과정으로 설명한다.[8] 즉, 현재의 글로벌한 사회공간을 잘 파악하기 위해서는, 사회를 중심·권력의 집중·수직적 위계를 가진 '구조'로 파악하는 이른바 '영역의 메타포'를 대신하여, 이를 네트워크나 흐름 등의 탈구조적인 관점에서 보는 이른바 '글로벌 유동체의 메타포'가 필요하다는 것이다. 알다시피 국민국가에 의한 영역화와 내적 동질화 작업은 근대적 시·공간, 즉 절대적 시간과 기하학적 공간의 창출을 통해 이루어졌으며, 이는 경계의 안과 밖, 중심과 주변, 동질성과 차이라는 이분법에 기반 한 영역적 사고를 일반화하여 사람

---

7   존 어리, 윤여일 역, 『사회를 넘어선 사회학(*Sociology beyond Society : Mobilities for the Twenty - first Century*)』, 휴머니스트, 2012, 208쪽.
8   위의 책, 63쪽.

들의 몸과 머리에 각인시켰다. 여기서 글로벌화는 현실적 그리고 정신적으로 이러한 영역성이나 공간에 대한 이분법적 사고를 해체해 가는 과정으로 볼 수 있다. 즉, 글로벌화란 경제나 문화영역을 중심으로 한 빈번한 초국가적 이동이 국민국가의 경계를 약화(: 탈영역화)시키고, 나아가 이러한 경계를 넘어 글로벌한 영역에서 새로운 공간 질서를 구축(: 재영역화)하는 현상인 것이다.

여기서, 근대의 영역적이고 이분법적인 사고에서 벗어나 사회공간을 새롭게 바라보면, 영역을 구획하는 경계는 반드시 필요하거나 고정된 것이 아님을 알 수 있다. 즉, 경계에 대한 재인식이 가능해진다. 여기서 말하는 경계에 대한 재인식은 기존의 경계 구획이 타당 또는 적절한가라는 문제제기에 그치지 않으며, 경계라는 개념 자체가 가진 의미와 내용의 변화를 포함한다. 구체적으로 경계의 의미 변화는 '질적'인 측면과 '스케일'의 측면으로 나누어 파악될 수 있다. 우선, 경계의 질적 변화란 경계가 가진 '장벽'으로서의 성격, 즉 배타성의 약화나 해체를 의미한다. 경계는 현실적으로 다양한 차이들을 나누는 구획으로 존재하지만 그 의미는 배타적인 것이 아니라 서로 넘나드는 것을 허용하는 개방적인 것이 되어야 한다는 것이다. 배타적 경계가 경계를 넘는 차이들을 동질화하거나 배제하는 일종의 '거름 장치'의 역할을 하였다면, 개방적 경계는 차이들이 서로 횡단하면서 만들어내는 혼종의 가능성을 허용한다. 다음으로, 경계의 스케일 변화란 경계 지워진 공간의 단위가 다원화·다층화 됨을 말한다. 즉, 국민국가를 단위로 한 경계(: 국경)가 점차 약화되는 대신 다양한 스케일의 경계가 새롭게 등장한다. 유일·유력하던 국민국가 공간은 이제 다원·다층적 공간 가운데 하나로 상대화되며, 이러한 상대화는 서로 다른 규모의 공간들이 가진 상대적 특징은 물론 이들 간의 관계를 유동성과 고정성의 상호관계 속에서 파악할 수 있게 하는 계기를 제공한다.[9]

이에 더하여, 경계의 재인식은 사회공간에 대한 보다 유동적이고 다원적인 인식을 가능하게 한다는 점에서도 중요한 의미를 가진다. 점차 유동화, 다원화되어 가는 사회현실을 제대로 파악하기 위해서는 인식의 유동 · 다원화 또한 필요하기 때문이다. 글로벌화에 수반하여 사람 · 물자 · 정보 · 이미지 등이 경계를 횡단하며 빈번히 이동함에 따라 사람들은 자신이 그동안 경험해 온 사회공간과는 다른 다양한 시간과 공간을 체감 · 인식하게 되었고, 또 이러한 체감 · 인식을 서로 공유함으로써 사회공간을 보다 유동적 · 다원적으로 이해하게 되었으며, 이는 영역적 사고가 가진 단일적 · 고정적 · 폐쇄적인 인식에 도전하여 다원적 · 유동적 · 개방적인 인식을 고양하였다.

'영역'과 '경계'에 대한 유동적 인식은 '장소'의 의미에 대한 새로운 인식으로 이어진다. 이와 관련하여, 요시하라吉原直樹는 장소에 대한 서사에는 크게 두 가지 줄기가 있다고 설명한다. 즉, 그 하나는 장소에는 내향화된 역사로부터 구축되는 단일하고 본질적인 정체성이 있다고 보아 그 기원을 탐색하는 것이며, 다른 하나는 장소를 자본이나 정보의 흐름에 의해 균질화된 지표의 일부로 파악하여, 그러한 공간이 형성된 후의 세계가 창출한 장소의 차이를 문제 삼는 입장이다.[10] 그는 전자가

---

9   이상봉, 「트랜스로컬리티–포스트모던의 대안적 공간정치」, 『21세기정치학회보』 24-3, 21세기정치학회, 2014, 57쪽.
10 요시하라 나오키, 이상봉 · 신나경 역, 『모빌리티와 장소(モビリティと場所)』, 심산, 2010, 123쪽.

인문주의, 후자가 마르크스주의라는 깃발을 내걸고 싸우면서 장소에 대한 정반대의 서사를 구성해 왔다고 본다. 이 글의 취지에 맞춰 이를 해석하자면, 모빌리티의 증대는 표면적으로는 후자의 입장을 강화하는 경향을 띠지만, 그렇다고 전자의 입장에 대치되는 것은 아니며 오히려 이에 대한 성찰과 재인식의 계기로서 작동한다. 즉, '정주하는 것(: 뿌리 내리는 것)'이 장소의 인식에 핵심적이라는 점을 인정하더라도, 이의 변동, 즉 정주가 아닌 이동을 전제로 한 거주 또한 가능하다는 유동적 사고를 통해 장소의 의미에 대한 새로운 인식이 가능해지는 것이다.

3) 모빌리티 패러다임

모빌리티의 증대는 개인적 삶에서부터 도시 내의 공간배치와 권력관계, 나아가 글로벌한 도시 간의 관계에 이르기까지 다층적 스케일에서 다양한 영향을 미친다. 예를 들어, 대표적인 모빌리티의 수단인 철도, 자동차, 비행기의 대중화가 사회공간에 미친 영향을 살펴보면, 철도는 한편으로는 원거리의 장소들을 직접 연결함으로써 중간에 위치한 많은 장소들을 제거하며 거리를 단축시켰고, 다른 한편으로는 철도가 없었으면 연결되기 힘들었던 장소들을 연결하여 공간을 확장시켰다. 그리고 개인화된 교통수단인 자동차의 보급은 주거의 교외화 등 도로를 중심으로 한 도시공간의 새로운 배치를 낳았고, 비행기의 보급은 국외 이동의 활성화와 공간의 글로벌화에 크게 기여했음을 확인할 수 있다. 이처럼 새로운 모빌리티 수단이 도입되면 사회공간은 그에 맞춰 적

응·재편되는 과정을 거치게 된다.

최근의 모빌리티 증대가 이전과 그것과 다른 중요한 특성은 극소전
자혁명에 힘입어 공간적 글로벌화와 시간적 순간성이 결합된 전례 없
이 고도화된 형태를 나타낸다는 점이다. 특히 이러한 특성은 휴대mobile
와 통신network 관련 기술의 발전에 힘입어 크게 증폭된다. 즉, 이동전
화와 인터넷의 발전과 보급이 삶이나 사회공간의 재구성은 물론 이에
대한 근본적인 인식의 전환을 촉구하고 있는 것이다. 이처럼 모빌리티
의 특성에 주목하여 사회공간이나 사회관계를 새롭게 바라보는 관점
을, 어리의 표현을 빌리자면, '모빌리티 패러다임'이라 할 수 있다.[11]

우리가 모빌리티 패러다임을 통해 사회공간이나 사회관계를 새롭게
바라보고자 하는 이유는 그것이 단지 최근의 사회현상들에 대한 분석
에 유용할 것이라는 기대 때문만이 아니다. 그 보다는 모빌리티에 내재
하는 중요한 속성, 즉 유동성과 관계성 등에 대한 이해를 통해 바람직
한 사회공간이나 사회관계의 재구성을 도모할 수 있다고 보기 때문이
다. 따라서 모빌리티 패러다임은 현실의 우리 삶을 지배하는 자본주의
에 대한 새로운 해석과 대안적 삶에 대한 담론·실천적 지향을 품고 있
다. 모빌리티는 현실의 사회적 권력관계를 지배하는 자본주의와 동떨
어져 존재할 수 없기 때문이다. 그렇다면, 구체적으로 모빌리티 패러다
임은 현실의 자본주의와 관련하여 어떠한 새로운 해석과 전망을 제시
할 수 있는가? 이에 답하기 위해서는 현실 자본주의의 특성에 주목할
필요가 있다. 최근의 자본주의는 모빌리티를 강력한 추동력으로 삼고

---

11 존 어리, 강현수·이희상 역, 『모빌리티(*Mobilities*)』, 아카넷, 2014, 50쪽.

있다. 즉, 자본주의 또한 모빌리티의 주된 특성인 '흐름flow'을 통해 작동하며 이러한 흐름에는 방향, 속도, 관계 등의 권력성이 내포되어 있다. 글로벌한 규모로 장소들 사이를 잇는 흐름을 만들어 내는 강력한 힘이 자본과 권력이며, 따라서 모빌리티는 자본의 욕구를 내면화하여 흐름을 통해 실현하고, 권력은 이러한 흐름을 장악함으로써 자신을 더욱 강화한다.

이처럼, 권력과 자본은 자신들의 욕구를 충족하기 위해 글로벌한 흐름을 만들어내며, 이러한 흐름 속에서 장소는 고유의 의미(: 장소성)를 잃고 균질화 되거나 아니면 차이에 의해 위계화 된 새로운 장소성을 부여받게 된다. 문제는 이러한 과정에 권력성이 강하게 작동한다는 것이다. 이러한 권력과 자본의 글로벌한 흐름에서 도시, 특히 대도시는 중요한 역할을 한다. 도시는 '흐름'을 원활하게 하는 결절점node이기 때문이다. 이와 동시에 도시는 많은 사람들이 살아가는 삶터로서의 장소이기도 하다. 여기서 모빌리티(: 흐름)와 로컬리티(: 장소)의 관계가 우리의 삶과 관련된 중요한 문제로 부각된다. 즉, 자본과 권력이 주도하는 흐름의 힘이 고유의 장소를 파괴하거나 위기에 빠뜨릴 것이라는 우려가 끊임없이 제기된다. 이러한 상황에서, 과연 그렇게 될 것인가? 만약 그렇다면 장소는 상실되고 마는 것인가? 아니면 이를 회복할 수 있는 방안이 있는가? 그렇다면 그 계기는 어디서 찾을 수 있는가? 등의 질문이 제기되며, 이에 대해 모빌리티 패러다임은 답을 제시할 수 있어야 한다.

3. 모빌리티와 장소의 재구성

1) 흐름의 공간 vs 장소의 공간

사회공간의 관점에서 보면, 모빌리티에 의해 추동되는 자본주의는 글로벌한 규모로 시·공간을 확장하고 동시에 압축한다. 자본은 이윤의 확보를 위해 영역의 확장과 순환속도의 가속화를 추구하기 때문이다. 이러한 점에서 글로벌화는 모빌리티 증대가 초래한 전형적인 사회공간의 변화라고 할 수 있다. 공간의 글로벌화는 그동안 '국민경제national economy'라는 완결된 시장과 '시민권citizenship'이라는 동질적 정체성의 주된 단위가 되어오던 국민국가의 영역성(: 국경)을 약화시킨다. 국경이 모빌리티의 무한한 증대를 저해하는 장애요소가 되기 때문이다.

국민국가의 영역성 약화는 국민국가의 위와 아래의 스케일에 자리한 글로벌과 로컬이 국민국가의 통제에서 벗어나 새로운 관계를 맺을 수 있게 한다. 글로벌과 로컬의 새로운 관계에 관해서는 해석이 분분하지만, 글로벌과 로컬을 이항 대립적인 관계로 파악하여 결국에는 글로벌한 힘이, 마치 국민국가가 로컬의 다양성을 억압하며 이를 포섭했던 방식과 유사하게, 로컬을 포섭해 갈 것이라는 우려 섞인 전망이 적잖게 나타나고 있다. 물론 이 또한 글로벌과 로컬의 새로운 관계 맺기 방식 가운데 하나일 수 있으며 그렇게 될 가능성 또한 적지 않다. 하지만 국민국가가 그 영역성을 토대로 다양한 로컬들을 포섭·배제해 온 방식을 글로벌과 로컬의 새로운 관계에 그대로 적용하기에는 상황이 훨씬 복잡하고 유동적이다. 즉, 글로벌과 로컬의 새로운 관계 맺기라는 사회

공간의 재구성을 제대로 이해하기 위해서는 모빌리티가 야기한 공간변화의 양상에 대한 보다 깊이 있는 검토가 선행되어야 한다.

이와 관련하여, 카스텔M. Castells은 '흐름의 공간space of flow'과 '장소의 공간space of place'이라는 서로 대비되는 메타포를 통해 글로벌화에 따른 사회공간의 변화를 설명한다. 즉, 그는 흐름의 공간이란 "시간의 공유, 즉 순간적으로 이루어지는 사회적 실천의 물질적인 조직이며 그러한 실천이 작동하는 것은 다양한 흐름을 통해서이다"라고 설명하면서, 이는 정보사회에 있어서의 중요한 제 과정과 기능을 지지하는 물질적 형태로서, '전자적 교류회로', '네트워크의 노드와 허브', '유력한 경영관리 엘리트의 공간조직'이라는 3개 층위의 물질적 지지기반들의 조합에 의해 만들어진다고 설명한다. 그런 다음 그는, 이러한 흐름의 공간에 대치되는 것으로서 장소의 공간을 위치시키고, 이를 역사적인 뿌리가 있는, 공통의 경험에 관한 공간조직이라고 설명한다.[12]

흐름의 공간이, 앞서 살펴본, 순간적 시간과 다중적인 네트워크라는 최근의 모빌리티가 가진 특성에 의해 주도적으로 창출된다는 점에 주목하면, 이러한 공간이 확산된다는 것은 일차적으로 특정 장소가 가진 영역성(: 거리와 경계)을 순간적인 것으로 만들어 탈맥락화 하면서 동시에 글로벌한 균질화를 강화하는 것을 의미함을 알 수 있다. 즉, 글로벌화란 장소의 공간이 사회의 배경으로 물러나고 흐름의 공간이 전면에 모습을 드러내는 것이며, 이것이 가진 일차적인 의미는 장소성(: 로컬리티)이 부정되고 세계가 흐름의 공간에 의해 지배된다는 것이다. 여기서

---

12 M. Castells, *The Rise of Network Society*, Blackwell publishers Inc, 2000, pp.410~418.

흐름의 공간을 생산하고 주도하는 것은 다국적기업이나 초국가적 권력 조직과 같은 '흐름의 권력'이라 할 수 있으며, 이는 자본이윤의 창출을 위해 자본의 요구에 부합하는 형태로 장소들을 균질화하거나 아니면 장소가 가진 차이를 부각시켜 이를 소비한다.

여기서 주목해야 할 것은, 글로벌화가 흐름의 공간이 장소의 공간을 유린하거나 소비하는 일방적인 과정으로만 진행되지는 않는다는 점이다. 즉, 흐름의 공간이 유인·강요하는 경제적 측면의 위압에도 불구하고 로컬에 기반 한 장소의 공간은 문화적 측면에서 그 정체성identity을 지속하고자 하며, 흐름의 공간에의 경제적·기능적 의존과는 별도로 장소가 가진 역사적인 뿌리가 뽑히지 않고자 한다. 모빌리티에 의해 추동되는 자본주의에서 경제적 생산은 주로 흐름의 공간에 의해 규정되지만, 사회적 재생산은 여전히 로컬의 구체적 장소에서 이루어지고 있기 때문이다. 다시 말해, 흐름의 공간이 압도적이기는 하지만 이것이 인간 삶의 모든 분야에서 관철되는 것은 아니다. 여전히 대다수의 사람들은 구체적인 장소에 기반 하여 생활하고 있으며 그 까닭에 자신의 삶이 장소에 뿌리내리고 있다고 여기는 경향이 강하다. 여기서 장소란 로컬에 다름 아니며, 이러한 로컬의 형태, 기능, 의미는 경계 지어진 물리적 근접성을 통해 주로 드러나게 된다.[13] 여기서 글로벌화의 또 하나의 함의를 발견할 수 있다. 즉, 글로벌화는 일방적인 방향으로만 진행되는 것이 아니며, 흐름의 공간을 조직하는 초국가적 권력, 이른바 '장소 없는 흐름의 권력'과 이에 대비되는 장소성에 근거를 둔 사회운동, 이른

---

13 ibid, p.453.

바 '권력 없는 장소'의 대항을 통하여 새로운 로컬화^{localization}가 모색된다는 점이다.[14]

하지만 모빌리티에 의해 추동되는 자본주의의 공간적 특성을 글로벌 스케일의 흐름의 공간과 로컬 스케일의 장소의 공간과의 대비만으로 파악하는 데는 한계가 있다. 이러한 이분법적 대비에서는 글로벌과 로컬이 지배와 종속이라는 위계적·정태적 관계로 파악되기 쉬우며, 이 경우 종속의 위치에 있는 로컬의 입장에서는 글로벌화의 위압적 흐름에 순응할 것인가 아니면 이에 저항할 것인가의 양자택일만 강요받는 상황이 되기 때문이다. 따라서 양자의 관계를 제대로 읽기 위해서는, 현상적인 공간의 대비보다는 더 본질적이라 할 수 있는, 모빌리티의 증대에 따른 '경계의 의미 변화'에 주목할 필요가 있다. 이를 통해 사회공간의 변화를 보다 유동적이고 관계적으로 이해할 수 있기 때문이다. 즉, 경계를 횡단하는 글로벌한 흐름은 경계 안과 밖의 상호작용을 증대시키고 그 과정에서 안과 밖이 교차하는 혼종·유동적인 사이 공간을 만들어 내기도 한다.

여기서 또 하나 주목할 것은 글로벌화를 균질화를 촉진시키는 힘과 차이나 혼종을 생산하는 힘의 경합으로 보는 관점이다. 즉, 모빌리티의 증대는 자본이 주도하는 흐름의 공간을 강화하는 쪽으로만 작용하는 것이 아니다. 이러한 힘을 이른바 '위로부터의 글로벌화'라고 한다면, 이에 대항하는 이른바 '아래로부터의 글로벌화'도 동시적으로 전개된다. 경계의 약화에 따른 초국가적 이동에는 자발적인 것만이 아니라 어

---

14 齋藤日出治·岩永眞治, 『都市の美学』, 平凡社, 1996, 280쪽.

쩔 수 없는 강제적 이동, 즉 국민국가체제의 주변인이라 할 수 있는 디아스포라나 이주노동자도 포함되어 있기 때문이다. '아래로부터의 글로벌화'라는 관점에서 보면, 영역적으로 고정되지 않고 또 복수의 언어를 사용할 수 있는 이들 디아스포라는 글로벌과 로컬을 잇는 혼종·유동적 존재로서의 새로운 의미를 가지게 된다.

이처럼 흐름의 공간은 논리적으로나 현실적으로 장소에 대비되는 것으로 주로 설명되지만, 이 또한 나름의 장소를 가지고 있으며 또 필요로 한다. 즉, 흐름의 공간에서 흐름이 원활하게 작동하기 위해서는 결절점node이 필요하며, 이러한 결절점의 기능을 하는 도시공간은 나름의 특성을 가진 장소의 공간이기도 하다.[15] 이와 관련하여, 글로벌한 흐름의 공간 속에서 도시공간이 어떻게 재편되고 또 새로운 장소성을 획득하는가를 설명하는 데는 사센S. Sassen의 논의가 도움이 된다. 즉, 그의 '글로벌 도시The Global City'론은 경제적 재구조화와 동시에 진행되는 사회공간의 재구성을 도시공간의 관점에서 분석하여, 글로벌한 흐름의 공간에서 도시들이 각각의 역할을 중심으로 위계화·분절화 되는 현상을 잘 설명한다.[16] 그가 말하는 글로벌 도시의 저변을 관통하는 힘은 최대 이윤을 추구하는 자본의 원리와 그것을 지지하는 권력이 추진하는 신자유주의 정책이지만, 흐름을 이끌고 제어하는 힘을 갖춘 글로벌 도시 그 자체는 나름의 장소화 된 자원을 바탕으로 형성된다. 즉, 도시공간의 장소성은 흐름의 공간의 영향을 받아 그 특성과 의미가 유동적·관계적으로 재생산되는 것이다.

---

[15] M. Castells, Op. cit, p.428.
[16] S. Sassen, *The Global City—New York, London, Tokyo*, Princeton Univ. Press, 2001.

2) '뿌리내림의 장소'에서 '이동하는 장소'로

앞서 살펴본 바와 같이, 근대 국민국가의 사회공간은 경계 지어진 영역, 즉 정주와 뿌리내림의 장소를 중심으로 주로 구성되었다. 그러나 모빌리티의 급속한 증대는 이에 기반 한 삶을 뒤흔들어 이동과 유동적인 삶의 형태를 확산시켰고, 이러한 변화는 장소에 대한 기존의 인식에 대한 재사유로 이어진다. 즉, 정주주의의 장소 인식이 뿌리내린 삶이나 정체성으로서의 장소성에 주목한 결과 이동을 예외적인 상태로 간주하여 부차적으로 다루어 왔다면, 모빌리티의 증대는 이동을 전제로 한 새로운 장소성의 이해를 촉구한다. 끊임없이 이동과 유동을 만들어내는 모빌리티의 공간은 '뿌리내림의 장소'를 대신해 '이동하는 장소'를 그 본질로 삼아야 한다는 것이다.

여기서 말하는 '이동하는 장소'는 렐프E. Relph가 말하는 '무장소성Placelessness'이나 오제M. Augé 말하는 '비장소Non-place'의 개념과 유사하다. 먼저 렐프는, "길, 철도, 공항은 그 자체가 무장소이고, 유행과 습관을 몸에 지닌 사람들의 대규모 이동이 가능해지면서 무장소성은 직접적인 영향권을 벗어나 널리 확산되었다"[17]는 언급에서 알 수 있듯이, 현대 세계는 인간과 장소가 진정한 관계를 맺을 수 없는 무장소의 확산에 직면해 있으며, 이러한 무장소성을 야기한 이유 중 하나가 철도나 항공 등의 모빌리티라는 점을 일찌감치 지적한 바 있다. 오제 또한, 렐프처럼 부정적인 의미를 강조하지는 않지만, 비장소가 확산되고 있다는 점이 "오늘날 세계의 동시대성을 특징짓고 있다"고 설명한다.[18] 여기서 그가 말하

---

17 E. Relph, *Place and Placelessness*, Pion, 1976, p.90.

는 비장소는 순간적·일시적인 특징을 가지며 이동과 여행으로 잘 설명되는 '뿌리 뽑힌' 장소이다. 만약 장소가 관계적이고 역사적이며 정체성과 관련된 것으로서 정의될 수 있다면, 이와 대비되어 관계적이지도 역사적이지도 정체성과 관련되지도 않는 공간이 비장소가 된다.[19] 즉, 어떤 장소가 비장소가 된다는 것은 그곳에 사는 사람들이 만들어 함양해온 문화나 역사로부터 분리되거나 애초에 고유의 장소성과는 무관한 곳으로 생산되는 것을 의미한다. 오제는 비장소란 경계가 유동적이며 관계는 복합적이고 특히 다른 장소와의 차이 또한 잘 드러나지 않는 곳이며, 이러한 비장소가 확산되는 것은 우리가 살아가기 위해 필요한 현실적 조건들이 비장소를 통해 기능적으로 구축되는 경우가 많기 때문이라고 설명한다.

모빌리티의 발달과 함께 도시공간은 하나의 거대한 모빌리티 시스템으로 변했다. 즉, 도시공간은 사람·자본·정보의 급속한 이동과 흐름을 만들어내기 위한 다양한 장치나 공간들로 넘쳐나고 있다. 그 가운데 공항은 대표적인 비장소라고 할 수 있다. 비행기를 통한 이동은 주로 국경을 넘어 글로벌한 규모로 세계의 도시들을 연결한다는 점에서 국민국가의 안과 밖을 잇는 사이공간이며, 특히 세계의 주요도시에 위치한 허브 공항은 글로벌한 흐름의 공간이 작동하는데 핵심적인 곳이기 때문이다. 또한 호텔은 이동이나 일시적 거주를 위한 편리한 공간이며 쇼핑몰과 카페는 소비와 여가가 모빌리티와 효과적으로 결부된 공간이라 할 수 있다. 오늘날 이러한 비장소의 공간들은 도시공간에서 살

---

18 マルク・オジェ, 森山工, 『同時代世界の人類學(*Pour une antbropologie des mondes contemporains*)』, 藤原書店, 2002, 246쪽.

19 M. Augé, *Non-Places : Introduction to an Anthropology of Supermodernity*, Verso, 1995, p.63.

아가는 사람들의 일상적인 삶에 깊게 침투해 있다. 즉, 현대인의 삶은 이러한 비장소 위에서 이루어지는 일시적·유동적인 관계 속에서 영위되고 있다. 여기서 주목할 것은 이러한 삶에서는 장소에 기반 한 정체성과 역사성이 비장소가 가진 일시성과 유동성으로 상당부분 대체된다는 점이다.

　그렇다면 우리는 비장소가 확산되는 이러한 현상을 어떻게 해석해야 하는가? "정체성의 위기가 심화되는 상황에서 우리는 누구이며 어떤 공간 / 장소에 소속되어 있는가? 나는 세계시민인가, 국민인가, 로컬인인가? 아니면 사이버 공간에서 가상적으로 존재할 수 있는가?"라는 하비의 의미심장한 질문이 말하듯,[20] 이는 과연 '장소'와 '장소정체성' 상실이라는 디스토피아적 전망으로 귀결될 수밖에 없는 것일까? 질문의 답을 먼저 말하자면, 모빌리티의 증대로 인해 상실되는 것은 뿌리내림에 기반 한 고정적·폐쇄적 장소이지 장소 그 자체는 아니라고 할 수 있다. 그 이유는, 장소를 인간 존재의 본질적인 산물로 보든 아니면 인간이 의미를 부여하여 구성한 사회구성적 산물로 보든 관계없이, 장소가 인간의 삶에서 여전히 중심적인 의미를 구성하는 요소임이 여러 논의들을 통해 충분히 확인되고 있기 때문이다.

　따라서 장소의 상실을 대신하여 장소의 의미를 새롭게 인식하는 것, 즉 '이동하는 장소'라는 인식 전환이 필요하다. 이러한 관점에서 보면, 오제가 말하는 '비장소'는 장소의 반대 개념이 아니라 장소에 대한 새로운 이해로 볼 수 있다. 즉, 비장소에는 장소의 속박에 대비되는 자유,

---

20　D. Harvey, Justice, *Nature & the Geography of Difference*, Blackwell Publishers, 1996, p.246.

장소의 고정성에 대비되는 유동성이라는 새로운 가치가 포함되어 있다. '비장소'에 내재하는 이러한 가치(: 자유와 유동성)에 주목하면, 그동안 장소에 부여되어 온 의미의 과잉, 즉 낭만적이고 선험적인 장소 이해에서 벗어나 장소를 새롭게 인식하고 창출하는 것이 가능해진다.

'이동하는 장소'라는 새로운 인식은 장소에 대한 유동적이고 관계적인 인식에 다름 아니다. '이동하는 장소'는 고정적이거나 단일하게 존재할 수 없기 때문이다. 따라서 이제 장소는 그곳이 가진 고정적·단일적 특징에 의해 파악되는 것이 아니라 다른 장소들과 비교되거나 이동의 경로, 즉 다른 장소들에 들어가는 지점인가 나오는 지점인가 등에 의해 구분된다.[21] 말하자면, 장소는 다른 장소와의 '관계'를 통해 장소성을 획득하는 것이다. 여기서 장소가 다른 장소와 '관계'를 맺는 유력한 방식이 네트워크이며 이것이 가능해진 것은 모빌리티의 급속한 증대 덕분이다. 카스텔의 말대로, 네트워크는 유연성, 적응성, 자기 조직성이라는 강점에도 불구하고 일정 규모를 넘어서기 힘든 한계를 가지고 있어 그 동안 수직적 계층조직보다 열등한 것으로 여겨졌지만, 모빌리티의 증대, 특히 정보통신기술 발전의 덕분으로 유연성, 확장성, 생존능력 그리고 휴대성이라는 네트워크의 잠재력이 현실화되게 된 것이다.[22]

---

21 존 어리, 앞의 책, 192쪽.
22 M, Castells, *The Rise of the Network Society*, Blackwell Publishers Inc,1996, p.152.

3) '장소의 상실'에서 '장소의 확장'으로

장소를 유동적·관계적인 것으로 인식하게 되면, 장소는 '고정'된 것이 아니라 '이동'하는 것이며, '사물'이 아니라 '과정'이고, '주어진 것'이 아니라 '구성되는 것'이 된다. 즉, 매시의 주장대로, "장소는 '지금, 여기'에 대한 불가피한 협상으로서의 사건event이라는 것"이 된다.[23] 하지만 장소가 사건이 된다고 해서 장소의 고유성이나 정체성(: 장소성)이 무의미해지는 것은 아니다. 장소성은 그곳에 '뿌리내린' 사람들이 아니라 '함께 있는' 사람들의 열린 교섭을 통해 유동적·관계적인 방식으로 새롭게 구성될 뿐이다. 따라서 장소는 교섭이 이루어지는 현장locus이며, 여기서는 당연히 정치가 발생할 수밖에 없다.

앞서 살펴본 바 있지만, 장소가 가진 경계를 해체하며 장소성의 재생산을 추동하는 중요한 힘은 자본이라 할 수 있다. 특히 글로벌한 흐름의 자본은 한편으로는 시장논리에 따라 로컬의 공간을 균질화하면서 다른 한편으로는 로컬의 장소가 가진 차이를 부각시켜 자본이익에 맞추어 소비하기도 한다. 즉, 자본의 유연한 축적양식에 맞춰 로컬리티는 재구성되는 것이다. 위로부터의 로컬화라고 볼 수 있는 이러한 힘에 대항하기 위해 카스텔은 로컬의 장소에 기반 한 '저항 정체성'을 강조하고 있다.[24] 여기서 로컬의 장소가 저항의 근거가 될 수 있는 것은 글로벌한 흐름의 공간이 만들어내는 탈맥락적이고 불안정한 시·공간 경험에 대한 반동으로서 장소가 가진 근접성이나 친밀성에의 갈망이 발생하기 때문이다.

---

23 도린 매시, 박경환·이영민·이용균 역, 『공간을 위하여(For Space)』, 심산, 2016, 268쪽.
24 M. Castells, *The Power of Identity*, Blackwell Publishers Inc, 1997, pp.356~357.

그러나 불안이나 위험을 해소하기 위해 장소가 가진 근접성을 다시 호출하는 방식은, 최근에 확산되는 '게이티드 커뮤니티gated community'들에서 극단적으로 표출되는 바와 같이, 배타적 폐쇄성으로 이어질 개연성이 크다. 즉, 장소는 친밀하고 신뢰할 수 있는 안식처라는 복고적·낭만적인 인식에 기대어 장소의 회복을 주장하는 논리가, 어리가 말하는 모빌리티의 증대가 야기하는 디스토피아적 전망[25]과는 또 다른, 새로운 디스토피아적 폐쇄성으로 이어질 가능성이 있는 것이다. 게다가 흐름의 공간에 의한 장소의 상실에 대해 고유한 장소성의 회복이라는 논리로 대항하면 될 정도로 현실의 사회공간의 의미변화나 이를 둘러싼 권력관계는 그리 간단하지 않다. 이 대목에서 존재론적 장소의 의미와 거주함으로서의 장소를 강조하는 하이데거식 사유가 전체주의의 논리나 배타적 로컬리즘localism으로 이어질 가능성을 배태하고 있었음을 다시 한 번 상기할 필요가 있다. 글로벌한 흐름의 공간을 주도하는 것은 자본의 논리지만, 이미 로컬의 장소 또한 이와 무관한 것이 아니라 거기에 깊게 편입되어 있다. 따라서 장소의 의미는 흐름의 공간과의 관계를 포함해 다양한 장소들과의 관계를 통해 파악되어야 하는 것이다. 여기서 주목할 것은, 이러한 장소에 대한 관계적·유동적 인식이 근대의 이분법적 공간인식이나 낭만적 장소인식의 한계를 극복하여 사회공간을 새롭게 바라볼 수 있는 계기가 된다는 점이다.

　관계적·유동적 인식을 통해 바라보면, 장소는 글로벌한 흐름과 네트워크 속에서 다른 장소들을 포함한 다양한 관계들에 중층적으로 얽

---

25 어리는 모빌리티가 초래할 미래사회는 오웰주의 혹은 홉스주의 사이, 악마와 깊은 심해 사이의 진퇴양난 상황에 처할 것이라고 주장한다.(존 어리, 앞의 책, 519쪽)

혀 있으며, 장소의 고유성(: 로컬리티)은 특정 시·공간에서 이러한 관계들이 상호 절합articulation되어 새롭게 구성되는 것으로 파악된다. 이와 관련하여, 매시는 "로컬리티의 원천은 공간적 격리와 절합의 내부적 과정에 의한 창발적emergent 효과만이 아니라 그 바깥 너머와의 상호작용에도 있다"는 점을 지적한다.[26] 즉, 로컬리티는 내부적인 것과 외부적인 것의 '절합'의 산물이라는 것이다. 여기서 내부적인 것은 '뿌리내림'에 외부적인 것은 '이동하는'에 대응하며, 양자의 '절합'이란 닫힌 중심화를 지향하지 않고 열린 상호관계를 만들어가는 것이라고 할 수 있다.

현대사회의 고도화된 모빌리티 속에서 장소가 다른 장소들과 열린 상호관계를 맺어가는 방식은 물리적 공간에만 한정되지 않는다. 즉, 장소는 모빌리티에 힘입어 다양한 추상적 또는 가상적 공간들과 관계를 맺으며 이를 통해 다른 장소들과 연결된다. 물론, 이러한 상황은 표면적으로는 장소의 상실로 해석되기 쉽다. 멀리 떨어진 장소들이 인터넷을 통해 '순간적'으로 연결되는 네트워크상에서는 거리에 기반 한 장소들 간의 차이가 미약해지기 때문이다. 하지만 좀 더 깊이 있게 살펴보면, 장소의 상실을 의미하는 듯 보이는 추상적·가상적 공간 자체도 어딘가의 구체적 장소에 기반 할 때 비로소 그 존재 의미를 가지게 됨을 알 수 있다. 즉, 여전히 장소를 필요로 한다는 것이다. 게다가 흐름의 공간과 네트워크가 현대인의 일상에 침투하여 이를 지배하는 듯 보이지만 여전히 대다수의 사람들은 장소에 근거하여 생활하고 있으며 자신이 그 장소에 뿌리내리고 있다는 인식을 갖고 있다. 따라서 추상적·

---

26 도린 매시, 앞의 책, 130쪽.

가상적 공간과 구체적·현실적 장소는 서로 영향을 주고받는 상호보완적인 관계로 파악될 필요가 있다. 이 경우 장소의 토대가 되는 '근접성'을 어떻게 해석할 것인가의 문제가 새롭게 제기 된다. 근접성 없는 장소가 가능하다면 장소와 근접성은 결별한다고 보아야 하는가? 그렇다기보다는 근접성에 대한 새로운 인식이 그 답이 될 것 같다. 즉, 근접성 또한 물리적 거리의 관점에서 벗어나 가치나 인식의 공유라는 추상적 차원으로 그 외연을 확장하여 이해할 필요가 있다. 그것이 가상적이든 공간적이든 근접성은 사회적 공동성을 만들어내는 가치로 볼 수 있기 때문이다.

흐름의 공간과 장소를 상호보완적인 것으로 이해할 경우, 흐름의 공간이 장소에 영향을 미치는 것과 마찬가지로 장소 또한 흐름의 공간에 영향을 미치거나 이를 이용할 수 있다. 즉, 흐름의 공간은 자본만의 전유물이 아니다. 자본 주도의 흐름의 공간이 장소를 없애가며 이를 차지하려 든다면, 장소 또한 역으로 흐름의 공간을 통해 그 의미를 확장할 수 있다. 모빌리티의 증대가 초래한 글로벌화와 네트워크화를 받아들이면서 동시에 거기에 저항하는 구체적 지점이 되는 것이 장소가 가진 가능성인 것이다. 물론 자본이 주도하는 글로벌한 흐름의 공간이 현실의 사회공간을 압도적으로 지배하고 있는 것이 사실이다. 하지만 현실의 사회공간이 처한 상황과 우리가 지향해야할 사회공간의 바람직한 구성은 다르며, 현실의 상황을 바람직한 것으로 바꿔가는 것이 사회운동이 지향해야할 목표인 것이다.

4. 모빌리티와 사회관계의 재구성

1) 모빌리티와 사회적 불평등

모빌리티의 증대가 우리 삶에 미치는 영향은 양면적이다. 즉, 한편으로 시·공간적 제약을 제거하여 삶을 보다 편리하고 풍요롭게 한 것은 사실이지만, 다른 한편으로 심각한 사회적 불평등과 인간성 상실을 낳고 있다는 우려 또한 끊이지 않고 있다. 모빌리티의 미래를 디스토피아로 전망한 어리는, 모빌리티의 발전을 일방적으로 과신하는 경향을 마르크스가 말한 상품의 물신성에 빗대어 '이동의 물신성fetishism of movement'이라고 경고하고 있다.[27] 특히 그는 모빌리티의 증대가 사회적 불평등으로 이어질 가능성이 크다는 점을 지적한다. 어리의 말대로, 걷기, 말, 기차, 자동차, 비행기 등으로 이어지는 이동수단의 발전과정을 보면, 가장 낮은 수준의 모빌리티, 즉 걷기가 가진 사회적 불평등의 정도가 이후의 다른 이동수단에 비해 훨씬 약하다, 모빌리티가 증대될수록 사회적 불평등의 정도가 커지는 것이다.

모빌리티의 증대가 사회적 불평등으로 이어지는 양상을 잘 이해하기 위해서는 '모틸리티motility'라는 개념이 유용하다. 즉, 카우프만V. Kaufmann 등은 모빌리티의 능력을 의미하는 용어인 '모틸리티'를 제시하는 바, 이는 접근Access, 능력Competence, 전용Appropriation이라는 3가지 중요한 층위의 요소들로 구성되며, 이들 요소들의 상호작용이 모빌리티의 토대를 형성한다.[28] 이러한 모틸리티를 결정하는 요인에는 개인의 육체적

---

27 존 어리, 앞의 책, 339쪽.

특성을 비롯해 열의, 교통, 통신에 대한 접근성, 시 · 공간의 제약, 지식, 면허 등 다양한 것이 포함되며, 개인들 간의 모빌리티의 격차는 모틸리티의 차이에 의해 나타난다고 볼 수 있다. 특히 모빌리티에 의해 추동되는 자본주의를 살아가는 사람들에게 모틸리티는 경제적 · 사회적 · 문화적 자본과 마찬가지인, 이른바 '모빌리티 자본mobility capital'이라고 할 수 있다.[29] 이처럼 모틸리티를 자본의 일종으로 볼 경우 이는 다양한 요인의 영향을 받지만 기본적으로는 경제력이나 학력 등과 같은 기존의 사회적 위계를 만들어내는 요인들에 의거하여 불평등하게 나타나는 경향이 강하다. 이와 관련하여, 2005년 미국 뉴올리언스를 덮친 허리케인 커트리나의 사례는 모빌리티의 불평등성을 잘 드러낸다. 당시 지배집단인 백인 중산 계층들은 높은 모빌리티 자본, 즉 자가용을 소유하며, 휴대폰 등을 통해 다른 사람들과 신속하고 폭넓게 소통할 수 있어 재난을 미리 피할 수 있었지만 모틸리티가 낮은 하층민은 그럴 수 없었다.

모틸리티의 단위를 개인에서 도시로 바꿔보면, 각 도시들은 자신의 모틸리티에 따라 글로벌한 흐름의 공간에 의해 균질화되거나 위계적 · 분절적으로 재배치되며, 이러한 균질화나 재배치는 고도의 권력성을 내포하고 있다. 먼저 공간의 균질화의 관점에서 보면, 글로벌한 흐름의 공간은 자본의 구미에 맞게 도시들을 균질화할 뿐만 아니라 인식의 균질화 마저 강제한다. 즉, 글로벌한 자본은 통화위기나 경제파탄을 계기

28 V. Kaufmann · M. M. Bergaman · D. Joye, "Motility : mobility as capital", *International Journal of Urban and Regional Research*, 28-4, 2004, p.750.
29 T. Ohnmacht · H. Maksim · M. Bergaman, "Mobilities and Inequality—Making C-onnections", in Timo Ohnmacht · Hanja Maksim · Manfred Max Bergaman eds. *Mobilities and Inequality*, Ashgate, 2009, p.15.

로 이른바 '워싱턴 컨센서스'라는 동질적 인식을 강화하며, 이러한 동질적 인식에 포섭되지 않는 다른 삶의 방식이나 인식들은 배제와 차별의 대상이 된다. 다음으로 공간의 재배치의 관점에서 보면, 흐름의 공간이 만들어 내는 공간의 위계화·분절화는 도시 간의 관계에서만이 아니라 도시 내부의 공간배치에서도 발생한다. 즉, 포디즘의 시대에는 산업입지에 따라 도시의 기능적 역할이 정해지고 차별화되었다면, 모빌리티가 고도화된 포스트포디즘의 시대에는 새로운 모빌리티 시스템의 도입에 따라 그것에 관계하는 지역이나 사람들은 큰 영향을 받게 된다. 즉, 새로운 모빌리티에 적응하는 과정에서 수혜 지역이나 계층은 위계의 상층부로 이동하고 그렇지 못한 지역이나 계층은 도태되어 계층이나 지역 간 격차는 더욱 커지게 되는 것이다. 하지만, 모빌리티가 불평등의 요소를 내재하고 있고 그것의 현실적인 발현이 사회적 불평등의 심화로 나타난다고 해서 모빌리티의 미래를 반드시 부정적으로 전망할 필요는 없다. 뒤에서 고찰하듯이, 사회적 불평등이나 차별·배제가 심화될수록 이에 대한 저항 역시 고양되기 때문이다.

2) '근접성'에서 '관계성'으로

어리의 말대로, 기차와 회중시계가 근대 초기의 사회관계를 상징하는 쌍둥이라면 자동차와 이동전화는 후기 근대의 사회관계를 상징하는 쌍둥이라 할 수 있다. 과거의 유선전화가 고정된 장소와 장소를 동시적으로 연결하는 중요한 역할을 했다면, 휴대mobile전화는 고정된 장소에서 벗어나 이동하는 사람과 사람을 연결한다. 이러한 점에서 이는 고정된(: 뿌리내린) 장소의 인식에서 벗어나는 중요한 계기가 된다. 이처럼 휴대 기술은 장소에 대한 인식을 바꾸고 이를 토대로 새로운 사회관계를 창출한다. 즉, 장소와 장소 간의 연결보다는 개인과 개인의 연결을 강조하는 방식으로 사회관계를 바꾸며, 이는 사이공간interspace과 같은 고정되지 않고 유동적인 사회공간의 중요성 증대로 이어지고 있다.

인간이 살아가면서 맺어가는 사회관계의 관점에서 볼 때 장소는 중요한 의미를 가져왔다. 사회관계의 기반이 되는 공동성은 상호 신뢰에 의해 양성되는 바, 이러한 신뢰의 계기가 되는 것이 대면활동을 통한 공감이고,[30] 장소는 그러한 활동이 이루어지는 현장locus이기 때문이다. 그런데 모빌리티의 획기적 증대, 특히 휴대 기술과 개인화된 네트워킹의 발달은 대면활동에 큰 영향을 미치며, 일차적으로 그 영향은 대면활동의 의미나 중요성을 감소시키는 것으로 볼 수 있다. 가상의 네트워크가 대면활동을 대신하는 것으로 여겨지기 때문이다. 이러한 추론은 공동성의 토대가 되는 공감이나 신뢰가 반드시 물리적 근접성(: 대면활동)을 통해서만 형성되는 것이 아니라 멀리 떨어진 곳이나 가상의 네트워크를 통해서도 충분히 가능하다는 주장들에 의해 지지된다.[31] 이처럼 대면활동의 의미나 필요성이 줄어들게 되면, 그 현장인 장소가 가진 의미 또한 그만큼 약화된다고 볼 수 있다.

하지만 이를 다르게 볼 수도 있다. 즉, 가상의 네트워크를 장소에 기

---

30 이상봉, 「도시와 공동성 – 탈근대의 대한적 공동성에 대한 탐구」, 『인문사회과학연구』 51, 호남대 인문사회과학연구소, 2016, 7~10쪽.
31 존 어리, 앞의 책, 299쪽.

반 한 대면활동의 외연을 확장하는, 이른바 '장소의 확장'으로 해석할 수 있는 것이다. 여기서, 앞서 살펴본 장소의 재인식, 즉 유동적 · 관계적 장소 인식은 이러한 해석을 가능하게 하는 근거가 된다. 우리가 '함께 있음'이라는 개념을 사용할 때 그것을 반드시 특정한 물리적 장소로 한정할 필요는 없다. '함께 있음'은 물리적 '위치'만이 아니라 '관계'로 해석될 수 있기 때문이다. 이와 관련하여, 어리는 "장소는 한편으로는 매우 두터운 공존적인 상호작용을 특징으로 하는 근접성과 다른 한편으로는 그침 없이 흐르면서 신체적 · 가상적 · 예상적으로 거리를 초월하여 확산되는 웹이나 네트워크가 만나는 특정의 연쇄"라고 설명한다.[32] 이처럼 장소가 가진 근접성과 가상의 네트워크가 결합할 때 장소의 의미는 더욱 확장 · 부각되며, 이를 통해 장소가 글로벌한 흐름의 공간에 대한 저항의 거점이 될 수도 있는 것이다.

'관계'로서의 장소는 글로벌한 다른 장소들과 연결되어 있으며, 그런 의미에서 네트워크를 통해 내부와 외부를 연결하는 경로Path라고 할 수 있다. 또한 '관계'로서의 장소는 상호관계의 토대를 형성하는 의미의 중심이며, 고정성과 닫힌 경계를 넘어 확장되는 상호관계의 산물이다. 매시가 말하는 '글로벌 장소감Global Sense of Place'은 장소의 개념을 개방적 · 혼종적 · 확장적으로 보려는 새로운 시도 가운데 하나이며, 여기서의 장소는 경로이자 상호 관계된 흐름의 산물로 파악된다.[33] 즉, 영역에 고정된 장소나 흐름만으로 이루어진 공간 양자 모두 독자적으

---

32 J. Urry, *Sociology beyond Society-Mobility for the Twenty-first Century*, Routledge, 2000, p.140.

33 D. Massey, "Global Sense of Place", *in Space, Place and Gender*, University of Minnesota Press, 1994.

로는 존립하기 힘들기 때문에 이 양자가 구체적 시기나 상황에 따라 상호 '관계'를 통해 새로운 장소성을 만들어낸다고 보는 것이다.

장소와 네트워크의 만남 또는 관계를 잘 확인할 수 있는 사례가 최근 도처에서 표출되고 있는 '광장정치'나 '점거운동'이라고 할 수 있다. 최근에 한국사회가 경험하고 있는 광화문 광장의 촛불집회는 광장이라는 공공적·구체적인 장소에 네트워크를 매개로 한 가상적 관계가 결합되어 엄청난 상징적 장소성을 생산해 내고 있는 좋은 사례라고 할 수 있다. 또한 2011년의 월스트리트 점거운동Occupy Wall Street은 글로벌한 규모로 구체적인 장소와 가상의 네트워크가 연결되는 새로운 사회운동으로서 주목받고 있다. 이러한 사회운동은 보통 인터넷 네트워크상에서 시작되지만, 점거나 거리시위 등을 통해 구체적인 장소를 차지함으로써 지속적인 하나의 운동이 된다. 즉, 점거운동의 점거자들은 월스트리트라는 상징적인 장소를 차지하기 위해 인터넷 네트워크라는 자율적인 흐름의 공간을 활용했으며, 이러한 네트워크들은 공동체 건설, 대인적 상호작용, 소셜 네트워크와 인터넷 포스팅에 기반을 둔 디지털적이면서 대면적이기도 한 복합 커뮤니케이션의 형식을 띠었다.[34] 이처럼 글로벌한 흐름의 공간에 대항하는 일련의 사회운동들은 로컬의 구체적 장소에 기반 하면서도 이를 넘어 글로벌한 규모로 전개된다. 역설적이게도 대항글로벌화의 운동 또한 글로벌한 흐름의 공간에 자신을 투영하지 않을 수 없기 때문이다.

---

[34] 마누엘 카스텔, 김양욱 역, 『분노와 희망의 네트워크(*Network of Outrage and Hope*)』, 한울, 2015, 156쪽.

3) '사회 자본'에서 '네트워크 자본'으로

유동적·관계적 장소 인식은 지역사회의 사회관계를 설명하는 유용한 시도라고 할 수 있는 이른바 '사회자본론'의 명제에 중대한 도전을 야기한다. 알다시피, 퍼트넘R. Putnam은 사회 자본social capital을 "구성원들이 협력을 통해 공유목적을 효과적으로 달성하게 만드는 신뢰, 규범, 네트워크와 같은 사회조직의 특질"로 파악하고,[35] 이는 근접한 지역사회 내부에서의 대면 활동을 통해 양성된다고 보았다. 하지만, "자주 이동하는 사람이 지역사회와의 연대가 약한 것처럼, (…중략…) 모빌리티는 시민참여와 지역사회에 토대를 둔 사회 자본을 약화시킨다"라는 그의 지적처럼,[36] 이론적으로나 현실적으로 모빌리티의 증대가 사회자본의 약화로 이어질 수 있다는 점은 부정하기 힘들다. 사람들은 모빌리티를 활용하여 보다 개인적이고 덜 공동적인 방식으로 자신의 사회관계를 만들어 갈 수 있으며, 이는 신뢰와 호혜는 근접한 공동체에서 주로 만들어진다는 주장을 뒤흔들기 때문이다. 실제로 우리는 멀리 떨어져 있는 사람들끼리 장거리 이동이나 네트워크(: 모빌리티)를 활용해 신뢰나 호혜를 쌓아가는 경우를 어렵지 않게 볼 수 있다. 근접한 지역공동체의 의미가 약화되는 이러한 현상을, 카스텔은 "로컬 공동체가 상호작용을 조직화하는 중심형태로서의 네트워크로 대체된 것"으로 파악한다.[37]

---

35 Robert D. Putnam, "Turning In, Turing Out : The Strange Disappearance of Social Capital in America", *Political Science and Politics* 28-4, 1995, p.664.
36 Robert D., *Putnam, Bowling Alone*, Simon and Schuster, 2000, p.204.
37 M. Castells, *The Internet Galaxy*, Oxford University Press, 2001, p.127.

고도화된 모빌리티의 시대에는, 모틸리티가 높은 사람일수록 더 많은 사회관계를 맺을 수 있다. 특히 모빌리티가 추동하는 자본주의에서는 개인의 모틸리티가 사회적 경쟁력이라는 측면에서의 '사회 자본' 형성에 매우 중요한 요소가 된다. 즉, 어떤 개인이나 사회가 가진 '사회 자본'은 대체로 모틸리티에 상응하는 경향이 있다. 따라서 모빌리티의 증대는 단순히 빠르고 편리해진다는 기능적 의미를 넘어 사회관계의 구성에 중대한 영향을 미치며, 모빌리티 패러다임이 궁극적으로 주목해야하는 것 또한 이러한 사회관계의 변화라고 할 수 있다. 이와 관련하여 어리는, 모빌리티의 증대가 사회관계에 미치는 영향을 잘 포착하기 위해, 퍼트넘이 말한 '사회 자본'에 대비되는 의미로, '네트워크 자본Network Capital'이라는 개념을 제시한다. 네트워크 자본이란, "모빌리티가 만들어 내는 실질적이고 잠재적인 사회관계이며, 반드시 근접해 있지는 않지만 감정적 · 재정적 · 실질적인 혜택을 주는 사람들과 사회관계를 형성하고 유지하는 역량"으로 정의된다.[38] 여기서 주목할 것은, 그가 네트워크 자본이라는 새로운 개념을 제시한 궁극적인 목적이, 이를 활용해 자본주의의 치열한 경쟁에서 이기자는 것이 아니라, 이를 통해 사회공간이나 사회관계가 가진 불평등의 문제를 지적하고, 나아가 이를 극복하기 위한 신뢰와 호혜가 거리가 멀리 떨어져 있는 곳에서도 창출될 수 있음을 밝히는 것이라는 점이다.[39]

모빌리티의 증대에 수반하여 사회관계의 범위가 넓어질수록 네트워크 자본의 중요성은 커질 것이고, 이에 따라 사회적 불평등 또한 심화

---

[38] 존 어리, 앞의 책, 357쪽.
[39] 위의 책, 363쪽.

될 것이라는 추론은 부정하기 힘들다. 현실적으로 네트워크 자본은 경제적 자본과 밀접하게 관련되어 있어 여기서도 자본과 권력의 지배는 용이하게 관철될 수 있기 때문이다. 따라서 사회관계가 네트워크를 장악한 소수에 의해 지배되거나 자본의 논리를 좇아 국제이주노동자와 같은 강제적 이동이 강요되기도 한다. 하지만 네트워크 자본이 반드시 비민주적 요소에 의해 지배되는 것은 아니다. 오히려 원리적 측면에서 네트워크는 다른 관계들보다 민주적이다. 네트워크에는 하나의 중심이 존재하지 않으며 이를 구성하는 각 노드들은 수평적 상호관계로 연결되어 있기 때문이다. 따라서 이러한 네트워크 기반의 사회관계가 늘어날수록 기존의 위계적·통합적 조직구조는 약화되고 사회관계의 민주성은 강화될 수 있다.

조직이나 운영원리의 관점에서 볼 때, 네트워크는 '당사자의 원리'나 '보충성의 원리principle of subsidiarity'와 같은 근접성에 토대를 둔 대안적 민주주의의 원칙과 결합되기 쉽다. 우선, 네트워크가 가진 자율적이고 수평적인 관계의 특성은 누구에게도 양도하거나 침해될 수 없는 자기결정권을 핵심적 원리로 삼는 당사자의 원리에 부합한다. 스즈키鈴木庸夫에 의하면, 당사자의 원리는 인격적 존재로서의 자기결정권에 입각해 자신의 필요를 스스로 결정하고 이를 위한 지원도 자신이 결정하는 것을 말한다.[40] 즉, 당사자주의는 주체의 자율성에서 비롯되는 바, 네트워크에서 각 개체가 가진 자율성과 수평적 관계는 그 실천적 기반이 된다. 이러한 당사자의 원리가 보다 범위를 넓혀 자기결정권을 행사

---

40 鈴木庸夫, 「政策法務と自治體改革の法原理—補完性の原則によせて」, 『自治體學硏究』89, 神奈川縣公務硏修所, 2004, 6쪽.

하는 방식이 '보충성의 원리'라고 할 수 있다. 알다시피, '보충성의 원리'란 작은 단위에서의 의사결정을 중시하여 보다 상위의 사회단위는 이를 보충하는 역할만을 해야 한다는 원리를 말한다. 엔도遠藤乾에 의하면, '보충성의 원리'의 핵심은 어느 단위에도 절대화되지 않고 각 단위가 존재사유를 완수하면서 역할을 분담한다는 점에 있다고 한다.[41] 이역시 개체의 자율성에 기반 한 수평적 관계가 그 실천의 토대가 된다고 할 수 있다.

앞서 살펴본 바와 같이, 모빌리티의 증대에 따른 사회공간의 재구성을 흐름의 공간이 장소를 유린하거나 대체하는 이분법적 관점이 아니라 장소의 재인식과 외연 확장이라는 변증법적 관점에서 해석할 수 있다면, 사회관계의 재구성 역시 네트워크 자본이 사회 자본을 무력화하는 것이 아니라 역으로 이를 사회 자본의 범주에 포함시켜 해석할 수 있다. 즉, 네트워크 자본은 비록 신뢰를 쌓는 방식은 다르지만 이 또한 인간 상호간의 친밀한 관계를 통해 작동하는 것이기 때문에 퍼트넘이 말하는 사회 자본의 범주에 포함시킬 수 있다. 이 경우, 사회 자본과 네트워크 자본은 서로 대치되는 것이 아니라 네트워크 자본을 사회 자본의 외연적 확장으로 이해할 수 있다. 즉, 사회 자본이 네트워크 자본으로 연결될 수 있고 네트워크 자본은 다시 사회 자본을 강화시키기도 한다. 이 과정에서 가상적 네트워크가 확산·강화될수록 그 기반이 되는 구체적 장소의 의미는 더욱 중요해진다.

이러한 사실은, 카스텔이 분석한 최근의 글로벌한 사회운동의 사례

---

[41] 遠藤乾, 「日本における補完性原理の可能性」, 山口二郎·遠藤乾 外編, 『グローバル化時代の地方ガバナンス』, 岩波書店, 2003, 262쪽.

들을 통해 다시 한 번 확인할 수 있다. 2011년 10월 15일, '세계 변화를 위한 연대'라는 기치 아래, 점거운동의 글로벌 네트워크는 전 세계 82개국 951개 도시에서 사회정의와 진정한 민주주의를 요구하며 수십만 명을 결집시켰다. 이러한 운동들은 대개 네트워크상에서 촉발되지만, 광장이나 거리와 같은 공공공간을 점거함으로써 구체화된다. 카스텔이 '자율 공간'이라 부르는 이러한 공간은 네트워크를 통한 사회관계가 만들어내는 새로운 공간 형태라고 할 수 있다.[42] 여기서는 쌍방향의 수평적 네트워크가 새로운 사회관계의 핵심이며, 네트워크이기 때문에 운동을 주도하는 중심이 없고 단지 상호작용에 의한 협의와 조정만이 가능한 탈중심적 사회관계가 작동한다.

5. 대안적 사회관계를 향하여

이상에서는, 모빌리티의 급속한 증대가 사회공간이나 사회관계의 변화(: 재구성)에 중대한 영향을 미치고 있다는 사실에 주목하여, 그 변화의 구체적 양상과 의미에 대해 고찰해 보았다. 그 내용을 정리하자면, 우선 모빌리티에 주목하여 사회현상을 새롭게 바라보는 관점을 이른바 '모빌리티 패러다임'으로 제시하고, 이는 기존의 정주에 입각한 공간인식에 문제를 제기하여 새로운 인식으로의 전환을 촉구한다는 점을 설명했다. 즉, 모빌리티는 영역성에 기반 한 '경계'와 '장소'의 의

---

42 마누엘 카스텔, 앞의 책, 25쪽.

미·내용에 대한 재인식을 요구하며, 그 결과 '경계'는 거름 장치나 장벽이 아닌 경로로 파악되어야 하고, 장소는 '뿌리내림의 장소'에서 '이동하는 장소'로 새롭게 인식될 필요가 있음을 논구하였다. 다음으로, 이러한 장소에 대한 재인식은 장소를 단일의 고정적인 것이 아니라 관계적·유동적인 것으로 새롭게 이해할 수 있게 하고, 이는 흐름의 공간에 의해 그 의미가 점차 상실되어가는 이른바 '장소 상실'의 전망이 아니라, 흐름의 공간을 매개로 그 의미의 외연을 확장하는 이른바 '장소의 확장'의 전망을 가능하게 한다는 점을 주장하였다. 그리고 모빌리티의 증대가 야기하는 사회관계의 재구성과 관련해서는, 모빌리티 증대가 가진 양면성, 즉 한편으로 그것이 심각한 사회적 불평등과 인간성상실을 초래하고 있다는 점과 다른 한편으로 이에 대한 대항의 논리 및 운동이 로컬의 장소를 중심으로 강화되고 있다는 점을 지적한 후, 새로운 사회관계는 '근접성'에 기반 한 퍼트넘식의 '사회 자본'에서 '관계'에 기반 한 '네트워크 자본'으로의 전환을 중심으로 재구성되어야 함을 논구하였다.

모빌리티의 증대가 만들어내는 물리적·가상적 네트워크를 사회관계를 맺어가는 하나의 새로운 방식으로 본다면, 이는 자본의 논리와 인간의 논리라는 서로 대치되는 논리 모두에 적용될 수 있다. 즉, 이윤과 경쟁을 위한 네트워크 자본의 형성이 가능하다면, 이에 대항하는 공동성 회복을 위한 네트워크 자본의 형성 또한 가능하다. 다만, 자본과 권력의 논리가 네트워크를 지배할 경우 이는 글로벌한 규모에서 심각한 사회적 불평등과 인간성 상실을 초래할 것이고, 이에 따라 이에 대항하는 사회운동의 필요성 또한 증대할 것이다. 자본과 권력의 논리가 글로

벌한 네트워크를 통해 작동한다면 이에 대항하는 사회운동 또한 글로
벌한 네트워크를 통해 실천될 수밖에 없다. 즉, 사회변화를 추구하는
사회운동들은 자본 중심의 네트워크에 대항하는 환경, 인권, 경제정의
등의 대안적 네트워크를 연결하여 그 영향력을 강화할 수 있다. 이들
대안적 네트워크 자본은 인식을 공유하는 결절점들을 통해 제약 없이
확장될 수 있으며, 이는 위계적 · 고정적 조직구조에 근거한 기존의 사
회관계를 보다 민주적인 수평적 · 유동적 사회관계로 재구성해 갈 가능
성을 포함한다.

참고문헌

데이비드 하비, 구동회 역, 『포스트모더니티의 조건(*The Condition of Postmodernity : An Enquiry into the Origin of Cultural Change*)』, 한울, 2008.

도린 매시, 박경환·이영민·이용균 역, 『공간을 위하여(*For Space*)』, 심산, 2016.

마누엘 카스텔, 김양욱 역, 『분노와 희망의 네트워크(*Network of Outrage and Hope*)』, 한울, 2015.

요시하라 나오키, 이상봉·신나경 역, 『모빌리티와 장소(モビリティと場所)』, 심산, 2010.

이상봉, 「트랜스-로컬리티-포스트모던의 대안적 공간정치」, 『21세기정치학회보』 24-3, 21세기정치학회, 2014.

_____, 「도시와 공동성-탈근대의 대안적 공동성에 대한 탐구」, 『인문사회과학연구』 51, 호남대 인문사회과학연구소, 2016.

존 어리, 강현수·이희상 역, 『모빌리티(*Mobilities*)』, 아카넷, 2014.

존 어리, 윤여일 역, 『사회를 넘어선 사회학(*Sociology beyond Society : Mobilities for the Twenty-first Century*)』, 휴머니스트, 2012.

マルク·オジェ, 森山工 訳, 『同時代世界の人類學(*Pour une antbropologie des mondes contemporains*)』, 藤原書店, 2002.

大橋昭一, 「モビリティー·パラダイム論の展開ーモビリティ資本主義論の提起ー」, 『觀光學』 第3號, 2010, 和歌山大學觀光學紀要.

鈴木庸夫, 「政策法務と自治體改革の法原理ー補完性の原則によせて」, 『自治體學研究』 89, 神奈川 縣公務研修所, 2004.

遠藤乾, 「日本における補完性原理の可能性」, 山口二郎·遠藤乾 外編, 『グローバル化時代の地方 ガバナンス』, 岩波書店, 2003.

齋藤日出治·岩永眞治, 『都市の美学』, 平凡社, 1996.

Augé, M., *Non-Places : Introduction to an Anthropology of Supermodernity*, Verso, 1995.

Castells, M., *The Internet Galaxy*, Oxford University Press, 2001.

_____, *The Power of Identity*, Blackwell Publishers Inc, 1997.

_____, *The Rise of Network Society*, Blackwell publishers Inc, 2000.

Cresswell, T., *On the Move*, Routledge, 2006.

Harvey, D., *Justice, Nature & the Geography of Difference*, Blackwell Publishers, 1996.

Heidegger, M.. *basic Writings*(ed. by D. Farrell Krell), Routledge, 1993.

Kaufmann, V. · Bergaman M. M. · Joye, D., "Motility : mobility as capital" *International Journal of Urban and Regional Research* 28(4), 2004.

Massey, D., Global Sense of Place, *in Space, Place and Gender*. University of Minnesota Press, 1994.

Ohnmacht, T. · Maksim, H. · Bergaman, M., "Mobilities and Inequality—Making Connections" in Ohnmacht, T. · Maksim, H. · Bergaman, M. M.,(eds.) *Mobilities and Inequality*, Ashgate, 2009.

Putnam, R. D., "Turning In, Turing Out : The Strange Disappearance of Social Capital in America", *Political Science and Politics* 28(4), 1995.

_____, *Bowling Alone*, Simon and Schuster. 2000.

Relph, E., *Place and Placelessness*, Pion, 1976.

Sassen, S., *The Global City : New York, London, Tokyo*, Princeton Univ. Press, 2001.

Urry, J., *Sociology beyond Society —Mobility for the Twenty —first Century*, Routledge, 2000.